Jo-Jo

Sprachbuch 4

Handreichungen für den Unterricht

mit Kopiervorlagen,
Diagnosebögen und
Lernstandserhebungen

Erarbeitet von
Christine M. Kaiser
Henriette Naumann-Harms

Jo-Jo

Sprachbuch **4**

Handreichungen für den Unterricht

mit Kopiervorlagen, Diagnosebögen und Lernstandserhebungen

Erarbeitet von	Christine M. Kaiser, Henriette Naumann-Harms
	Auf Grundlage der Kommentare von: Martina Schramm
Redaktion	Christine M. Kaiser
Illustration	Sabine Rothmund, Antje Bohnstedt
Umschlagillustration	Barbara Jung
Umschlaggestaltung	Heike Börner, Berlin
Layout und technische Umsetzung	FKW Medien GbR, Berlin

www.cornelsen.de

Die Webseiten Dritter, deren Internetadressen in diesem Lehrwerk angegeben sind, wurden vor Drucklegung sorgfältig geprüft. Der Verlag übernimmt keine Gewähr für die Aktualität und den Inhalt dieser Seiten oder solcher, die mit ihnen verlinkt sind.

1. Auflage, 2. Druck 2018

Druck: H. Heenemann, Berlin

ISBN 978-3-06-081005-5

PEFC zertifiziert
Dieses Produkt stammt aus nachhaltig bewirtschafteten Wäldern und kontrollierten Quellen.
www.pefc.de

PEFC
PEFC/04-31-1156

Inhalt

Der Jo-Jo-Verbund

Das Jo-Jo Sprachbuch ist Teil der Verbundlehrwerkreihe Jo-Jo. Der Verbund wird von Klasse 1 bis Klasse 4 durchgängig durch gemeinsame Sachthemen getragen, die eng an der Lebenswirklichkeit der Kinder orientiert sind. Für die Klassen 1 und 2 wird so ein jahrgangsübergreifender bzw. ein sehr differenzierter Unterricht in jahrgangstreuen Klassen leicht möglich. Über die Themengleichheit hinaus gibt es zwischen den Lehrwerken konkrete inhaltliche Bezüge. Jo-Jo optimiert so das integrative Unterrichten.

Neben allen Verbindungen bewahrt jeder Bestandteil des Verbundes seine fachspezifischen Besonderheiten und ist selbstverständlich auch einzeln nutzbar.

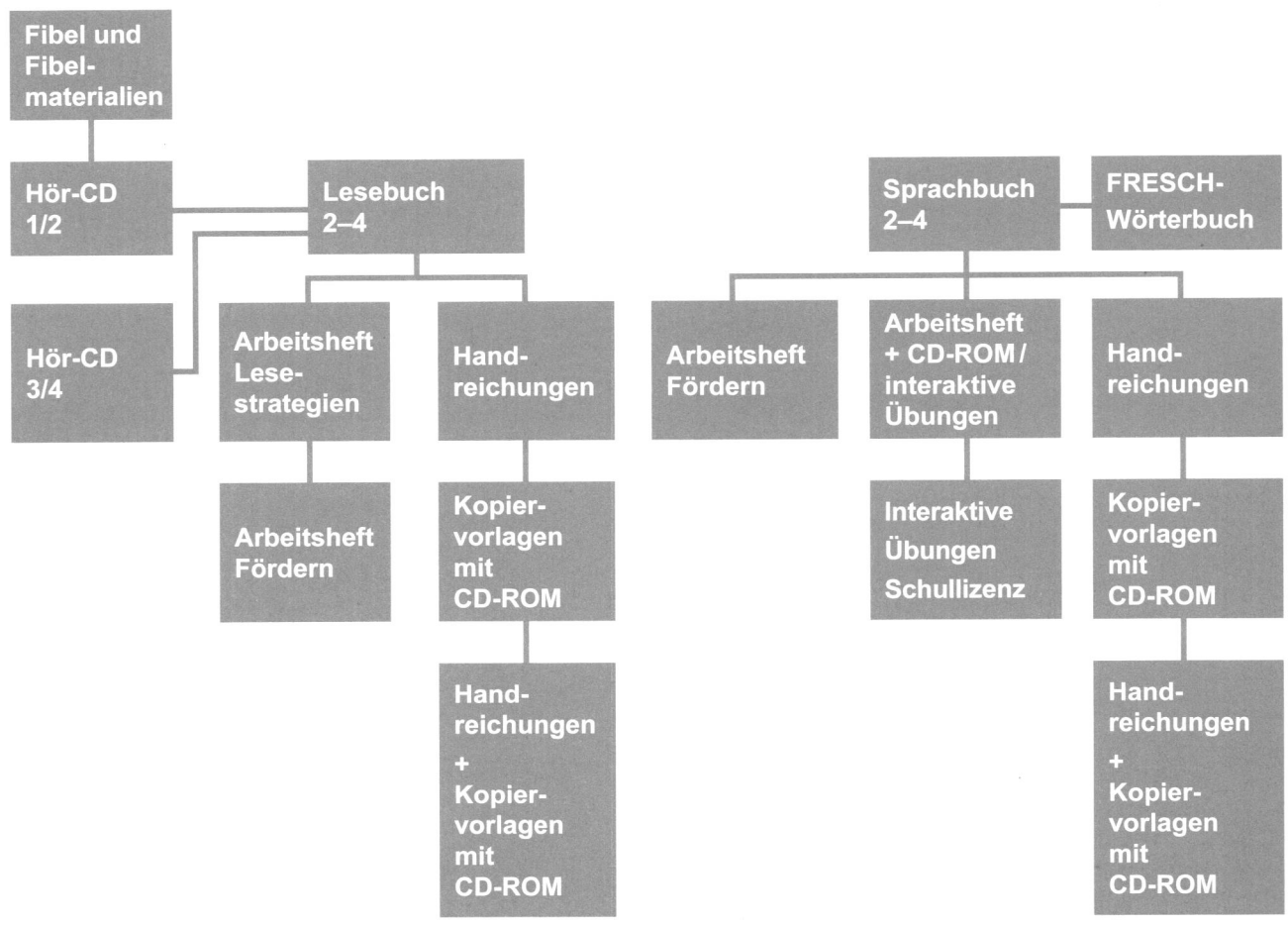

Zur Konzeption des Jo-Jo Sprachbuchs

Bestandteile der Werkfamilie Jo-Jo

Das Jo-Jo Sprachbuch 2–4 steht in enger thematischer und inhaltlicher Abstimmung mit der Jo-Jo Fibel und dem Jo-Jo Lesebuch 2–4. Der Verbund wird *durch gemeinsame Themen sowie ein einheitliches gestalterisches Konzept* getragen. Alle Bestandteile sind davon unabhängig *auch als eigenständige Lehrwerke nutzbar*. Ergänzt wird das Jo-Jo Sprachbuch durch ein Arbeitsheft mit interaktiven Übungen auf CD-ROM / scook.de, ein Arbeitsheft Fördern, Handreichungen für den Unterricht und Kopiervorlagen mit CD-ROM sowie ein FRESCH-Wörterbuch. Darüber hinaus wird eine CD-ROM mit interaktiven Übungen als Ergänzung zum Arbeitsheft angeboten (Schullizenz).

Zielsetzung des Jo-Jo Sprachbuchs

Zentrale Aufgabe des Deutschunterrichts ist es, Sprache für die Kinder erfahrbar und nutzbar zu machen: als wichtigstes Mittel zur zwischenmenschlichen Verständigung, zur Wahrnehmung, Verarbeitung und Vermittlung der realen Welt, zur Entwicklung von Vorstellungswelten und zum Nachdenken über sich selbst. Die Funktionen des Sprechens, Lesens und Schreibens können den Kindern nur deutlich werden, wenn sie an Themen und Inhalte gebunden werden, die für die Kinder persönlich bedeutsam sind, sie interessieren und *zu aktiv entdeckendem sprachlichen Handeln motivieren.*

Sprachlernen findet in allen Fächern statt. Der Deutschunterricht ist dabei das Zentrum eines fächerverbindenden, themenzentrierten Unterrichts. In diesen grundlegenden Kontext ist die vorliegende Neubearbeitung des Jo-Jo Sprachbuchs eingebettet. Darüber hinaus dienen Lernformen des individuellen Übens sowie Formen des systematisch reflektierenden Lernens der Festigung der Sprachhandlungskompetenzen.

Die Gliederung des Sprachbuchs

Das Jo-Jo Sprachbuch 4 gliedert sich in

- einen *integrativen Teil* mit 13 Themenkapiteln,
- einen *systematischen Teil* mit 4 Kursen sowie
- einen *Anhang* zum Nachschlagen.

Diese Gliederung ist in allen drei Bänden des Sprachbuchs identisch. Beigelegt ist dem Jo-Jo Sprachbuch zudem eine *FRESCH-Karte* – vgl. zur auf den Prinzipien der Freiburger Rechtschreibschule (FRESCH) basierenden Rechtschreibkonzeption des Jo-Jo Sprachbuchs

S. 13 f. in dieser Handreichung – sowie ein *Lernspurenheft,* mithilfe dessen im Anschluss an die Bearbeitung der jeweiligen Themenkapitel individuelle inhaltsbezogene Kompetenzen zu den behandelten Lernbereichen erfasst werden können.

Der integrative Teil des Sprachbuchs

Der integrative Teil des Jo-Jo Sprachbuchs besteht aus folgenden *13 Themenkapiteln:*

- Miteinander
- Herbstwind
- Es wächst und grünt
- Winterkälte
- Zeit vergeht
- Das bin ich
- Tieren auf der Spur
- Frühlingsduft
- Bühne frei!
- Freizeit
- Medien
- Sommerhitze
- Ich liebe Bücher

In den Themenkapiteln sind *alle Lernbereiche des Deutschunterrichts integriert:* „Sprechen und Zuhören", „Lesen – mit Texten und Medien umgehen", „Schreiben / Texte verfassen", „Sprache und Sprachgebrauch untersuchen" und „Schreiben / Richtig schreiben". Die Kinder erfahren und untersuchen die Sprache in ihren Verwendungszusammenhängen und gewinnen Einsichten in sprachliche Strukturen und den Sprachgebrauch. Die Bereiche des Deutschunterrichts sind dabei eng miteinander verknüpft.

Alle Kapitel haben einen *Seitenumfang von jeweils sechs Seiten und weisen die gleiche Kapitelstruktur* auf, die in allen Bänden des Sprachbuchs beibehalten wird. Sie beginnen linksseitig mit einer das Kapitelthema aufgreifenden Übersichtsillustration als Sprechanlass und dazugehörigen Aufgaben, die schwerpunktmäßig Inhalte aus dem Lernbereich „Sprechen und Zuhören" vermitteln.

Auf den folgenden Seiten ist die Abfolge der Lernbereichsschwerpunkte immer gleich: „Schreiben / Texte verfassen", „Sprache und Sprachgebrauch untersuchen", „Schreiben / Richtig schreiben". Die sechste Seite eines Kapitels trägt jeweils den Titel „Hier üben wir". Sie weist als konstantes Angebot die Wortleiste mit dem Übungswortschatz und einen Übungstext auf. Hier wird durch Vignetten auf entsprechende Übungsstrategien verwiesen, die den Kindern bereits seit der zweiten Klasse aus dem Jo-Jo Sprachbuch vertraut sind und dort im Kursteil „Arbeitstechniken" erläutert wurden (Wörter üben, Texte abschreiben, Schleichdiktat, Dosendiktat, Partnerdiktat). Die Wörter sind in der Wörterliste am Ende des Sprachbuchs enthalten.

Lediglich zwei Kapitel weichen von der beschriebenen Struktur ab: Das Kapitel „Bühne frei!" sowie das literarische Kapitel „Ich liebe Bücher" am Buchende bestehen jeweils nur aus vier Seiten und enthalten keine Inhalte der Bereiche „Sprache untersuchen" und „Schreiben / Richtig schreiben".

Die Seiten innerhalb der Themenkapitel sind grundsätzlich so aufgebaut, dass alle Kinder die leichten Aufgaben erarbeiten und dann gemeinsam an die schwereren herangeführt werden. Dabei ist die Kennzeichnung der Anforderungsniveaus dezent durch unterschiedliche Farben der Aufgabenmarkierung vorgenommen und somit für die Kinder nicht offensichtlich. Die schwierigeren Aufgaben sind teilweise mit einer inneren Differenzierung versehen („Oder-Aufgaben"), sodass auch hier keinesfalls das Gefühl einer Stigmatisierung entsteht. Die Themenseiten verweisen dann auf die Kursseiten, auf denen die Kinder wiederum gemeinsam ansetzen, aber auch zu ihrem eigenen Niveau zurückfinden können.

Die *Aufgabenstellungen in den Themenkapiteln* haben unterschiedliche Funktionen:

- Sie helfen, das auf den Seiten angebotene Text- und Bildmaterial gezielt zu bearbeiten. Dabei zielen sie bei ihrer Bewältigung auf unterschiedliche Anforderungsbereiche (nennen, beschreiben, ordnen, vergleichen, werten etc.).
- Sie fordern zur Erkundung der eigenen Umgebung bzw. zur mündlichen, textlichen oder bildlichen Darstellung eigener Erfahrungen und Erlebnisse auf.
- Einige Aufgaben („Oder-Aufgaben") bieten die Möglichkeit, sich für eine Variante zu entscheiden. Dabei ist die Differenzierung entweder qualitativ oder quantitativ.

In den Themenkapiteln sind *alle Aufgaben nach den Anforderungsbereichen der Bildungsstandards gekennzeichnet*:

- grüne Aufgabennummerierungen: wiedergeben, ausführen, abschreiben,
- blaue Aufgabennummerierungen: überlegen, anwenden, üben,
- orangefarbene Aufgabennummerierungen: weiterführen, Ideen und Lösungen entwickeln und begründen.

Die durch ein Jo-Jo gekennzeichneten Wahlaufgaben können, müssen aber nicht bearbeitet werden.

Die „Hier üben wir"-Seiten am Ende der meisten Themenkapitel schließen jeweils mit speziell gekennzeichneten *Lerntagebuchaufgaben* ab. Hier werden – im Wechsel – das gesamte Spektrum umreißende Impulse gegeben, die deshalb als Beispiele gekennzeichnet sind, weil sie je nach individuellen Bedürfnissen der Kinder ausgetauscht, verändert und erweitert werden können. So kann den Kindern beispielsweise ermöglicht werden, eigene Lernprozesse zu reflektieren und die Ergebnisse selbst einzuschätzen (*Das habe ich gelernt. Das ist mir gelungen. Das muss ich noch üben. Das nehme ich mir vor.*), oder auch Raum zur Versprachlichung von Gedanken und Gefühlen zum Thema gegeben werden (*Das fand ich besonders interessant. Das hat mir am meisten Spaß gemacht. Damit fühle ich mich unwohl.*). Auf der folgenden Seite sind die Lerntagebuchaufgaben in einer Übersicht zusammengefasst. Diese kann kopiert und zum Ausschneiden und Aufkleben der Aufgaben ins Lerntagebuch an die Kinder verteilt werden.

Die *Texte in den Themenkapiteln* sind *Inspirations- und Informationsquellen und oftmals gleichzeitig Muster für die eigene Textproduktion* der Kinder. Sie weisen eine breite Ausrichtung auf: literarisch, erlebnisbetont, sach- und informationsbezogen oder sprachsystematisch. Es gibt unterschiedliche Textformen, oft sind Texte mit Bildern kombiniert.

Die *Fußzeilen* enthalten die didaktischen Teilziele und Lernzusammenhänge der jeweiligen Seite. Außerdem befinden sich hier die in plakativer Form angebrachten Verweise auf Übungsangebote im systematischen Teil des Sprachbuchs. Durch die Verweise von jeder Doppelseite der Themenkapitel auf die Kurse wird die Möglichkeit eröffnet, aus der Bearbeitung der Kapitelinhalte auszusteigen und systematische Übungssequenzen einzuschieben.

das Akkusativobjekt kennenlernen, Objekte im Wem- und Wen-Fall im Satzzusammenhang anwenden und erkennen

Sprache untersuchen S. 118 37

Die Lerntagebuchaufgaben im Überblick

Miteinander
Was hast du in diesem Kapitel gelernt?
Du kannst zum Beispiel eine Tabelle anlegen und möglichst viele Wörter mit ck und tz sammeln.

Tieren auf der Spur
Was hast du in diesem Kapitel gelernt?
Du kannst zum Beispiel zu Verbotsschildern in deiner Umgebung höfliche Bitten formulieren.

Herbstwind
Was hast du in diesem Kapitel gelernt?
Du kannst zum Beispiel aufschreiben, welche Zugvögel du kennst und was du über sie weißt.

Frühlingsduft
Was hast du in diesem Kapitel gelernt?
Du kannst zum Beispiel möglichst viele Wörter zu einer Wortfamilie sammeln.

Es wächst und grünt
Was hast du in diesem Kapitel gelernt?
Du kannst zum Beispiel eine Wörtersammlung mit spannenden Wörtern anlegen.

Freizeit
Was hast du in diesem Kapitel gelernt?
Du kannst zum Beispiel eine Liste mit deinen Merkwörtern anlegen.

Winterkälte
Was hast du in diesem Kapitel gelernt?
Du kannst zum Beispiel einen Steckbrief zu einem Tier schreiben.

Medien
Was hast du in diesem Kapitel gelernt?
Du kannst zum Beispiel Wörter mit -heit, -keit, -ung, -nis sammeln und aufschreiben.

Zeit vergeht
Was hast du in diesem Kapitel gelernt?
Du kannst zum Beispiel die Wunschberufe der Kinder in deiner Klasse erfragen und aufschreiben.

Sommerhitze
Was hast du in diesem Kapitel gelernt?
Du kannst zum Beispiel weitere Redewendungen sammeln und ihre Bedeutung erklären.

Das bin ich
Was hast du in diesem Kapitel gelernt?
Du kannst zum Beispiel eine Mitteilung an deinen Freund oder deine Freundin schreiben.

Der systematische Teil des Sprachbuchs

Im systematischen Teil des Sprachbuchs gibt es *vier Kursangebote*, die durch unterschiedliche Farbstreifen gekennzeichnet sind:

- Arbeitstechniken (türkis),
- Richtig schreiben (grün),
- Sprache untersuchen (blau),
- Texte verfassen (rot).

Die Kurse sind nach *fachsystematischen Kriterien der einzelnen Lernbereiche konzipiert*, sodass sprachliche Eigengesetzlichkeiten optimal berücksichtigt werden können. Die Angebote eröffnen die Möglichkeit, je nach Bedarf in Ergänzung zu den integrativen Themenkapiteln *systematische Übungssequenzen* einzuschieben. Dabei sind die Übungsformen abwechslungsreich, jedoch auch wiederkehrend, um den Kindern Sicherheit zu geben und gleichzeitig die Lehrkraft im Hinblick auf den Erklärungsbedarf zu entlasten.

In den Kursen „Texte verfassen", „Sprache untersuchen" und „Richtig schreiben" ist *für jedes Phänomen eine* *Doppelseite* angelegt. Alle Doppelseiten teilen sich in *drei Differenzierungsblöcke*, die durch Würfelpunkte *nach Schwierigkeitsgraden gekennzeichnet* sind.

 leicht mittel schwer

Von jeder Doppelseite in den Themenkapiteln gibt es einen *Verweis auf eine Übungsdoppelseite* im Kursteil. Von jeder Kursdoppelseite gibt es wiederum einen Verweis auf eine passende Übungsdoppelseite im Arbeitsheft. Darüber hinaus werden zu jeder Kursdoppelseite *Kopiervorlagen* im Rahmen des Jo-Jo-Verbunds angeboten, die für die gezielte Förderung der Kinder konzipiert sind: In der Druckfassung dreifachdifferenziert werden sie auf der dazugehörigen CD-ROM jeweils noch ergänzt durch eine spezielle Förderkopiervorlage zu jedem Inhalt.

Weitere Ausführungen zu den Einsatzmöglichkeiten der Kursseiten des Jo-Jo Sprachbuchs finden sich ab Seite 8 in diesen Handreichungen.

Der Anhang

Zum Anhang des Jo-Jo Sprachbuchs gehören:

- die Wörterliste (S. 150–161),
- die Übersicht „Wichtige Fachbegriffe" (S. 162–163),
- die Übersicht „Lernzusammenhänge" für die Lehrkraft (S. 164–167).

Die zwölf Seiten umfassende Wörterliste enthält den übungsrelevanten Wortschatz. Werden die Kinder in den Themenkapiteln oder auch im systematischen Teil des Sprachbuchs innerhalb der Kurse bei Aufgaben der Niveaustufe 1 dazu aufgefordert, Nomen mit ihren Artikeln aufzuschreiben, obwohl diese nicht dabeistehen, können diese Nomen in der Wörterliste nachgeschlagen werden. Dort ist – in schon bewährter Form – bei allen Nomen das Genus mithilfe farbiger Artikelpunkte markiert, wodurch die Aufmerksamkeit der Kinder implizit auf das grammatische Geschlecht der Nomen gelenkt wird und nicht immer wieder erneut thematisiert werden muss. Die farbige Genusmarkierung erweist sich nicht nur für das Erlernen des Deutschen als Zweitsprache (DaZ) als sehr hilfreich.

Die FRESCH-Symbole hinter jedem Stichwort in der Wörterliste weisen jedem Wort die zu seiner Rechtschreibung passende Strategie zu. Über das Nachschlagen der Wörter hinaus kann die Wörterliste somit auch dazu genutzt werden, gezielt Wörter zu einer bestimmten Strategie zu üben.

Die FRESCH-Karte

Die dem Jo-Jo Sprachbuch beigelegte FRESCH-Karte liefert auf der Vorderseite alle Rechtschreibstrategien mitsamt einer Anleitung zu ihrer Verwendung auf einen Blick. Auf der Rückseite gibt sie unter Aufnahme der farbigen Genusmarkierung einen Überblick über die Großschreibung von Nomen (Nomenkennzeichen) sowie zur Groß- bzw. Kleinschreibung nach Doppelpunkt.

Das Lernspurenheft

Mithilfe des *Lernspurenhefts* können im Anschluss an die Bearbeitung der jeweiligen Themenkapitel inhaltsbezogene Kompetenzen zu den behandelten Lernbereichen individuell erfasst werden. Bei der Auswahl der Inhalte wurde jeweils deren Bedeutung innerhalb des Lernbereichs berücksichtigt. Die Seiten sind nach Lernbereichen geordnet: 6 Seiten zum Bereich „Schreiben / Richtig schreiben", 8 Seiten zu „Sprache untersuchen" und 4 Seiten zum Lernbereich „Schreiben / Texte verfassen". Innerhalb der Lernbereiche folgen die Seiten der Progression im Sprachbuch, erkennbar an der oben links auf der Seite abgebildeten Kapitelvignette. Dabei

ist, bis auf „Bühne frei!" und „Ich liebe Bücher", jedes Themenkapitel des Sprachbuchs vertreten. Zur Selbsteinschätzung wird den Kindern auf jeder Seite eine Ankreuzmöglichkeit von Schwierigkeitsgraden (leicht, mittel, schwer) in der Fußzeile angeboten. Die Bearbeitung jeder Seite vorbereitende Arbeitsblätter finden sich auf der Kopiervorlagen-CD-ROM.

Das Heft schließt ab mit Vorlagen zum Führen individueller Kompetenzgespräche zu allen vier Lernbereichen.

Hinweise zum Einsatz der Kursseiten des Jo-Jo Sprachbuchs

Der erste Kurs des Jo-Jo Sprachbuchs (Sprachbuch, Seite 78–81) umfasst vier (fach)spezifische **Arbeitstechniken** und baut auf dem Vorwissen aus den vorangegangenen Schuljahren auf.

So wird das *Einhalten von Gesprächsregeln* in der Schule zwar von Beginn an eingeübt, nun aber werden die Grundlagen der Kommunikation im Rahmen diskursiver Gespräche weiterentwickelt. Auf der Pinnwand der Sprachbuchseite 78 finden sich Gesprächsregeln, auf deren Einhaltung sich die Klasse einigen kann. Wichtig ist, dass in regelmäßigen Abständen ein Raum für das *Diskutieren* geschaffen wird. Dies kann täglich oder auch einmal pro Woche geschehen. Die Kinder sollten aber immer wieder die Möglichkeit bekommen, die Gesprächsleitung zu einem bestimmten Thema zu übernehmen. Gesammelte Themen in Form einer Themenliste helfen dabei. Im Kreisgespräch ist ein „Anker" hilfreich, der anzeigt, wer gerade das Wort hat. Dies kann ein „Redekissen", aber auch ein Ball, ein Kuscheltier etc. sein. Nicht nur das optische Signal ist hier hilfreich, sondern auch die Möglichkeit für das sprechende Kind, sich am „Anker" festzuhalten, etwas in der Hand zu haben und sich vielleicht ein „bisschen verstecken" zu können.

Die Kursseite 79 leitet mittels Bild und Text zur Suche nach Informationen im Internet an. Dazu ist es wichtig, dass die Schülerinnen und Schüler mit einer oder mehreren der speziell für die Bedürfnisse und den Schutz von Kindern vor gefährlichen Inhalten konzipierten Kindersuchmaschinen vertraut gemacht und Schritt für Schritt in den verantwortungsvollen Umgang damit eingeführt werden. Ein gemeinsamer Vergleich mehrerer Suchmaschinen kann als Grundlage für die Entscheidung, welche davon den Bedürfnissen der Kinder am nächsten kommt, dienen. Dazu sollte die Lehrkraft zuvor im Internet Informationen über Sicherheit und Qualitätsstandards der zu vergleichenden Angebote einholen, z. B. unter:

www.bildungsserver.de/Kindersuchmaschinen-Datenbanken-fuer-Kindermedien-3161-de.html

Die ausgewählte Suchmaschine kann dann den Ausgangspunkt für gemeinsame Recherchen bilden. Thematisiert wird als nächstes, wie wichtig korrekte Angaben für das Suchfeld sind, die, je nach Menge der Ergebnisse infolge des ersten Suchdurchgangs, nochmals präzisiert werden sollten. Wurden die Suchergebnisse auf diese Weise eingegrenzt, kann ein Beitrag ausgewählt werden, der als Informationsgrundlage dienen kann. Der Umgang mit diesem Text beinhaltet dann das aufmerksame Lesen und Notieren von Stichworten, die für das zu bearbeitende Thema relevant erscheinen. Dabei ist stets im Hinterkopf zu behalten, dass nicht alles, was im Internet steht, vollständig oder auch richtig sein muss. Eine Überprüfung der Inhalte mittels weiterer Ergebnisseiten bzw. ein erneutes Suchen mit noch präziseren Suchbegriffen ist oft unumgänglich. Ziel sollte es sein, die Schülerinnen und Schüler zu einem kritischen Umgang mit den Informationen, die sie im Internet finden, hinzuführen.

Die Sprachbuchseite 80 stellt den *Freschkreis* mit seinen Symbolen in den Mittelpunkt. Die Kinder können hier in Bildern und Texten nochmals eine Zusammenfassung aller FRESCH-Strategien erhalten, die sinnvoll ineinandergreifen (vgl. dazu auch das Kapitel „Rechtschreibförderung nach der FRESCH-Methode" in dieser Handreichung ab Seite 13).

Bereits im 2. und 3. Schuljahr wurde das *Nachschlagen im Wörterbuch* systematisch eingeübt. Nun wird diese Technik mit einer Einführung in die Makrostruktur von Wörterbüchern vertieft. So enthalten viele Grundschulwörterbücher über die alphabetischen Wörterverzeichnisse hinaus Wörtersammlungen zu verschiedenen Sachthemen, Wortfelder, Wortfamilien oder sogar Bild-Wort-Lexika für Englisch oder Französisch. Die Seite lädt dazu ein, das in der Klasse eingesetzte Wörterbuch im Hinblick auf solche Hilfsangebote genauer zu untersuchen.

Der Kursteil **Richtig schreiben** bietet *systematisches Übungsmaterial zu den Strategien* bzw. zu einzelnen Rechtschreibphänomenen, die ergänzend zu den Themenkapiteln oder auch unabhängig davon differenziert eingesetzt werden können. Der Kurs enthält Übungen, die die Kinder dazu befähigen, sich mit Regelmäßigkeiten der Rechtschreibung, sprachlichen Besonderheiten und Kontrollverfahren auseinanderzusetzen. Dabei entwickeln sie ein Gespür für richtiges Schreiben und nähern sich so den orthografischen Normen. Durch vielfältige Übungsformen werden die Kinder angeregt, über Rechtschreibung nachzudenken, und sie erfahren auch die enge Verbindung von Rechtschreibung und Grammatik. Neben den Strategien helfen ihnen ihre Kenntnisse über die Struktur der Sprache, orthografisch richtig zu schreiben.

Mithilfe des *Verlängerns*, das in den vergangenen Schuljahren bereits intensiv geübt wurde, schreiben die Kinder „Wörter mit Doppelkonsonant am Wortende" und „am Wortstammende" richtig. Dazu gehören auch Wörter „mit *ck* und *tz* am Wortende", weshalb die Kinder auf den Kursseiten 86/87 dazu angeleitet werden, diese zu verlängern (z. B. *Rock – Röcke, Schatz – Schätze, Blitz – Blitze* etc.). Der Kursteil bietet darüber hinaus eine Doppelseite zum „silbentrennenden *h*". Die Schreibweise von Wörtern wie *Kuh, nah, sah, froh* etc. kann für die Kinder durch Verlängern transparent werden, da beim stark artikulierten Sprechen das silbentrennende *h* hörbar gemacht werden kann (*die Kühe, die Nähe, sehen, frohe Menschen* etc.).

Das *Ableiten von Wörtern mit ä und äu* ist ebenfalls eine zentrale Rechtschreibstrategie, die mithilfe der Kursseiten 90/91 unter Berücksichtigung verschiedener Niveaustufen nochmals geübt werden kann. Entsprechende Wortpaare (*träumt – Traum, Hände – Hand, Räuber – rauben* etc.) können ergänzend zur Visualisierung in der Klasse auch auf einem Plakat gesammelt werden. Mit Übungen zu „kleinen Merkwörtern" und „Merkwörtern mit *ß*", die oft auch nach der Grundschulzeit eine häufige Fehlerquelle darstellen, sowie einer Übungseinheit zur Nutzung von „Wortfamilien" als Rechtschreibhilfe wird der Kurs fortgeführt.

Die Kinder werden jedoch erst dann zu kompetenten Rechtschreibenden, wenn sie „Stolperstellen" in Wörtern antizipieren und wissen, welche Strategien ihnen hier weiterhelfen können. Diese Selbstständigkeit im Umgang mit Rechtschreibproblemen kann u. a. mithilfe der Kursseiten 98–103 geübt werden.

Der Kursteil **Sprache untersuchen** thematisiert neben den Wortarten mit Doppelseiten zu deren Spezifika (z. B. den Vergleichsstufen der Adjektive) auch morphologische Themen (z. B. „Vorangestellte Wortbausteine") und vertieft das Verständnis der Kinder für syntaktische Kategorien (z. B. „Subjekt und Prädikat"). Auch dem beim Verfassen eigener erzählender Texte so wichtigen Thema „Wörtliche Rede und Redebegleitsätze" ist eine Doppelseite gewidmet. Gelb unterlegte Merksätze dienen der Wiederholung und Vertiefung gewonnener Erkenntnisse. Das Kapitel „Freizeit" hat den Kindern vor Augen geführt, wie *Werbesprache* funktioniert. Daher greift eine Kursseite das Thema „Werbewörter und Werbesprüche" auf und regt die Kinder zur Wortfindung bzw. zum Formulieren von Werbesprüchen an. Der Kursteil schließt mit einer motivierenden Doppelseite zu „Redewendungen", wobei neben dialektalen auch solche aus anderen Sprachen berücksichtigt werden.

Im Kurs **Texte verfassen** erhalten die Kinder *systematische Anregungen und Hilfen auf drei Niveaustufen*, die zum Schreiben eigener Texte führen. Dabei wird an das Vorwissen der Kinder angeknüpft und vorhandenes Sach- und Strukturwissen erweitert. Schwächere Kinder erhalten auf den jeweils linken Buchseiten konkrete Vorgaben in Bild und Text, um sie zunächst mit Satz- und Textmustern vertraut zu machen, bevor es zur eigenen freieren Textproduktion kommt. Beim *Überarbeiten von Texten* können schriftsprachliche Fähigkeiten besonders nachhaltig gefördert werden. Zentral ist jedoch die Isolierung von Schwierigkeiten bzw. die Präsentation von Texten mit einigen ausgewählten Überarbeitungsaspekten (z. B. Wiederholungen vermeiden, Zeitstufe einhalten, Vollständigkeit, abwechslungsreiche Satzanfänge etc.).

Alle Übungen auf den Kursseiten sind so angelegt, dass die Kinder *selbstständig* damit arbeiten können. Diesem Ziel dienen auch *Wiederholungen bestimmter Übungsformate*. Jede Übung kann in der Einzelarbeit, aber auch als Bestandteil von Wochenplanaufgaben bearbeitet, viele der angebotenen Übungen können aber auch als Hausaufgaben gestellt werden. Das Übungskonzept dient hauptsächlich der *Wiederholung, Festigung* und *Systematisierung*.

Das Jo-Jo Arbeitsheft

Die Arbeit mit dem Jo-Jo Sprachbuch wird durch ein zusätzliches Übungsangebot im Jo-Jo Arbeitsheft ergänzt und erweitert. Das Jo-Jo Arbeitsheft umfasst insgesamt 88 Seiten und ist *kursartig angelegt*. Zum Einstieg wird der Kurs „Richtig schreiben" angeboten, es folgen – analog zum Sprachbuch – die Kurse „Sprache untersuchen" und „Texte verfassen".

Das Jo-Jo Arbeitsheft enthält überdies heraustrennbare Jo-Jo-Testseiten: Deren Bearbeitung ermöglicht den Kindern zu überschauen, was sie schon können bzw. noch üben müssen. Die dazugehörigen Kontrollblätter befinden sich im Anhang des Arbeitshefts.

Ergänzt wird das Printmaterial durch interaktive Übungen zu grammatischen und rechtschreiblichen Themen auf einer CD-ROM und auf *scook.de*

Das Jo-Jo Arbeitsheft Fördern

Das Jo-Jo Arbeitsheft Fördern ist *eng auf die Themenkapitel des Jo-Jo Sprachbuchs abgestimmt*. Jeder Sprachbuchseite der dreizehn Themenkapitel ist eine Seite im Förderheft zugeordnet (Seite 4 entspricht Seite 4 im Sprachbuch usw.). Auf den Förderheftseiten werden die wichtigsten Inhalte und Aufgaben der Sprachbuchseiten *entsprechend aufbereitet*, wobei besonders auch solche Aspekte berücksichtigt werden, die für den *Zweitspracherwerb* bedeutsam sind, z. B.:

- Der im Sprachbuch verwendete Wortschatz wird durch *zahlreiche Illustrationen* verdeutlicht.
- Nomen erscheinen stets *mit farbiger Genusmarkierung*, da Wort und Genus nur gemeinsam erlernt werden können (rot – weiblich, blau – männlich, grün – sächlich).
- Analog zu den Übungstexten auf den „Hier üben wir"-Seiten im Sprachbuch sind die Silben der Wörter in den Übungstexten des Förderheftes i. d. R. im Wechsel blau und grün eingefärbt.
- Zahlreiche *Wiederholungen* dienen der Festigung des Wortschatzes.
- Vorgaben von Satzmustern erleichtern und üben die Bildung korrekter grammatischer Strukturen.
- *Wiederkehrende Übungsformate* fördern das selbstständige Arbeiten der Kinder.
- Aufgabenformulierungen bleiben *bei gleicher Aufgabenstellung auch sprachlich gleich*.
- Jo-Jo-Aufgaben bieten wie im Sprachbuch *Differenzierungsangebote* für fortgeschrittene Kinder.

Das Sprachförderheft ist für den unterrichtsbegleitenden Einsatz konzipiert. Nachdem die Einführung in die Thematik der einzelnen Sprachbuchseiten jeweils gemeinsam mit allen Kindern stattgefunden hat, kann die entsprechende Seite im Förderheft als Alternativangebot für Kinder mit Deutsch als Zweitsprache und/oder erhöhtem Förderbedarf eingesetzt werden. Die Übungen darin sind so angelegt, dass der damit verbundene Zeitaufwand ungefähr dem für die Bearbeitung der Sprachbuchaufgaben erforderlichen entspricht. Während also ein Teil der Kinder die Übungen im Sprachbuch bearbeitet, können parallel dazu andere im Förderheft bei annähernd gleicher Zielsetzung selbstständig an den sprachlich und inhaltlich aufbereiteten Aufgaben arbeiten. Entsprechend ihrem Leistungsvermögen können die Kinder im Anschluss an die Arbeit im Förderheft auch zusätzlich noch einzelne Sprachbuchseiten bearbeiten.

Beim unterrichtsvorbereitenden Einsatz des Förderheftes sollten die Aufgaben und Übungen unbedingt durch die Lehrkraft vorbereitet und ihre Bearbeitung begleitet werden. Das Förderheft kann aber auch *zur Nachbereitung des Unterrichts* als zusätzliches Übungsmaterial, z. B. als Hausaufgabe, eingesetzt werden.

Grundlegende Kompetenzen

Sprechen und Zuhören

In der Grundschule ist die mündliche Sprache das zentrale Medium. Das Jo-Jo Sprachbuch bietet mit vielfältigen Bild- und Textangeboten *zahlreiche Sprechanlässe*. Einige dieser Angebote sind auf eine nur mündliche Bearbeitung ausgerichtet, andere implizieren auch schriftliches Sprachhandeln. Ziel ist es, die Kinder zunehmend zu befähigen, sich auf den Sprechanlass zu beziehen und Inhalte sachgerecht und adressatenbezogen zu formulieren bzw. zu präsentieren.

Das Mitteilungsbedürfnis von Grundschulkindern ist meist sehr groß. Ihre Bereitschaft, anderen aufmerksam zuzuhören und sie ausreden zu lassen, ist im Laufe der Grundschulzeit gewachsen. Es ist wichtig, den Kindern Raum zum Erzählen, für Gespräche im Sinne des Austausches von Ideen, Meinungen und des Mit- und Voneinander-Lernens zu geben. Daher nehmen Aufgabenstellungen zum Erzählen im Jo-Jo Sprachbuch einen breiten Raum ein, zum Beispiel durch das *Erzählen von Erlebnissen* oder das *Erfinden von Geschichten* (spontan und auch durch Bild- oder Textimpulse angeregt oder bereits gestaltend nach einer Bild- oder Textvorlage).

Systematisch zu Gesprächen regen insbesondere die Kapitelauftaktseiten durch Bildimpulse und dazu passende Aufgabenstellungen an – verstärkt noch durch einen zusätzlichen Gesprächsimpuls in Form einer oder mehrerer Sprechblasen. Aber auch auf den übrigen Seiten werden die Kinder durch vielfältige Situationen dazu angeregt, *Gespräche zu führen*. Diese sind unter anderem darauf ausgerichtet, den alltäglichen Umgang miteinander zu gestalten und dabei situationsangemessen zu sprechen Dazu gehört es, Wünsche, Gefühle, Pläne und Ideen auszusprechen, die das Zusammenleben in der Klasse betreffen, gemeinsame Bräuche zu entwickeln (Schulhofspiele, Buchvorstellungen etc.), über Lernerfahrungen zu sprechen, Konflikte sprachlich zu regeln und Themen zu diskutieren. Dabei erleben die Kinder auch immer wieder die Notwendigkeit von Verhaltens- und Gesprächsregeln.

Das Jo-Jo Sprachbuch 4 bietet den Kindern zahlreiche Anlässe, um funktionsangemessen zu sprechen. Angeregt durch Bilder, Erlebnisse und Eindrücke erzählen sie beispielsweise zum Thema „Wald" (S. 16), sie beschreiben Sachverhalte (z. B. S. 40) und informieren andere (z. B. S. 22). Ebenso äußern sich die Kinder zu Empfindungen, sie nehmen fremde Perspektiven ein und sind in der Lage, eigene Emotionen zu verbalisieren. Auch versprachlichen die Kinder ihre Lernerfahrungen.

Lesen – mit Texten und Medien umgehen

Die Lesefähigkeit ist die wichtigste Kompetenz für selbstständiges Lernen sowohl im Deutschunterricht als auch in den anderen schulischen Fächern. Denn Lesekompetenz ist nicht nur die Voraussetzung für den Erwerb von Wissen, für persönliche Weiterentwicklung und letztlich insgesamt für die Teilhabe an unserem modernen gesellschaftlichen Leben, sondern zugleich auch für den Erwerb von Medienkompetenz und somit der Schlüssel zur Medienkultur. Die Förderung *der Lesebereitschaft, Lesemotivation* und *Lesefreude* ist daher ein besonders wichtiges Unterrichtsziel.

Das Jo-Jo Sprachbuch enthält ein *vielfältiges Textangebot*: erzählende Texte, beschreibende Texte, Steckbriefe, Sachtexte, Dialoge, Rätsel, Briefe und Mitteilungen, Werbetexte und diskontinuierliche Texte (Diagramme) etc. Die Kinder gehen auf unterschiedliche Weise mit den Texten um:

- Sie lesen Texte still für sich.
- Sie klären für sich und gemeinsam Verständnisprobleme.
- Sie nutzen Verstehenshilfen (z. B. Wörterbücher, Lexika, Fachbücher, Internet).
- Sie entwickeln eigene Gedanken zu Texten und ziehen Schlüsse.
- Sie nehmen zu Texten Stellung und tauschen sich mit anderen über Inhalte aus.
- Sie finden gezielt Informationen.
- Sie notieren wesentliche Textaussagen in Form von Stichworten.
- Sie beantworten Fragen.
- Sie lesen Texte vor bzw. üben den gestaltenden Vortrag.
- Sie finden Unterschiede und Gemeinsamkeiten von Texten.
- Sie stellen eigene Textproduktionen vor.
- Sie lernen Fachbegriffe kennen und richtig verwenden.
- Sie beschreiben ihre Leseerfahrungen in einem Lesetagebuch.
- Sie erkennen stilistische Besonderheiten von Texten (z. B. Werbesprache).

Schreiben / Texte verfassen

Das Jo-Jo Sprachbuch bietet einen *zweifachen Zugriff* auf den Lernbereich „Schreiben / Texte verfassen" an:

- Integration des Texteschreibens in jedes Kapitel,
- themenbezogener Zugriff im Kurs „Texte verfassen".

Die in den vergangenen Schuljahren aufgebaute Schreibmotivation soll im vierten Schuljahr gefestigt bzw. ausgebaut werden. Verlässliche, regelmäßige Schreibzeiten, eine anregende Schreibumgebung und vielfältige kreative Übungsformen sind dazu weiterhin notwendig.

Das Jo-Jo Sprachbuch enthält ein Angebot verschiedener *Schreibanlässe*, die die Kinder zum Verfassen von Texten anregen sollen. Dabei liegt dem Lehrwerk ein weit gefasster Textbegriff zu Grunde. Die in Jo-Jo enthaltenen Schreibanlässe fördern:

- ich-orientiertes Schreiben (eigene Erlebnisse, Wünsche, Bitten, Lese- / Lerntagebuch etc.),
- sozial-orientiertes Schreiben (Brief, E-Mail, Umfrage etc.),
- sachorientiertes Schreiben (Verhaltensregeln, Beschreibungen, Texte über Kinderbuchautoren etc.),
- unterschiedliche Schreibabsichten (Bitten, Zusammenfassungen, Präsentationen, Mitteilungen, Stellungnahmen etc.).

Beim Schreiben eigener Texte nutzen die Kinder *verschiedene Schreibmodi* (erzählen, berichten, beschreiben) und lernen, adressatengerecht zu formulieren. Schreibhinweise und Muster stellen Hilfen für das Verfassen von Texten dar, z. B. in Form von:

- Überschriften / Themenvorgaben,
- Textanfängen / Textbeispielen,
- Bildern,
- Wörtersammlungen,
- Stichworten,
- Beispielen für räumliche Anordnung und Schriftgestaltung.

Diese Hilfen sind im Jo-Jo Sprachbuch oftmals kombiniert. Die Angebote im integrativen Teil werden dabei durch den Kurs „Texte schreiben" erweitert und vertieft.

Die Kinder erhalten Hilfen zum Entwickeln von Texten. Dies beginnt beim Anlegen von Ideensammlungen, führt über Strukturierungshilfen (z. B. vorgegebene Textteile in die richtige Reihenfolge bringen) und geht weiter zu Hilfen bei der stilistischen Ausarbeitung von Texten (Einsatz wörtlicher Rede, unterschiedliche Satzanfänge, Nutzung von Wortfeldern, Nomen durch Pronomen ersetzen etc.). Außerdem erweitern die Kinder ihre Kompetenzen darin, Texte kriteriengemäß zu überarbeiten.

Der Computer spielt beim Verfassen der Texte als Schreibwerkzeug sowie beim Überarbeiten oder bei der Schriftgestaltung eine wichtige Rolle. Durchgängig werden die Kinder aufgefordert, ihre *Texte zu gestalten* (als Collage, Schmuckblatt, Werbeplakat etc.), sie z. B. im Lerntagebuch zu sammeln oder in der Klassenzeitung zu veröffentlichen.

Sprache und Sprachgebrauch untersuchen

Das *Nachdenken über Sprache* durchzieht das Sprechen, Lesen und den Umgang mit Texten ebenso wie das Texteschreiben und das Rechtschreiben. Indem die Kinder Sprache untersuchen, setzen sie sich aktiv mit fremdem und eigenem Sprachgebrauch auseinander. Dabei entdecken sie zwangsläufig *Gemeinsamkeiten und Unterschiede von Sprachen*, sei es beim Vergleich von Standardsprache und Dialekt, sei es bei der Beschäftigung mit Fremdsprachen, wozu auch die Herkunftssprachen von Kindern mit Migrationshintergrund gehören.

Die Kinder erweitern ihren Wortschatz – auch im Hinblick auf Fremdwörter und Fachbegriffe – und werden im situationsangemessenen wie auch adressatengerechten Sprachgebrauch sicherer, wobei sie den *Unterschied zwischen geschriebener und gesprochener Sprache* wahrnehmen sowie bei Letzterer den *Einsatz und die Wirkung sprachlicher und außersprachlicher Mittel reflektieren* (z. B. Intonation, Mimik, Gestik).

Als *einen* Aspekt der Entwicklung von Sprachbewusstsein bauen die Kinder – eingebettet in Sprachhandlungssituationen – ihre Kompetenz, grammatische Strukturen und ihre Funktion zu erfassen und zu nutzen, weiter aus:

- Nomen, Artikel, Einzahl, Mehrzahl,
- Adjektive und ihre Vergleichsstufen,
- Zeitstufen der Verben: Präsens, Futur, Präteritum, Perfekt,
- Nomen und Verben mit Wortbausteinen
- Wortfamilien,
- Wortfelder,
- die vier Fälle des Nomens,
- Satzglieder: Subjekt, Prädikat, Dativ- / Akkusativobjekt,
- wörtliche Rede und Redebegleitsätze.

Schreiben / Richtig schreiben

Das Rechtschreibenüben erfolgt in enger Verbindung mit den Bereichen „Texte verfassen" und „Sprache und Sprachgebrauch untersuchen". Das Erlernen der Rechtschreibung ist in der Regel in die Textproduktion eingebettet.

Das Jo-Jo Sprachbuch bietet einen *zweifachen Zugriff* auf die Rechtschreibung:

- Integration der Rechtschreibthemen in jedem Kapitel,
- themenbezogener Zugriff im Kurs „Richtig schreiben" mit variablen und spielerischen Übungsformen zur regelmäßigen Übung des Schreibwortschatzes.

Auch im Jo-Jo Sprachbuch 4 ist der *Übungswortschatz* am Ende in der Wörterliste zusammengefasst und es bleibt auch in diesem Band bei der optischen Einprägehilfe der Genera von Nomen durch deren farbige Markierung.

Die Übungswörter werden innerhalb jedes Themenkapitels auf der „Hier üben wir"-Seite in einer Wortleiste ausgewiesen. Innerhalb eines Kapitels ergeben sich die Wörter in der Regel weitgehend aus dem thematischen Zusammenhang. Im Kursteil erfolgt die Auswahl nach systematischen Kriterien. Die Übungswörter werden auf diese Weise mehrfach geübt.

Die Übungswörter der Wortleisten sollen gesammelt und selbstständig geübt werden. Das Jo-Jo Sprachbuch empfiehlt die *Arbeit mit einer Wörterkiste*. Eine entsprechende Vignette weist darauf hin. Das Üben mit der Wörterkiste ermöglicht es, jederzeit weitere schreibwichtige Wörter aufzunehmen und somit sukzessive zu einem *individuellen Schreib- und Übungswortschatz* zu gelangen.

Wichtiges Prinzip der Übungsgestaltung ist darüber hinaus aber auch das *Üben der Wörter des Übungswortschatzes in Sprachhandlungssituationen*. Indem die Kinder z. B. Briefe und Mitteilungen schreiben, Steckbriefe verfassen und gestalten, Geschichten schreiben und überarbeiten etc., üben sie Wörter des Übungswortschatzes.

Der *Übungstext* innerhalb der thematischen Kapitel stellt die jeweiligen Übungswörter in einen Sinnzusammenhang und bildet die Basis für die nachfolgenden Übungen. Er kann von den Kindern zu einem Zeitpunkt, den sie selbst bestimmen, abgeschrieben und als Schleich-, Dosen- oder Partnerdiktat geübt werden.

Das Erlernen der Rechtschreibung im Jo-Jo Sprachbuch basiert im Wesentlichen auf der *Silbenstrategie*. Hier kann durch *Sprechschwingen und Sprechschreiben* (synchrones Sprechen und Schreiben) die Anzahl der Flüchtigkeitsfehler nach sehr kurzer Zeit erheblich reduziert werden. Mit der *Strategie des rhythmischen Verlängerns* werden Wörter erschlossen, deren Schreibweise am Wortende oder Wortstammende nicht eindeutig lautgetreu ist. Bei der Lautähnlichkeit von *e* oder *ä* und

bei der Lautgleichheit von *eu* oder *äu* wird die *Strategie des Ableitens* benutzt. Die übrigen Wörter sind *Merkwörter*, deren Schreibweise durch vielfältiges Üben erlernt werden muss. Alle vier Strategien und die zugehörigen Symbole sind den Kindern im vierten Schuljahr sehr vertraut, werden aber im Kurs „Arbeitstechniken" nochmals übersichtlich präsentiert und es wird auch nochmals erläutert, wie man systematisch damit arbeiten kann, um die Anzahl der Rechtschreibfehler in eigenen Texten möglichst gering zu halten. Auf der darauffolgenden Seite findet sich zudem eine Seite zum Nachschlagen im Wörterbuch als wichtige ergänzende Strategie.

Rechtschreibförderung nach der FRESCH-Methode

Die Freiburger Rechtschreibschule (FRESCH) wurde von Lehrkräften und Psychologen zunächst vor allem zur Förderung von Kindern entwickelt, bei denen eine Lese-Rechtschreib-Schwäche (LRS) vorliegt. Es hat sich jedoch gezeigt, dass auch Kinder, die leichter einen Zugang zur Schriftsprache und zur Rechtschreibung finden, sehr von der FRESCH-Methode profitieren können. Aus diesem Grund fand FRESCH auch Eingang in die Rechtschreibkonzeption des Jo-Jo Sprachbuchs.

Der FRESCH-Methode liegt die *Synchronisierung von Sprache und Bewegung zugrunde. Durch rhythmisch-melodisches Sprechschwingen der Wörter in Silben bei gleichzeitigem Bewegen dazu im Raum* (Der rechte Fuß beginnt, der linke rückt nach, die Schreibhand führt bei jeder Bewegung einen tiefen Girlandenbogen aus.) wird der Zugang zur Schriftsprache gefördert. Durch die Verlangsamung und Rhythmisierung der Sprache wird der Verarbeitungsvorgang (Laute hören und als Buchstabenfolge schreiben) erleichtert. Im Zusammenwirken von Hören, Sehen, Hand- und Körperbewegung können Sprechen und Schreiben optimiert werden. Vertauschungen von Buchstaben oder Auslassungen kommen auf diese Weise beim Schreiben viel seltener vor.

Die Kernkompetenz im Schriftspracherwerb ist die *Vermittlung von Rechtschreibbewusstsein*. Mehr als die Hälfte der grundschulrelevanten Wörter können die Kinder bereits richtig schreiben, wenn Sprechschwingen und Sprechschreiben für sie zur Gewohnheit werden. Ein Großteil weiterer Wörter kann durch das Anwenden von *Rechtschreibstrategien* richtig geschrieben werden. Es bleibt ein kleiner Teil von Wörtern übrig, die als „Merkwörter" nicht durch Strategien abgedeckt werden und die gesondert auf vielfältige Weise geübt werden müssen (Merkwortheft, Wörterkiste etc.).

Mit folgenden vier Symbolen wird bei der FRESCH-Methode gearbeitet:

- ⊌ Sprechschwingen, Sprechschreiben
- ↻ Weiterschwingen, Verlängern
- ⚡ Ableiten von Wörtern
- Ⓜ Merkwörter

Die Einteilung des grundschulrelevanten Wortschatzes stellt sich folgendermaßen dar:

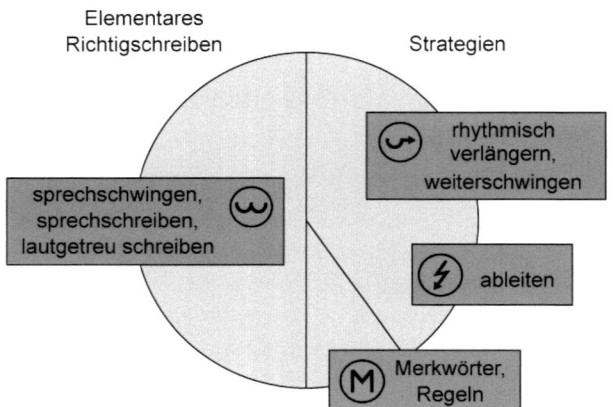

Demnach ist etwa die Hälfte der Wörter lautgetreu, d.h. die Wörter werden so geschrieben wie sie gesprochen werden. Entscheidend für einen guten Lernerfolg ist, dass das *Sprechen und Schreiben der Wörter gleichzeitig* erfolgt. Das *Zeichnen von Silbenbögen* stellt für die Kinder ein zusätzliches Hilfsmittel dar und dient der Kontrolle des geschriebenen Wortes bzw. Satzes. Die Silbenbögen sind daher fester Bestandteil der FRESCH-Methode.

Über das *rhythmische Verlängern* erschließen sich die Kinder die Schreibweise von Wörtern bei

- Auslautverhärtung am Wortende (*klug, Wind, gelb*),
- Konsonantenverdoppelung am Wortende (*schnell, Blitz, Rock*),
- Auslautverhärtung oder Konsonantenverdoppelung am Wortstammende der Verbformen (*legt, rennt, schickt*),
- Auslautverhärtung oder Konsonantenverdoppelung am Wortstammende in Ableitungen (*Zeugnis, essbar*),
- Auslautverhärtung oder Konsonantenverdoppelung am Wortstammende in Komposita (*Erdkugel, Feldweg, Schwimmbad, Rennwagen*),
- zusammengesetzten Nomen (*Schwimmbad, Rennwagen*),
- Wörtern mit (silbentrennendem) *h* (*Kuh, weht*).

Über die Strategie *Ableiten* ermitteln die Kinder die Schreibweise von Wörtern bei

- Lautähnlichkeit von *e* und *ä* (*Bänke, trägt*),
- Lautgleichheit von *eu* und *äu* (*Bäume, träumt*)

Dabei begreifen die Kinder den Vokal *e* in seiner unterschiedlichen Lautbildung bzw. den Doppelvokal *eu* stets als lautgetreu.

Der restliche Teil der Wörter sind *Merkwörter*. Hierzu zählen

- die Wörter mit *V/v* (*Vogel, Vase*),
- die Wörter mit *stummem h* (*fahren, Ohr*),
- die Wörter mit langem i-Laut (*Igel, wir*),
- die Wörter mit *ß* (*Straße, schließen*),
- die Wörter mit gleichen und ähnlich klingenden Lauten (*Fuchs, Bär, Chor, Hyazinthe*),
- kleine Wörter (*ab, Herbst, plötzlich, und*).

Die Kinder werden parallel dazu behutsam an ein Regelverständnis herangeführt. Sie reflektieren

- die Großschreibung von Nomen und Satzanfängen,
- Abweichungen von gesprochener und geschriebener Sprache,
- zusammengesetzte Nomen und Adjektive,
- Wortverwandtschaften,
- die Veränderlichkeit von Adjektiven bei attributivem Gebrauch (*der leere Acker*),
- Merkwörter aus anderen Sprachen.

In Klasse 2 lag der Schwerpunkt im Schriftspracherwerb noch im *lautgetreuen Bereich*. Zuerst erkannten die Kinder die Gliederung der Wörter in Silben. Über das Zeichnen der Silbenbögen wurde der Zusammenhang zwischen Vokal und Konsonant für die Kinder noch anschaulicher. Außerdem wurden die Kinder an Rechtschreibphänomene im lautgetreuen Bereich herangeführt.

Über das rhythmische Sprechen von Wörtern in Silben bauten die Kinder dann im dritten Schuljahr ihre Fähigkeit, Doppelkonsonanten „herauszufiltern", weiter aus und lernten *tz* und *ck* als Sonderformen des doppelten Mitlauts kennen. Deutliches Sprechen in Silben half den Kindern auch bei der Schreibung von Wörtern mit *ng/nk* bzw. generell bei Wörtern mit Konsonantenhäufung. Langsames, deutliches Sprechen ermöglichte es ihnen zudem, ein immer sichereres Gespür für Wörter mit langem *i-Laut* zu bekommen.

Nachdem die Kinder schon in Klasse 2 gründlich in die Strategie des *Ableitens von Wörtern mit ä und äu* sowie in die Strategie „Verlängern" eingeführt wurden, hatten sie im dritten Schuljahr vielfältige Gelegenheit, diese

Strategien anzuwenden. Nun, im vierten Schuljahr, werden die Strategien auch auf Wortmaterial angewandt, das komplexer ist. So trennen die Kinder beispielsweise Komposita in ihre Bestandteile, um dann den ersten Wortbestandteil zu verlängern (z. B. *Wettkampf – wetten, der Kampf, Treffpunkt – treffen, der Punkt* etc.). Auch bei den *Wörtern mit silbentrennendem h* kann durch *Verlängern* das *h* hörbar gemacht werden (*Kuh – Kühe, mühsam – die Mühe, es blüht – blühen* etc., siehe Sprachbuchseite 88/89).

Wörter mit langem i-Laut und *Wörter mit stummem h* sind ebenso wie die *Wörter mit ß Merkwörter*, deren Schreibweise durch vielfältiges Üben erlernt werden muss. Eine Rechtschreibhilfe ist das Finden von und Ordnen nach *Wortfamilien*. Eine weitere Möglichkeit ist die Arbeit mit der *Wörterkiste* oder einem *Merkwortheft*. Die Kinder erhalten jedoch auch vielfältige Anregungen, die entsprechenden Merkwörter im Kontext von Sätzen und Texten zu verwenden und zu üben.

Wörter aus anderen Sprachen (besonders aus dem Englischen) sind meist selbstverständlich in unseren Alltag eingebunden. Zur Rechtschreibkompetenz gehört es auch, die Schreibweise dieser Wörter zu beherrschen, die als Merkwörter betrachtet und geübt werden (siehe auch die Sprachbuchseiten 123 und 125).

Das Jo-Jo Sprachbuch gibt den Kindern im vierten Schuljahr zudem die Möglichkeit, Wort- bzw. Textmaterial auf mehrere anwendbare Rechtschreibstrategien hin zu analysieren (z. B. auf den Sprachbuchseiten 98–103). Die Komplexität dieser Übungen erhöht die Rechtschreibkompetenz der Kinder und wirkt sich in besonderer Weise auf die Rechtschreibung in eigenen Texten aus.

Auch im Jo-Jo Sprachbuch 4 ist die Wörterliste dergestalt erweitert, dass jedem Stichwort mithilfe der FRESCH-Symbole die zu seiner Rechtschreibung passende Strategie zugeordnet ist, wodurch sich diese nun über das Nachschlagen von Wörtern hinaus auch dazu nutzen lässt, gezielt Wörter zu einer bestimmten Strategie zu üben.

Einen Überblick über alle auf der Grundlage der Freiburger Rechtschreibschule eingeführten Rechtschreibstrategien liefert darüber hinaus die dem Jo-Jo Sprachbuch beigelegte FRESCH-Karte.

Miteinander

Verbundübersicht

Jo-Jo Sprachbuch, Themenkapitel Seite 4–9	**Jo-Jo Sprachbuch, Kursteil** Seite 86, 104, 134	**Jo-Jo Arbeitsheft** Seite 8, 26, 56
Jo-Jo Arbeitsheft Fördern Seite 4–9	**Jo-Jo Kopiervorlagen** Nr. 3, 12, 27	**Jo-Jo Lesebuch** Seite 4–17

Lerninhalte

Sprechen und Zuhören	sich an den eigenen Schulanfang erinnern; über Lernerfahrungen sprechen; Erinnerungsplakate erstellen (4)
Lesen – mit Texten und Medien umgehen	Arbeitsanweisungen lesen und verstehen (4–9); altersgemäße Texte sinnverstehend lesen (5); lebendige Vorstellungen beim Lesen und Hören literarischer Texte entwickeln (7); gezielt einzelne Informationen suchen (8)
Schreiben (Texte verfassen)	Erlebnisse aufschreiben: fremde, eigene, mithilfe von Stichworten, frei (5); **Texte verfassen** SB (134), AH (56)
Schreiben (Richtig schreiben)	Wörter mit ck und tz mit der passenden Verlängerung aufschreiben; zusammengesetzte Nomen mit ck und tz bilden (8) **Richtig schreiben** SB (86), AH (8)
Sprache und Sprachgebrauch untersuchen	Wortarten und Fachbegriffe wiederholen: Nomen, Artikel, zusammengesetzte Nomen, Pronomen (6); Wortarten und Fachbegriffe wiederholen: Adjektive: Vergleichsstufen, Verben: Personalformen, Zeitstufen (7) **Sprache untersuchen** SB (104), AH (26)

Vorüberlegungen

Nach den langen Sommerferien beginnt nun wieder die Schule. Die Kinder freuen sich sicherlich, ihre Freundinnen und Freunde wiederzusehen und sich mit ihnen austauschen zu können. Das Schulleben ist ihnen inzwischen schon sehr vertraut. Sie kennen die Regeln, an die man sich im Schulalltag halten muss, und sind mit vielen Arbeitsverfahren und Techniken bereits gut vertraut. Gleichzeitig ist den Kindern bewusst, dass sie im 4. Schuljahr zu „den Großen" gehören, dass das letzte Jahr der Grundschulzeit angebrochen ist und der Übergang in eine weiterführende Schule ansteht. Da bietet es sich zu Beginn an, gemeinsam auf den Schulanfang und die Erlebnisse und Gefühle, die damit verbunden sind, zurückzublicken. Die Kinder werden feststellen, dass sie und ihre Freunde sich in vielerlei Hinsicht verändert haben. Sie sind größer geworden, übernehmen zunehmend Verantwortung für das eigene Lernen und reflektieren Lernprozesse. Auch Beziehungen der Kinder untereinander können sich verändert haben. Dies zu erkennen und zu akzeptieren, ist ebenfalls ein wichtiger Entwicklungsschritt.

Ideen für fächerübergreifendes Arbeiten

Sachunterricht
- Klassen- und Gesprächsregeln wiederholen
- Bestandsaufnahme zum Klassenklima
- einen Klassenrat einrichten, dazu gemeinsam überlegen, welche Aufgaben der Klassenrat haben sollte; Aufgaben und Ämter besprechen und besetzen

Kunst
- mithilfe einer Leinwand und einer Lichtquelle Schattenrisse der Kinderköpfe herstellen
- Unterlagen, Texte und Fotos für Erinnerungsbücher und Abschiedsgeschenke sammeln (z. B. in einem Ordner oder Karton) und diese gestalten oder zu gestalten beginnen

Zum Einsatz der Kapitelseiten

📖 Seite 4

Zum Einstieg in das Kapitel werden dem Klassenfoto aus dem ersten Schuljahr fünf Sprachbuchkinder aus Klasse 4 mit Äußerungen zum Schulanfang zur Seite gestellt. Um die Vielfalt der Erwartungen, Hoffnungen, Ängste und Erlebnisse des Schulanfangs in einer Schulklasse abzubilden, wurden dazu bewusst auch Kinder mit Migrations- bzw. Inklusionshintergrund ausgewählt.

Aufgabe 1

Die Schülerinnen und Schüler betrachten das Bild und lesen die (evtl. großformatig projizierten) Äußerungen der Sprachbuchkinder zunächst für sich, später dann auch laut vor. Im anschließenden Gespräch können die Äußerungen spontan zu eigenen Gefühlen und Erlebnissen in Beziehung gesetzt werden. Wichtig ist, dass die Kinder sich mit ihren Äußerungen akzeptiert fühlen und sich nicht etwa gegenseitig herabsetzen. Die Suchaufgabe macht die seit der Einschulung vergangene Zeitspanne erfahrbar und lässt deutlich werden, wie sich die Kinder in den drei vergangenen Schuljahren (auch) körperlich verändert haben.

Aufgabe 2

Beim Erzählen von Gefühlen und Erlebnissen können Sprachmuster aus den Sprechblasen teilweise als Hilfen übernommen werden (z.B.: *Ich hatte Angst, weil … Ich*

freute mich auf …). In sprachschwächeren Lerngruppen können solche Hilfen an der Tafel visualisiert werden, damit sie sich besser einprägen.

Im mündlichen Austausch sollten die Kinder auch dazu angehalten werden, das genaue Zuhören bzw. das Einhalten vereinbarter Gesprächsregeln zu üben. Elementar ist es, den anderen ausreden zu lassen, wichtig ist es zudem, sich ausdrücklich auf Äußerungen anderer Kinder zu beziehen. Falls es den Kindern schwerfallen sollte, über ihre Gefühle ins Gespräch zu kommen, können z.B. anonym Zettel geschrieben und anschließend von einigen Kindern vorgelesen werden. Dabei kann sich auch zeigen, ob positive oder negative Gefühle und Erinnerungen überwiegen. Bei Bedarf können die Zettel entsprechend geordnet werden (vgl. Aufgabe 3).

D Die Kinder könnten auch überlegen, was sie zum Schulbeginn noch nicht konnten, ihre eigenen Lernerfahrungen seit damals reflektieren und sich darüber austauschen. Auf vielen Ebenen haben sie Neues gelernt, sodass auch lernschwächere Kinder hier positive Beispiele für die eigene Entwicklung nennen können.

Aufgabe 3

Die Kinder schreiben eine schöne und eine weniger schöne Erinnerung auf ein Kärtchen – in einem Satz oder einigen wenigen Sätzen. Die Sprechblasen neben der Aufgabe geben mögliche Beispiele vor, an denen sie sich orientieren können. Die Kärtchen werden anschließend auf zwei Plakate geklebt (z.B. auf ein rotes die weniger schönen Erinnerungen, auf ein grünes die schönen Erinnerungen). Gemeinsam überlegen die Kinder sich Überschriften für die beiden Plakate. Die Oder-Aufgabe regt an, anhand mitgebrachter Fotos über den Schulanfang zu sprechen.

D Vielleicht haben die Kinder Lust, ein weiteres Plakat über lustige Pannen aus der Schulzeit zu gestalten. Die Plakate können – evtl. zusammen mit den mitgebrachten Fotos der Oder-Aufgabe – eine gute Fundgrube für das Erstellen eines Erinnerungsbuches an die Grundschulzeit sein.

▶ *Jo-Jo Lesebuch, S. 4/5, 8/9*

> **Weitere Anregungen**
> - *zu den Erinnerungen an den Schulbeginn passende Bilder malen*
> - *Bilder und ggf. Fotos vom Schulbeginn als Collagen zusammenstellen*
> - *ältere Menschen (Großeltern, Urgroßeltern) dazu befragen, wie sie ihren Schulbeginn erlebt haben; Erfahrenes stichwortartig notieren und dem Plenum mitteilen, ggf. alte Fotos dazu zeigen*

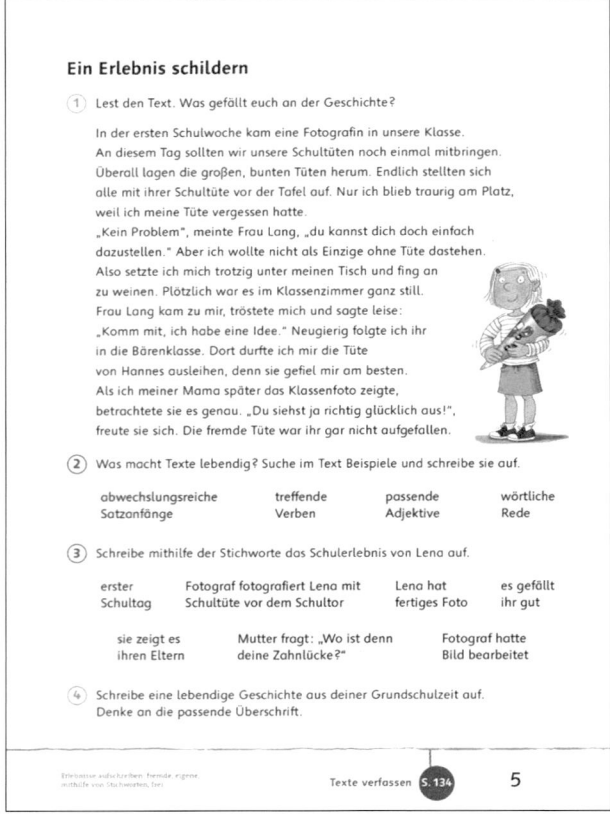

Die Sprachbuchseite 5 sowie die dazugehörige Kursseite 134 nehmen das Aufschreiben von Erlebnissen in den Blick. Mit dem erlebnisorientierten Schreiben haben die Kinder in den vorherigen Klassen bereits Erfahrungen gesammelt, an die nun angeknüpft werden kann.

Aufgabe 1

Die Kinder lesen – zunächst jedes still für sich – die kleine Geschichte, die von einem Fototermin der Schulanfänger und einer vergessenen Schultüte handelt. Der Text ist sehr anschaulich und für die Kinder gut lesbar. Die Kinder äußern sich zu der Geschichte und berichten evtl. von eigenen, ähnlichen Erlebnissen. Die Frage: „Was gefällt euch an der Geschichte?" führt bereits zu Aufgabe 2 hin: Die Kinder sollten ihr Urteil „sie ist lustig, spannend, gut geschrieben …" begründen, indem sie an die bereits vorhandenen Kenntnisse zum Schreiben von Geschichten anknüpfen.

Aufgabe 2

Es werden vier Kriterien, die Texte lebendig machen, vorgegeben. Möglicherweise wurden bereits in Beantwortung der Frage von Aufgabe 1 einige genannt. Die Kinder suchen nun Beispiele im Text und schreiben sie auf. Dies kann auch gut in Partner- oder Gruppenarbeit geschehen. Evtl. müssen die Fachbegriffe wie „wörtliche Rede", „Verben" etc. vorher wiederholt werden.

Aufgabe 3

Mithilfe von Stichworten soll nun ein weiteres Erlebnis aufgeschrieben werden, bei dem der Schulanfang im Mittelpunkt steht. Die Lehrkraft sollte die Kinder darauf hinweisen, den Text wie das Textbeispiel oben auf der Seite in der einfachen Vergangenheit (im Präteritum) zu verfassen. Die Kinder sollten nach einer gründlichen Selbstkontrolle ihre Texte von einem Partnerkind prüfen lassen. Dabei ist neben der Berücksichtigung der Kriterien aus Aufgabe 2 besonders auf folgende Punkte zu achten: Sind
- die Satzanfänge alle großgeschrieben?
- die Satzschlusszeichen gesetzt?
- die Redezeichen richtig gesetzt?
- Fehler beim Übernehmen der Stichworte gemacht worden?

Und:
- Gibt es Rechtschreibtipps, die das jeweilige Kind zudem beachten sollte?

D Schwächere Kinder können eine Kopie erhalten, auf der sie die Stichworte in passender Reihenfolge nummerieren oder die Stichworte ausschneiden und nummeriert untereinander aufkleben.

Aufgabe 4

Nun können die Kinder selbst ein Erlebnis aus ihrer eigenen Grundschulzeit aufschreiben. Tipps dazu finden sie auf der Kursseite 134. Die Kinder beginnen möglicherweise in der Schule und setzen die Arbeit ggf. als Hausaufgabe fort. Wer möchte, darf seine Geschichte den anderen Kindern vorlesen. Die Texte eignen sich nach Überarbeitung u. U. auch für ein Erinnerungsbuch an die Grundschulzeit.

D Mit sprachschwächeren Kindern sollten zunächst mündlich Ideen gesammelt und dazu erzählt werden. Dafür können Textteile oder Stichworte als Hilfe vorgegeben werden.

▶ *Jo-Jo Sprachbuch: Texte verfassen, S. 134*

▶ *Jo-Jo Arbeitsheft, S. 56*

▶ *Jo-Jo Lesebuch, S. 4/5, 10–12*

▶ *Jo-Jo Kopiervorlagen, Nr. 27*

> *Weitere Anregung*
> - *Ideen zum erlebnisorientierten Schreiben anbieten und die Kinder kleine Geschichten erfinden lassen; mögliche Themenvorschläge:*
>   *Als ich mir einmal wehgetan habe …*
>   *Als ich mich einmal sehr erschreckt habe …*

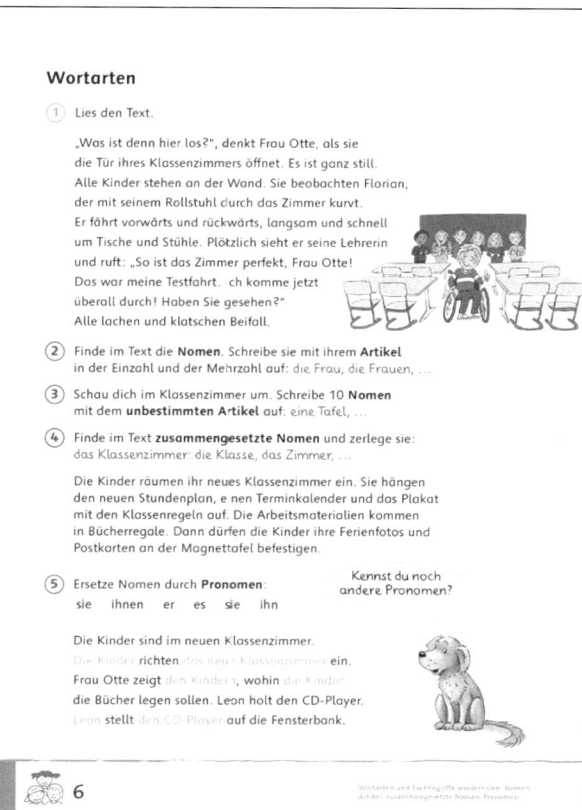

Auf Seite 6 und 7 bietet sich zu Beginn des 4. Schuljahres die Möglichkeit, die bereits eingeführten Wortarten zu wiederholen. Viele Kinder haben Probleme mit dem abstrakten Thema „Wortarten", sodass es auch im vierten Schuljahr wichtig ist, das Thema nochmals aufzugreifen und mittels verschiedener Übungen zu vertiefen. Das Wissen um die Wortarten ist nicht nur unter rechtschreiblichen Aspekten wichtig. Der gezielte Einsatz von Wortarten dient auch dem Verfassen ansprechender Texte. In diesem Zusammenhang sollte darauf hingewiesen werden, dass auf den Sprachbuchseiten 162/163 die „wichtigen Fachbegriffe" nachgeschlagen werden können. Inhaltlich knüpfen die Seiten an das Thema „Schuljahresanfang" an. Auf Seite 6 wird mit der Wiederholung der Wortarten „Nomen", „Artikel" und „Pronomen" begonnen.

Aufgabe 1

Die Kinder lesen zunächst den Text. Ein Klassengespräch über die Situation von Florian und den Umgang mit Kindern mit Förderbedarf bzw. Beeinträchtigungen kann sich anschließen. Die Schwierigkeiten von Menschen im Rollstuhl, beim Gehen mit Krücken oder beim Fahren von Kinderwagen im Straßenverkehr dürften vielen Kindern aus Beobachtungen oder eigenen Erfahrungen bekannt sein.

Aufgabe 2

Hier sollen die Kinder zunächst die Nomen im Text identifizieren und mit dem bestimmten Artikel in der Einzahl und Mehrzahl aufschreiben.

D Leistungsstärkere Kinder können selbst einige Sätze über ihr Klassenleben aufschreiben und dabei die Aufgabe dadurch variieren, dass sie z. B. einige Nomen weglassen oder vertauschen. Ein Partnerkind erhält dann die Aufgabe, den Text richtig aufzuschreiben.

Aufgabe 3

Im Klassenraum finden die Kinder weitere Dinge. Die Nomen dazu schreiben sie nun mit dem unbestimmten Artikel auf.

Aufgabe 4

Hier geht es um zusammengesetzte Nomen, die zunächst im Text zu ermitteln sind. Anschließend werden Grundwort und Bestimmungswort mit dem richtigen bestimmten Artikel aufgeschrieben. Bei einem der zusammengesetzten Nomen kommt das Fugen-s zum Tragen, auf das die Lehrkraft nochmals hinweisen kann. Gegebenenfalls markieren die Kinder das Fugen-s farbig: *Arbeit**s**materialien*.

Aufgabe 5

Im Text werden die grün gedruckten Satzteile durch vorgegebene Pronomen ersetzt. Der Hund Jojo fordert die Kinder auf, weitere Pronomen zu nennen.

D Für schwächere Kinder kann es hilfreich sein, wenn sie den Text als Lückentext erhalten, in den sie die vorgegebenen Pronomen passend einsetzen können.

▶ *Jo-Jo Lesebuch, S. 6*

> ### Weitere Anregungen
> - *Ideen für die Gestaltung des Klassenzimmers sammeln*
> - *Raumpläne zeichnen und Maßstab berücksichtigen; Längenmaße Meter/Zentimeter*
> - *Spiele zum Erkennen und Bestimmen von Wortarten spielen, z. B.: Drei Wörter nennen, von denen nur eins ein Nomen ist (gehen – Hund – laut). Oder: von drei genannten Wörtern ist nur eins kein Nomen (Topf – Suppe – schnell).*

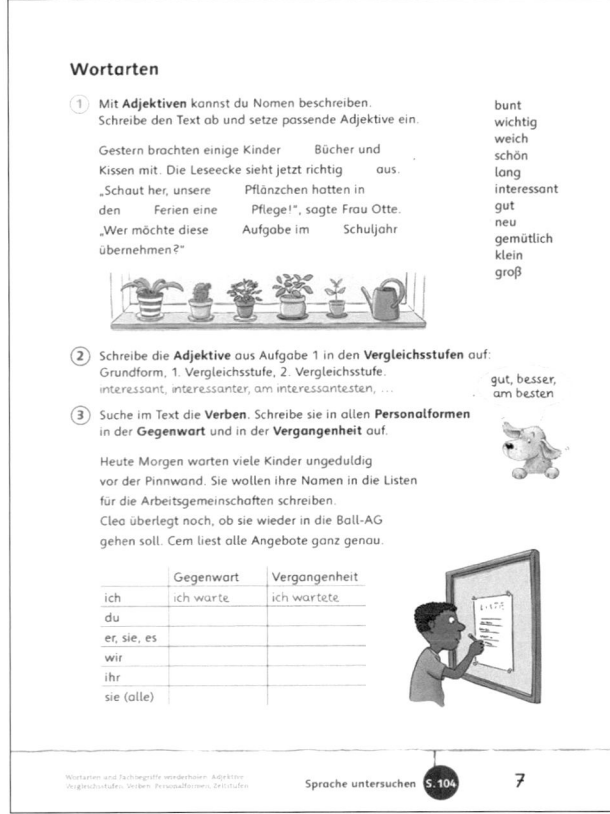

In Fortführung von Seite 6 bietet Seite 7 die Wiederholung der Wortart „Adjektiv" mit Vergleichsstufen sowie der Wortart „Verb" mit Personalformen und den Zeitstufen „Gegenwart" und „Vergangenheit" an.

Aufgabe 1

Im Lückentext der Aufgabe 1 sind Adjektive adverbial und attributiv zu verwenden, wobei in der Regel auf die richtigen Flexionsendungen zu achten ist. Es gibt eine Lösung, die sehr plausibel ist. Vielleicht haben einige Kinder jedoch auch bei manchen Sätzen eine andere Lösung gefunden, die sie dann begründen sollten.
Eine Lösung, in der ein Teil der rechts vom Text angebotenen Adjektive verwendet sind: *Gestern brachten einige Kinder <u>interessante</u> Bücher und <u>weiche</u> Kissen mit. Die Leseecke sieht jetzt richtig <u>gemütlich</u> aus. „Schaut her, unsere <u>schönen</u> Pflänzchen hatten in den <u>langen</u> Ferien eine <u>gute</u> Pflege!", sagte Frau Otte. „Wer möchte diese <u>wichtige</u> Aufgabe im <u>neuen</u> Schuljahr übernehmen?"*

D Schwächeren Kindern kann der Lückentext als Kopie angeboten werden. Die einzusetzenden Wörter sind dann z. B. am Rand vorgegeben und nummeriert.

Aufgabe 2

Diese Aufgabe, in der es um Grundform und Vergleichsstufen geht, wird den Kindern wohl keine Schwierigkei-

ten bereiten. Auf die Vergleichsformen von *gut* (*besser – am besten*) weist die Illustration hin.

Aufgabe 3

Bei der Thematisierung der Verben bietet es sich nun an, in mehreren Schritten vorzugehen und vor der Bearbeitung sicherzustellen, dass die Fachbegriffe „Grundform", „Personalform", „Gegenwart" und „Vergangenheit" bekannt und verstanden sind.
Die Kinder suchen zunächst im Text die Verben und sollten diese erst einmal in der Grundform aufschreiben. An den Beispielen *überlegt* und *liest* kann der Unterschied zwischen der Personalform im Text und der Grundform nochmals verdeutlicht werden. Anschließend zeichnen die Kinder die vorgegebene Tabelle ab und setzen die Verbformen zunächst für das Verb *warten* entsprechend ein. Dies sollte zunächst gemeinsam geschehen, ehe die Kinder evtl. als Hausaufgabe neue Tabellen zeichnen und die anderen Verben entsprechend eintragen.

D Sprachlich starke Kinder können auch in den anderen Texten auf den Sprachbuchseiten 6 und 7 die Verben ermitteln und sie zusammen mit der Grundform aufschreiben. Hier ergibt sich dann als zusätzliche Schwierigkeit, dass trennbare Verben ein zweiteiliges Prädikat bilden: *richten ein – einrichten*.

D Die Kinder schreiben den Text von Aufgabe 3 in der Vergangenheit auf: *Heute Morgen warteten …* Dasselbe ist mit dem Text von S. 6, Aufgabe 4 möglich: *Die Kinder räumten …* Umgekehrt können sie aber auch den Text von Aufgabe 1 in die Gegenwart setzen: *Heute bringen …*

▶ *Jo-Jo Sprachbuch: Sprache untersuchen, S. 104*

▶ *Jo-Jo Arbeitsheft, S. 26*

▶ *Jo-Jo Lesebuch, S. 13–15*

▶ *Jo-Jo Kopiervorlagen, Nr. 12*

Weitere Anregungen
- *mithilfe von Namenlisten und Dienstplänen (Tafeldienst, Blumendienst …) das Ordnen nach dem Abc wiederholen*
- *das Zeichnen von Tabellen üben: Ermitteln der Spaltenzahl und Spaltenbreite; Längenmaße Zentimeter / Millimeter; Umgang mit dem Lineal*
- *Spiele zu den Wortarten (s. o.) evtl. in Gruppen, z. B.: zu einem Begriff drei oder mehr passende Adjektive suchen (Fell: weich, flauschig, lockig).*

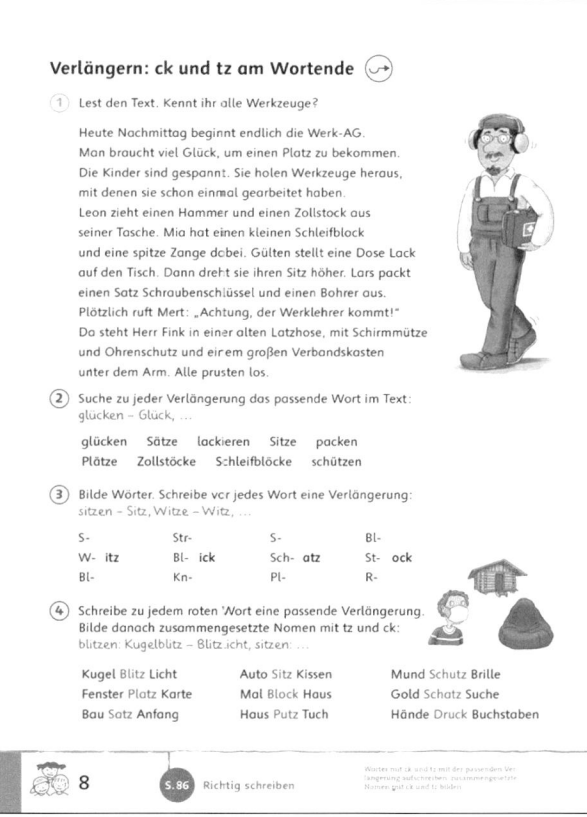

Die Übungen dieser Sprachbuchseite nehmen die Strategie „Verlängern" in den Blick, und zwar anhand von Wörtern mit *ck* und *tz* am Wortende. Gerade zu Beginn des Schuljahres lohnt es sich, die Schülerinnen und Schüler auf den Einleger im Sprachbuch „Jo-Jo FRESCH: Richtig schreiben" hinzuweisen, mit dessen Hilfe sie sich die FRESCH-Strategien vergegenwärtigen können.

Aufgabe 1

Die Kinder lesen den kurzen erzählenden Text und suchen die dort genannten Werkzeuge. Nicht alle werden den Kindern bekannt sein, sodass es hilfreich wäre, wenn die Lehrkraft das eine oder andere Stück mitbringen und vorstellen könnte. Werkzeuge im Text: Hammer, Zollstock, Schleifblock, Zange, Schraubenschlüssel, Bohrer.

D Die Kinder nennen weitere Werkzeuge und erklären ihre Funktion.

Aufgabe 2

Hier wird zu jeder vorgegebenen Verlängerung das passende Wort im Text gesucht. In Partnerarbeit kann das Ergebnis verglichen werden.

Aufgabe 3

Zu den zu bildenden Reimwörtern soll jeweils eine passende Verlängerung aufgeschrieben werden.

Aufgabe 4

Hier werden zusammengesetzte Nomen mit *tz* und *ck* gebildet; zu den rot markierten Wörtern wird jedoch zunächst eine Verlängerung aufgeschrieben. Anschließend können die gefundenen Komposita auch inhaltlich besprochen werden, da möglicherweise nicht allen Kindern die Bedeutungen vertraut sind.

KV 1 *Wörter mit ck und k, tz und z*

▶ *Jo-Jo Sprachbuch: Richtig Schreiben, S. 86*

▶ *Jo-Jo Arbeitsheft, S. 8*

▶ *Jo-Jo Kopiervorlagen, Nr. 3*

Aufgabe 1

Die Kinder beschäftigen sich in der aus Klasse 3 vertrauten Weise mit dem Übungstext, den sie abschreiben oder als Dosen-, Partner- oder Schleichdiktat üben.

Aufgabe 2

Acht Wörter mit *ck* und *tz* sollen im Text gesucht und eine dazu passende Verlängerung gebildet werden. Gesuchtes Merkwort: *jetzt*.

Aufgabe 3

Die Kinder finden die zusammengesetzten Nomen im Übungstext und schreiben die Einzelnomen getrennt mit den bestimmten Artikeln auf.

Aufgabe 4

Zum Aufschreiben der Personalformen in Gegenwart und Vergangenheit ist eine Tabelle hilfreich, in der die Personalpronomen vorgegeben sind. Das Zeichnen einer Tabelle kann aus diesem Anlass gemeinsam wiederholt bzw. erarbeitet werden (vgl. Sprachbuchseite 7).

L Zum Sammeln möglichst vieler Wörter mit *ck* und *tz* in einer Tabelle kann die Wörterliste im Sprachbuch oder auch ein Wörterbuch herangezogen werden.

▶ *Jo-Jo Sprachbuch Lernspuren, S. 8*

 KV 2 *Schleichdiktat*   **KV 3** *Diktatvorbereitung*

Name:	Datum:	Klasse:

Wörter mit ck und k, tz und z

1 Entscheide, ob du **tz** oder **z** einsetzen musst. Schreibe die Wörter auf.

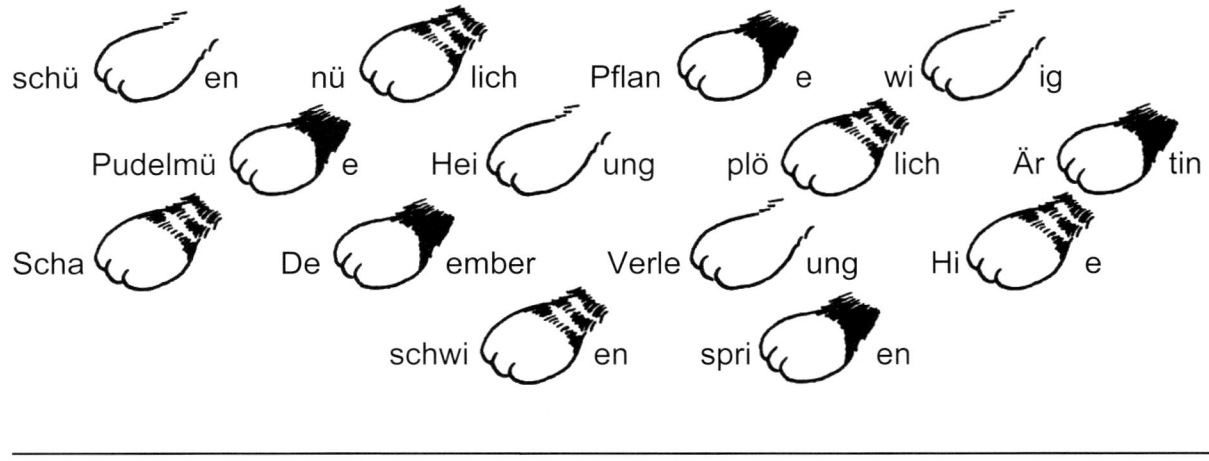

schü ⌇ en   nü ⌇ lich   Pflan ⌇ e   wi ⌇ ig

Pudelmü ⌇ e   Hei ⌇ ung   plö ⌇ lich   Är ⌇ tin

Scha ⌇   De ⌇ ember   Verle ⌇ ung   Hi ⌇ e

schwi ⌇ en   spri ⌇ en

_____

_____

_____

_____

_____

2 Entscheide, ob du **ck** oder **k** einsetzen musst. Schreibe die Wörter auf.

Pla ⌇ at   Geschen ⌇   Quar ⌇   schre ⌇ lich

We ⌇ er   Par ⌇   schau ⌇ eln   bü ⌇ en

kna ⌇ en   E ⌇ e   Kran ⌇ heit   Pun ⌇ t

lo ⌇ er   Stre ⌇ e   Wol ⌇ e   wir ⌇ lich

_____

_____

_____

_____

_____

Cornelsen   Autorin: Martina Schramm
Illustration: Sabine Rothmund   *Jo-Jo SB 4*, Kapitel Miteinander, S. 8   **KV 1**

Schleichdiktat

Arbeitsgemeinschaften

In diesem Schuljahr gibt es wieder viele neue
Arbeitsgemeinschaften.

Die Kinder stehen vor der Pinnwand.

Sie betrachten die ausgehängten Teilnehmerlisten.

An welcher AG werden sie teilnehmen können?

Florian freut sich. Er spielt in der Theatergruppe mit.

Sie wollen ein neues Stück aufführen.

Seine besten Freunde sind in der Stockkampf-AG.

Zum ersten Mal gibt es eine Witzeerzähler-AG.

Auch dafür haben sich viele Schüler eingetragen.

Besonders beliebt ist immer die Computer-AG.

Dafür gibt es leider wieder eine Warteliste.

Mara und Lena hoffen, dass sie Glück haben

und im zweiten Block mitmachen können.

Justus und Henri sind gespannt auf die große

Schatzsuche, die sie mit ihrer AG organisieren sollen.

Diktatvorbereitung

1 Schreibe die Übungswörter passend in die Tabelle.
Notiere die Nomen mit dem bestimmten Artikel.

| groß | bekommen | Pinnwand | glücklich | Schatz | mitspielen | neu |
| Chance | wollen | setzen | Theater | dreckig | Stück | wissen | spannend |

Nomen	Verben	Adjektive
_____	_____	_____
_____	_____	_____
_____	_____	_____
_____	_____	_____
_____	_____	_____

2 Finde die zehn Nomen im Gitterrätsel. Suche so ➔ und so ↓.
Schreibe sie mit dem passenden Artikel auf.

F	X	C	O	M	P	U	T	E	R
R	O	L	L	S	T	U	H	L	T
E	A	M	T	U	L	J	S	T	E
U	V	B	L	O	C	K	C	P	I
N	L	U	C	V	C	N	M	L	L
D	I	N	S	N	G	X	N	A	N
W	A	R	T	E	L	I	S	T	E
B	G	X	O	A	Ü	M	U	Z	H
W	E	Y	C	C	C	O	I	H	M
K	N	Y	K	K	K	R	K	J	E
R	S	C	H	U	L	J	A	H	R

_____

_____

_____

_____

_____

_____

_____

_____

_____

_____

Cornelsen
Autorinnen: Henriette Naumann-Harms, Martina Schramm
Illustration: Sabine Rothmund
Jo-Jo SB 4, Kapitel Miteinander, S. 9
KV 3

Herbstwind

Verbundübersicht

Jo-Jo Sprachbuch, Themenkapitel Seite 10–15	Jo-Jo Sprachbuch, Kursteil Seite 90, 106, 146 🎲 🎲 🎲	Jo-Jo Arbeitsheft Seite 12, 28, 68 🎲 🎲 🎲
Jo-Jo Arbeitsheft Fördern Seite 10–15	Jo-Jo Kopiervorlagen Nr. 5, 13, 33 🎲 🎲 🎲	Jo-Jo Lesebuch Seite 16–23

Lerninhalte

Sprechen und Zuhören	Sachverhalte beschreiben; sich in unterschiedlichen Medien zu einem Thema informieren (10)
Lesen – mit Texten und Medien umgehen	Arbeitsanweisungen lesen und verstehen (10–15); Informationen in unterschiedlichen Medien suchen (10); Texte genau lesen (11); gezielt einzelne Informationen suchen (13)
Schreiben (Texte verfassen)	Text erfassen, falsche Aussagen erkennen; Text überarbeiten: Pronomen einsetzen, Satzglieder umstellen; Sätze in logische Reihenfolge bringen (11); verbale Spannungselemente erkennen; Adjektive nach semantischen Kriterien ordnen; Nomen zu Adjektiven finden; eine Geschichte spannend zu Ende schreiben (12) **Texte verfassen** SB (146), AH (68)
Schreiben (Richtig schreiben)	zu Wörtern mit ä und äu regelmäßige und unregelmäßige Ableitungen finden; Lückenwörter mit e/ä und eu/äu durch Ableiten richtig schreiben (14) **Richtig schreiben** SB (90), AH (12)
Sprache und Sprachgebrauch untersuchen	Verben mit Wortbausteinen im Text und im Wörterbuch finden, Verben mit Wortbausteinen bilden und flektiert in Sätzen verwenden (13) **Sprache untersuchen** SB (106), AH (28)

Vorüberlegungen

Das Kapitel „Herbstwind" gehört in den Kanon der Jahreszeitenkapitel. Diese Kapitel unterliegen der Progression des Schülerbuches, sind also nicht als isolierter Teil zu verstehen.

Das Thema „Tiere bereiten sich auf den Winter vor" ist bei den Kindern traditionell sehr beliebt. Viele Tiere, z. B. Eichhörnchen, können auch in der Stadt beobachtet werden. Andere, z. B. Zugvögel, werden durch Fotos und Berichte in Zeitungen oder Kindersendungen regelmäßig vorgestellt. Das Spektakel des Vogelzugs im Herbst kann in vielen Gebieten Deutschlands beobachtet und sogar im Internet verfolgt werden. Mit Vogelhäuschen und Vogelfutter sorgen zahlreiche Privathaushalte für die heimischen Vögel. Auch diverse Haustiere müssen im Herbst speziell auf den Winter vorbereitet werden, z. B. im Freien gehaltene Kaninchen oder Schildkröten.

Über den sachkundlichen Aspekt hinaus bietet das Thema viele Ansatzpunkte für den Sprachunterricht. Im Rahmen dieses Kapitels stehen das Überarbeiten von Texten, das spannende Erzählen von Geschichten sowie morphologische Aspekte im Mittelpunkt.

Ideen für fächerübergreifendes Arbeiten

Sachunterricht
- Tiere in exemplarischen Lebensräumen kennenlernen
- jahreszeitliche Anpassung der Tiere kennenlernen
- Sachzeichnungen anfertigen
- Vogelzug: Länder und Regionen in Europa, Erdteile

Kunst
- Darstellung heimischer Tiere in der Kunst

Zum Einsatz der Kapitelseiten

 **Seite 10**

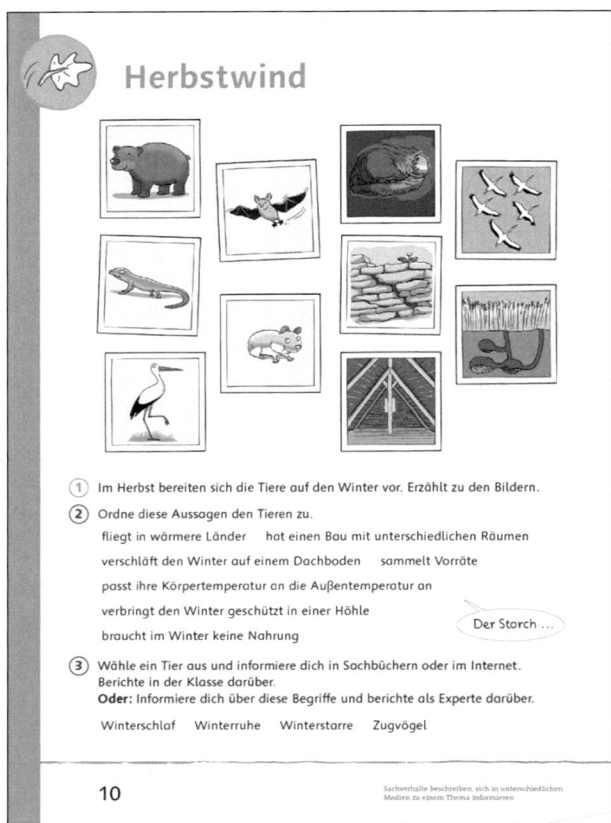

Der Einstieg auf dieser Seite wurde so gewählt, dass die Kinder einerseits ihr vermutlich schon vorhandenes Vorwissen einige Tiere betreffend einbringen können, andererseits aber auch unbekanntere Tiere und deren Verhaltensweisen kennenlernen.

Aufgabe 1

Zu Beginn des Kapitels werden Kärtchen präsentiert, auf denen Tiere und ihre Winterquartiere dargestellt werden. Welches Tier zu welchem Quartier gehört, können die Kinder gemeinsam herausfinden. Es ergeben sich folgende Kartenpaare: Bär–Höhle, Eidechse–Mauerritze, Storch–Zugvogel, Fledermaus–Dachboden, Hamster–Bau. Im Unterrichtsgespräch können die Kinder über sie interessierende Aspekte sprechen und ihr Vorwissen einbringen. Zumindest über den Storch als Zugvogel, den Hamster und den Bären werden viele Kinder aus Tiersendungen recht gut Bescheid wissen.

D Die Auswahl kann um weitere Tiere erweitert werden, falls sich „Experten" dazu in der Klasse befinden (Igel, Fische, Frösche, Rehe …).

Aufgabe 2

In Weiterführung des Themas sollen die Kinder den Tieren passende Aussagen zuordnen. Auch hierzu sind die

Abbildungen hilfreich. Zum Bären und zum Hamster passen jeweils 2 Aussagen:

Der Storch fliegt in wärmere Länder.
Die Eidechse passt ihre Körpertemperatur an die Außentemperatur an.
Der Bär verbringt den Winter geschützt in einer Höhle. Er braucht im Winter keine Nahrung.
Die Fledermaus verschläft den Winter auf einem Dachboden.
Der Hamster sammelt Vorräte. Er hat einen Bau mit unterschiedlichen Räumen.

D Leistungsstärkere Kinder können weitere Sätze zu den Tieren schriftlich formulieren und später dem Plenum vorlesen.

Aufgabe 3

Die Aufgabe regt dazu an, im Internet oder in Sachbüchern Informationen zu einem Tier zu recherchieren und diese den Mitschülerinnen und Mitschülern zugänglich zu machen. Bei der Präsentation können die Kinder die in Klasse 2 und 3 bereits erarbeiteten Mittel und Medien nutzen (Recherche in Sachbüchern, im Internet; Dokumentenkamera, Plakat, Vortrag, Quiz, Steckbrief etc.).

Die Oder-Aufgabe erweitert das Thema um weitere wichtige Fachbegriffe und fordert dazu auf, als „Experte" bzw. „Expertin" darüber zu berichten. Ihr „Expertenwissen" können die Kinder z. B. auf einer großen Wandzeitung für alle zugänglich gestalten:

- Winterschlaf – echte Winterschläfer sind z. B. Igel, Fledermaus, Siebenschläfer, Murmeltiere …
- Winterruhe – Dachs, Eichhörnchen, Waschbär, Braunbär, Feldhamster …
- Winterstarre – Fische, Frösche, Eidechsen, Schildkröten, Insekten …
- Zugvögel – Störche, Stare, Schwalben, Wildgänse, Kraniche …

Sachbücher zum Thema „Tiere im Winter" gibt es in großer Fülle. Informationen im Internet liefern z. B.
www.nabu.de; www.naturdetektive.bfn.de;
www.tierchenwelt.de; www.kindernetz.de;
www.geolino.de.

▶ *Jo-Jo Lesebuch, S. 19, 22/23*

> **Weitere Anregungen**
> - *Herbstlied „Sieben Schwalben" (LolliPop Liederbuch für die Grundschule. Cornelsen Verlag: Berlin 2011, S. 51)*
> - *Gibt es auch eine „Sommerruhe"? Leistungsstarke Schülerinnen und Schüler können zu diesem Begriff recherchieren, z. B. auf www.tierdoku.com.*

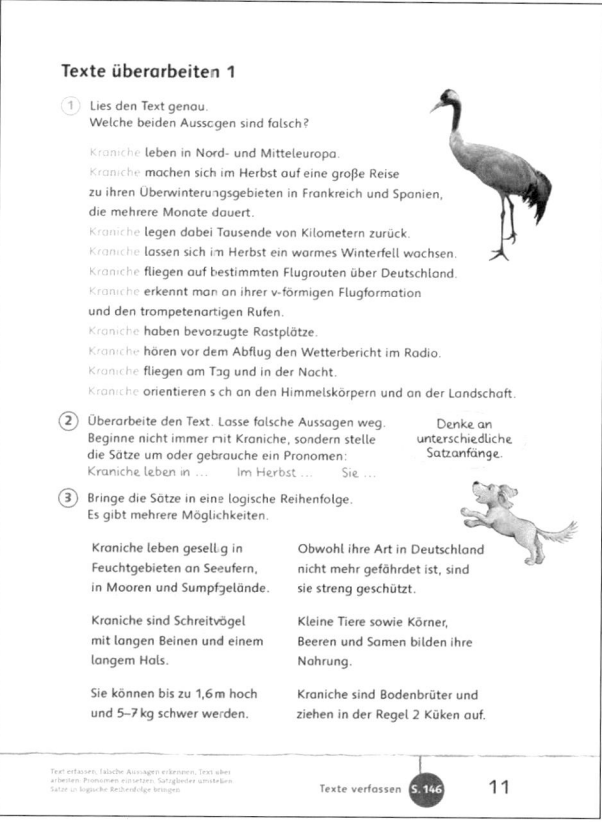

Texte überarbeiten 1

1 Lies den Text genau.
Welche beiden Aussagen sind falsch?

Kraniche leben in Nord- und Mitteleuropa.
Kraniche machen sich im Herbst auf eine große Reise
zu ihren Überwinterungsgebieten in Frankreich und Spanien,
die mehrere Monate dauert.
Kraniche legen dabei Tausende von Kilometern zurück.
Kraniche lassen sich im Herbst ein warmes Winterfell wachsen.
Kraniche fliegen auf bestimmten Flugrouten über Deutschland.
Kraniche erkennt man an ihrer v-förmigen Flugformation
und den trompetenartigen Rufen.
Kraniche haben bevorzugte Rastplätze.
Kraniche hören vor dem Abflug den Wetterbericht im Radio.
Kraniche fliegen am Tag und in der Nacht.
Kraniche orientieren sich an den Himmelskörpern und an der Landschaft.

2 Überarbeite den Text. Lasse falsche Aussagen weg.
Beginne nicht immer mit Kraniche, sondern stelle
die Sätze um oder gebrauche ein Pronomen:
Kraniche leben in ... Im Herbst ... Sie ...
Denke an unterschiedliche Satzanfänge.

3 Bringe die Sätze in eine logische Reihenfolge.
Es gibt mehrere Möglichkeiten.

Kraniche leben gesellig in Feuchtgebieten an Seeufern, in Mooren und Sumpfgelände.

Obwohl ihre Art in Deutschland nicht mehr gefährdet ist, sind sie streng geschützt.

Kraniche sind Schreitvögel mit langen Beinen und einem langem Hals.

Kleine Tiere sowie Körner, Beeren und Samen bilden ihre Nahrung.

Sie können bis zu 1,6 m hoch und 5–7 kg schwer werden.

Kraniche sind Bodenbrüter und ziehen in der Regel 2 Küken auf.

Text erfassen, falsche Aussagen erkennen, Text überarbeiten: Pronomen einsetzen, Satzglieder umstellen,
Sätze in logische Reihenfolge bringen.

Texte verfassen **S. 146** 11

Das Überarbeiten von eigenen und fremden Texten unter spezifischen Aspekten spielt seit dem 2. Schuljahr eine immer wichtigere Rolle. Erst nach und nach werden die Kinder sicherer in der Fähigkeit, Schwächen in Texten zu erkennen und tatsächlich bessere Schreiblösungen zu finden, ohne dass die Überarbeitungen „einfach anders" sind. Dies gelingt ihnen umso besser, je konkreter sie sich an einzelnen Schreibkriterien bzw. Überarbeitungshilfen orientieren können.

Auf dieser Sprachbuchseite überarbeiten die Kinder einen informierenden Text, indem sie Nomen durch Pronomen ersetzen, um Wiederholungen zu vermeiden. Darüber hinaus stellen sie Sätze um, damit die Sätze von der Struktur her nicht immer gleich klingen.

Aufgabe 1

Zunächst wird der informierende Text genau gelesen, um die beiden falschen Aussagen zu ermitteln. Die Kinder sollten auch begründen, warum sie zu der Einschätzung gelangt sind, dass die von ihnen gefundenen Aussagen falsch sind. Betroffen sind diese Sätze:

Kraniche lassen sich im Herbst ein warmes Winterfell wachsen.
Kraniche hören vor dem Abflug den Wetterbericht im Radio.

Aufgabe 2

Die Kinder überarbeiten den Text, indem sie Pronomen statt Nomen einsetzen und Sätze ggf. umstellen. Die falschen Sätze werden dabei weggelassen. An die Verwendung unterschiedlicher Satzanfänge erinnert der Hund Jojo. Auch hier sollten die Kinder zum ordentlichen Abschreiben und zur gründlichen Selbstkontrolle angeregt werden. Ein Partnerkind kann außerdem den geschriebenen Text überprüfen.

Aufgabe 3

Die Übung, die Sätze über die Kraniche in eine logische Abfolge zu bringen, schult das Textgespür der Kinder. Es gibt hier mehrere Möglichkeiten, die besprochen werden sollten. Sicherlich ist zu beachten, dass die Sätze, die mit „Kraniche" beginnen, nicht direkt hintereinanderstehen. Folgende Version ist denkbar:

Kraniche sind Schreitvögel mit langen Beinen und einem langen Hals. Sie können bis zu 1,6 m hoch und 5–7 kg schwer werden. Kraniche leben gesellig in Feuchtgebieten an Seeufern, in Mooren und Sümpfen. Kleine Tiere sowie Körner, Beeren und Samen bilden ihre Nahrung. Kraniche sind Bodenbrüter und ziehen in der Regel 2 Küken auf. Obwohl ihre Art in Deutschland nicht mehr gefährdet ist, sind sie streng geschützt.

D Schwächeren Kindern hilft es, wenn sie handlungsorientiert mit den Sätzen umgehen können. Dafür ist es sinnvoll, diese auf Kärtchen zu schreiben und von den Kindern legen zu lassen, bis sie eine Version gefunden haben, mit der sie selbst zufrieden sind. Lautes Lesen ist darüber hinaus hilfreich, damit die Kinder die Textqualität besser beurteilen können.

D Die Kinder können die erhaltenen Informationen durch eigene Recherchen ergänzen und damit weiterarbeiten, indem sie z. B. einen Steckbrief verfassen oder eine Sachzeichnung anfertigen und beschriften.

► *Jo-Jo Sprachbuch: Texte verfassen, S. 146*

► *Jo-Jo Arbeitsheft, S. 68*

► *Jo-Jo Lesebuch, S. 22/23*

► *Jo-Jo Kopiervorlagen, Nr. 33*

Weitere Anregungen
• *sich über Kraniche informieren (siehe die Hinweise auf der vorangegangenen Seite)*
• *Vorlesen/Lesen von „Der große Kranichtanz auf dem Kullaberg" aus Selma Lagerlöf: Die wundersame Reise des kleinen Nils Holgersson mit den Wildgänsen, z. B. auf www.gutenberg.org*

Auf dieser Seite wird den Kindern vermittelt, mit welchen stilistischen Mitteln sie spannend erzählen bzw. schreiben können. Manche Kinder haben aufgrund ihrer Leseerfahrungen bereits Vorstellungen davon, wann ein Text spannend geschrieben ist. Wichtig ist jedoch, dass sie verstehen, dass es nicht nur der Handlungsverlauf ist, der eine Geschichte spannend macht. Viel mehr entscheidend ist das „Wie" des Erzählens.

Aufgabe 1

Jedes Kind liest die Geschichte still für sich. Dann kann der Text von zwei Kindern vorgetragen werden, einmal nur der schwarze „Basistext", dann die Version mit den roten Einschüben. Für das Vorlesen sollten Kinder ausgewählt werden, die gute Lesekompetenzen haben, damit die Zuhörenden nicht durch Lesefehler irritiert werden. Auf gute, angemessene Betonung der Textstellen ist zu achten. Anschließend kann mit der gesamten Lerngruppe diskutiert werden, welcher Text spannender klingt. Sicher fällt es den Kindern nicht schwer, ihre Wahl zu treffen, da die Version mit den roten Einschüben den Text eindeutig lebendiger und spannender macht.

Aufgabe 2

Auch in den schwarz gedruckten Textanteilen finden sich Wörter und Wendungen, die die Spannung des Textes erhöhen. In Partner- oder Gruppenarbeit können die Kinder die entsprechenden Wörter ermitteln und aufschreiben. Anschließend werden die Ergebnisse im Plenum diskutiert. Die Spannung erhöht wird durch die Satzanfänge: *Wie gelähmt ...; Gebannt ...,* aber auch durch: *umklammerte, flüsterte, erschrocken, Nebelwand, Stampfen, Scharren, Schnauben.*

Aufgabe 3

Die Kinder haben nun die Möglichkeit, den vorgegebenen Text selbst zu verändern, indem sie für alles, was rot markiert ist, andere treffende Wörter oder Sätze einsetzen. Dafür werden ihnen jeweils zwei Alternativen angeboten. Die Kinder können ihre Lösungen vorstellen und darüber diskutieren, ob der Text dadurch nun spannender geworden ist. Dabei kann es durchaus unterschiedliche Meinungen geben, die allerdings begründet werden sollten.

Aufgabe 4

Adjektive sind besonders wichtig, wenn es um das Thema „spannendes Erzählen" geht. In dieser Aufgabe ordnen die Kinder jedem Nomen zwei vorgegebene Adjektive zu, wobei semantische Kriterien maßgeblich sind. Wörter, deren Bedeutung nicht bekannt ist, müssen allerdings vorher geklärt werden.

D Leistungsstarke Kinder können noch weitere Adjektive finden und dazuschreiben.

Aufgabe 5

Hier wird umgekehrt verfahren: Zu jedem vorgegebenen Adjektiv wird selbstständig ein passendes Nomen gesucht. Schwächere Kinder können dabei ggf. mit einem Partner oder einer Partnerin arbeiten. Die Ergebnisse sollten im Plenum besprochen werden. Die Übung kann mit weiteren Adjektiven ausgeweitet werden, z. B.: *eisig, undurchdringlich, riesig, fürchterlich, bedrohlich, gespenstisch ...*

Aufgabe 6

Die Kinder können nun die Geschichte spannend zu Ende schreiben, wobei die blau unterlegten Stichworte hilfreich sind. Es ist jedoch auch möglich, sich von den Stichworten komplett zu lösen und der Geschichte eine andere Wendung zu geben. Wer möchte, liest seinen Text den Mitschülerinnen und Mitschülern vor.

> **Weitere Anregung**
> * einander spannende Kinder- und Jugendbücher oder Geschichten vorlesen, z. B. Jo-Jo Lesebuch, S. 42–47

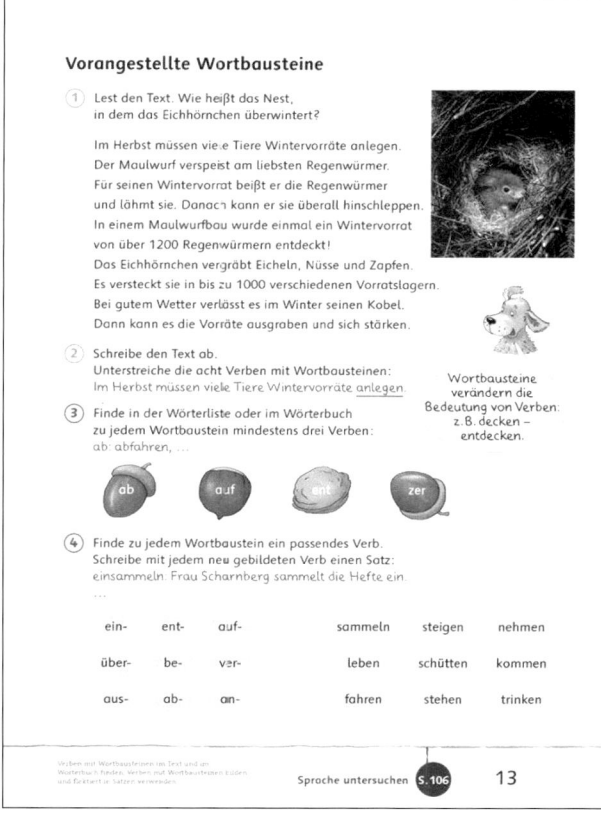

Im Deutschen gibt es die Möglichkeit, Verben Vorsilben (Präfixe) – auch Verbzusätze genannt – voranzustellen. Dadurch entstanden bzw. entstehen Verben mit einer neuen Bedeutung, wodurch der Wortschatz sukzessive erweitert wurde bzw. wird (z.B. *suchen – besuchen, ersuchen; fahren – verfahren, erfahren; stehen – überstehen, durchstehen* etc.).

Aufgabe 1

Die erste Aufgabe der Sprachbuchseite erfordert zunächst genaues und sinnentnehmendes Lesen des informierenden Textes über verschiedene heimische Tiere und ihre Vorbereitungen auf die Winterzeit. Das Nest, in dem das Eichhörnchen überwintert, nennt man „Kobel". Zur Sicherung des Leseverständnisses können sich die Kinder auch gegenseitig Fragen zum Text stellen und sie in vollständigen Sätzen beantworten.

Aufgabe 2

Die Kinder schreiben den Text ab und kennzeichnen die acht Verben mit Wortbausteinen: *anlegen, verspeist, hinschleppen, entdeckt, vergräbt, versteckt, verlässt, ausgraben*.

Aufgabe 3

Um falsche Zusammensetzungen, die unter semantischen Gesichtspunkten unsinnig sind, zu vermeiden, werden die Kinder hier aufgefordert, mit der Wörterliste bzw. einem Wörterbuch zu arbeiten. Zu jedem Wortbaustein ermitteln sie so drei Verben.

Aufgabe 4

Zu jedem der neun vorgegebenen Wortbausteine wird ein passendes Verb gesucht, das ebenfalls vorgegeben ist. Durch das Verwenden der neu gebildeten Verben in Sätzen können die Kinder meist selbst überprüfen, ob das gefundene Wort inhaltlich sinnvoll ist. Der Hund Jojo weist die Kinder darauf hin, dass sich die Bedeutung der Wörter durch Wortbausteine verändert.

KV 4 | ***Im Herbst legt das Eichhörnchen Vorräte an***
Die Kinder bilden aus Stichworten zum Thema „Eichhörnchen" sinnvolle Sätze.

▶ *Jo-Jo Sprachbuch: Sprache untersuchen, S. 106*

▶ *Jo-Jo Arbeitsheft, S. 28*

▶ *Jo-Jo Kopiervorlagen, Nr. 13*

> ***Weitere Anregungen***
> - *Zusammengesetzte Verben mit einem Kreisel finden: Kreisel aus einem Zahnstocher und einer sechseckigen Pappscheibe basteln, Pappscheibe in sechs Felder unterteilen und mit verschiedenen vorangestellten Wortbausteinen beschriften. Ergänzend werden etliche Verben in der Grundform auf Kärtchen geschrieben.*
> *Und so wird gespielt:*
> *Man zieht eine Wortkarte und dreht den Kreisel. Die Seite, auf die er fällt, zeigt den zu verwendenden Baustein an. Das jeweilige Kind überlegt, ob ein sinnvolles Wort gebildet werden kann oder nicht. Zur Überprüfung der semantischen Ebene sollte das gefundene Wort anschließend auch mündlich in einem Satz verwendet werden.*
> - *Spielerische Elemente, die mit Bewegung verknüpft sind, kommen zur Auflockerung bei den Kindern meist gut an, daher kann ein Ballspiel im Sitzkreis sinnvoll sein: Ein Kind fängt an, sagt einen vorangestellten Wortbaustein und wirft den Ball weiter. Der nächste Spieler überlegt sich ein passendes Wort und sagt dessen nächste Silbe, dann wird der Ball weitergeworfen. Wenn ein Wort komplett ist, darf der betreffende Spieler wieder mit einem neuen Wort starten. Ergänzend können die gefundenen Wörter an die Tafel geschrieben werden. Das Spiel macht besonderen Spaß, wenn das Tempo gesteigert wird.*

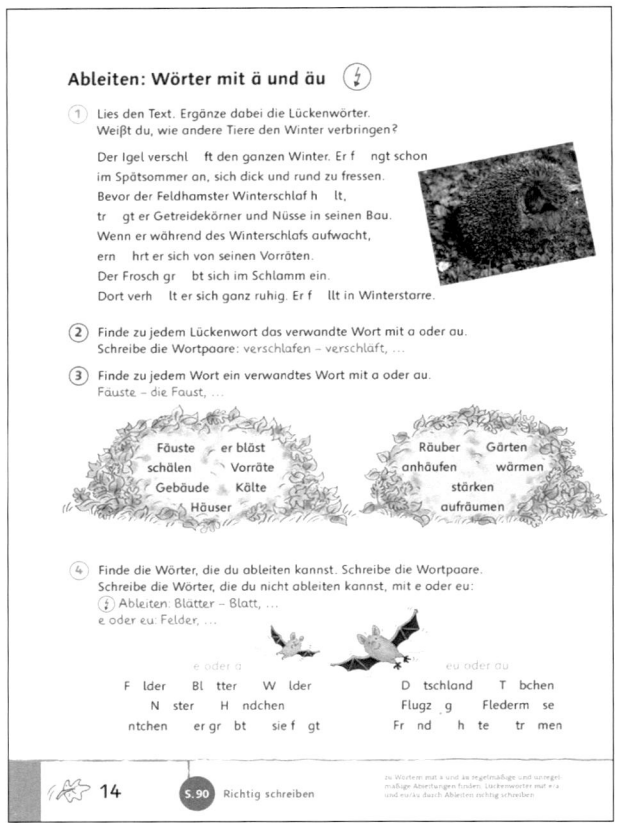

Vom Klang her kann nicht entschieden werden, ob ein Wort mit *eu* oder *äu* geschrieben werden muss, häufig auch nicht, ob mit *e* oder *ä*. Hier können sich die Kinder mit der Strategie „Ableiten" helfen, die sie ja bereits kennengelernt haben (siehe auch: Einleger Jo-Jo FRESCH: Richtig schreiben). Bei flektierten Verben muss meist die Grundform gebildet werden, um die Schreibung abzuleiten. Bei Wörtern in der Mehrzahl wird meist die Einzahl gebildet. Einige Wörter lassen sich jedoch nicht ableiten und müssen immer wieder als Merkwörter geübt werden (z. B. *Käse*, *Käfig*, *Bär*, *März*, *Säge*, *Käfer*, *Mädchen*, *Träne* etc.).

Aufgabe 1

Die Kinder lesen den Text und ergänzen die Lückenwörter. Dies kann gemeinsam mündlich geschehen. Der zweite Teil der Aufgabe regt zum inhaltlichen Austausch darüber an, wie Tiere den Winter verbringen.

Aufgabe 2

Bei den Lückenwörtern handelt es sich um Verben in einer Personalform, die durch die Rückführung auf die Grundform abgeleitet werden können (z. B. *hält* kommt von *halten*, *fällt* kommt von *fallen*). Eine Ausnahme stellt das Wort *ernährt* dar, bei dem das Nomen *Nahrung* hilft, die richtige Schreibweise zu ermitteln.

Aufgabe 3

Nun werden Wörter mit *ä* und *äu* gemischt vorgegeben und sollen von einem Wort mit *a* oder *au* abgeleitet werden. Leistungsstarke Kinder können zu einzelnen Wörtern möglichst viele verwandte Wörter aufschreiben.

Aufgabe 4

Hier ist die Schwierigkeit dadurch erhöht, dass auch Wörter vorgegeben sind, die man nicht ableiten kann, die also mit *e* oder *eu* geschrieben werden. Die Kinder sortieren die Wörter entsprechend.

▶ *Jo-Jo Sprachbuch: Richtig schreiben, S. 90*

▶ *Jo-Jo Arbeitsheft, S. 12*

▶ *Jo-Jo Kopiervorlagen, Nr. 5*

 Seite 15

Aufgabe 1

Der Übungstext greift das Thema „Tiere im Herbst und Winter" auf und wird – wie auch die Übungswörter – wie gewohnt geübt.

Aufgabe 2

Die Kinder suchen im Text alle Wörter mit *ä* und *äu* und jeweils dazu ein verwandtes Wort mit *a* und *au* und schreiben die Wortpaare auf.

Aufgabe 3

Zu den vorgegebenen Verben suchen die Kinder die passenden Verben mit Vorsilben im Text: *verlassen, versuchen, vorsorgen, vergraben, ernähren, verschlafen, anfressen.*

Aufgabe 4

Die Kinder schreiben jeweils die drei Wörter auf, die zur gleichen Wortfamilie gehören.

D Zur Differenzierung können diese Wörter auch nach Nomen, Verben und Adjektiven sortiert und z. B. in eine entsprechende Tabelle geschrieben werden.

L Der Vorschlag fürs Lerntagebuch bezieht sich auf die Zugvögel. Das Kapitelthema bietet aber noch viele andere Möglichkeiten, die hier aufgegriffen werden könnten.

▶ *Jo-Jo Sprachbuch: Lernspuren, S. 2, 16*

KV 5 *Schleichdiktat*   **KV 6** *Diktatvorbereitung*

Im Herbst legt das Eichhörnchen Vorräte an

❶ Bilde sinnvolle Sätze und schreibe sie auf.

Eicheln

eingraben

das Eichhörnchen

_____

_____

_____

in hohlen Bäumen

es ablegen

Nüsse und Zapfen

_____

_____

bei gutem Wetter

es im Winter aus seinem Kobel

herauskommen

_____

_____

_____

ausgraben

es dann

Vorräte

_____

_____

_____

die Fichtenzapfen

abnagen

es

_____

_____

_____

zurückziehen

es sich wieder in seinen Kobel

bald

_____

_____

_____

Cornelsen   Autorin: Martina Schramm   Jo-Jo SB 4, Kapitel Herbstwind, S. 13   **KV 4**
Illustration: Sabine Rothmund

Schleichdiktat

Tiere sorgen vor

Besonders in kalten Wintern finden viele Tiere
in Deutschland nicht mehr genug Nahrung.
Manche Vögel fliegen in den Süden,
weil sie im Winter hier kein Futter finden.
In den Wäldern sind die Tiere
auf die Hilfe der Menschen angewiesen.
An Futterstellen hat der freundliche Förster
Heu und Getreide für sie bereitgestellt.
So können sich die Tiere gut ernähren.
Manche Tiere suchen ihr Glück
in den Gärten der Menschen,
wenn sie sehr großen Hunger haben.
Fledermäuse und Igel haben sich im Sommer
eine dicke Speckschicht angefressen.
Sie halten Winterschlaf, bis die Kälte
endlich wieder vorbei ist.
Andere Tiere tragen Nüsse, Samen und
Getreidekörner in ihre Vorratskammern.

Diktatvorbereitung

❶ Finde im Übungstext auf der Seite 15 deines Sprachbuchs
zu jedem der folgenden Wörter ein verwandtes Wort.

hungrig _____ füttern _____

schlafen _____ glücklich _____

kalt _____ deutsch _____

fressen _____ Süden _____

Vorrat _____ Korn _____

graben _____ sorgen _____

❷ Setze die passenden Übungswörter in den Lückentext ein.

Vögel	Wälder	sammeln	Hilfe	Gärten	Nahrung	Winter
ernähren	Wald	Förster	Getreide	Deutschland		Vorratskammern

Im _____ finden viele Tiere nicht mehr genug _____.

_____, die kein Futter mehr finden können, fliegen von

_____ in den Süden. Andere Tiere, zum Beispiel die Tiere im

_____, sind auf die _____ der Menschen angewiesen.

Viele _____ stellen Futterstellen mit Heu und _____

bereit. Manche Tiere verlassen aber auch die _____ und versuchen

ihr Glück in den _____ der Menschen. Viele kleinere Tiere sorgen vor

und _____ Vorräte für den langen Winter. Sie tragen Nüsse, Samen

oder Getreidekörner in ihre _____.

Davon können sie sich dann in der kalten Zeit

gut _____.

 **Cornelsen**
Autorinnen: Martina Schramm,
Henriette Naumann-Harms
Illustration: Sabine Rothmund

Jo-Jo SB 4, Kapitel Herbstwind, S. 15

KV 6

Es wächst und grünt

Verbundübersicht

Jo-Jo Sprachbuch, Themenkapitel Seite 16–21	Jo-Jo Sprachbuch, Kursteil Seite 82, 116, 136	Jo-Jo Arbeitsheft Seite 4, 38, 58
Jo-Jo Arbeitsheft Fördern Seite 16–21	Jo-Jo Kopiervorlagen Nr. 1, 18, 28	Jo-Jo Lesebuch Seite 24–35

Lerninhalte

Sprechen und Zuhören	funktionsangemessen sprechen: angeregt durch Bilder, Erlebnisse und Eindrücke zum Thema „Wald" erzählen (16)
Lesen – mit Texten und Medien umgehen	Arbeitsanweisungen lesen und verstehen (16–21)
Schreiben (Texte verfassen)	den Hauptteil einer Geschichte auswählen und den Höhepunkt spannend ausgestalten; den Schluss einer Geschichte erfinden; Geschichten in einer Schreibkonferenz besprechen (17) **Texte verfassen** SB (136), AH (58)
Schreiben (Richtig schreiben)	Wörter mit Doppelkonsonant am Wortende üben; Rechtschreibhilfe „Wortverlängerung" bei Nomen, Verben und Adjektiven anwenden (20) **Richtig schreiben** SB (82), AH (4)
Sprache und Sprachgebrauch untersuchen	Fachbegriffe „Subjekt" und „Prädikat" wiederholen; mit Satzgliedern sinnvolle Sätze bilden; mithilfe von Fragen Subjekte und Prädikate identifizieren (18); über die Erfahrung in einem Waldklassenzimmer sprechen; mithilfe von Stichworten Sätze dazu formulieren; zweiteilige Prädikate kennenlernen (19) **Sprache untersuchen** SB (116), AH (38)

Vorüberlegungen

Ziel dieses Kapitels ist es, Informationen über den Lebensraum Wald zu vermitteln und die Kinder für die Wahrnehmung von Natur und Umwelt zu sensibilisieren.

Der Wald wirkt in großem Maße auf die ihn umgebende Landschaft, den Menschen, den Boden, das Wasser und die Luft sowie auf die Tier- und Pflanzenwelt ein. Doch diese bedeutsame Funktion wurde erst im Laufe des 20. Jahrhunderts verstanden und wird immer weiter erforscht.

Ob Spaziergänger, Radfahrer, Reiter, Jogger oder Wanderer – jeder darf den Wald auf seine eigene Art und Weise als Erlebnisraum nutzen. Damit aber jeder ungestört seinen Ausflug in den Wald genießen kann, ist es notwendig, Rücksicht auf Tiere und Pflanzen sowie auf andere Erholungsuchende zu nehmen. Daher sollten vor einem Ausflug oder Beginn eines Waldprojektes unbedingt Waldregeln mit den Kindern erarbeitet werden (siehe S. 38 dieser Handreichung). Neben der evtl. erforderlichen Absprache mit dem Förster und dem Waldbesitzer sollte auch auf gesundheitliche Gefahren (z. B. Zecken) eingegangen werden.

Ideen für fächerübergreifendes Arbeiten

Sachunterricht
- Tier- und Pflanzenarten des Waldes kennenlernen
- Verhalten im Wald („Waldknigge")
- der Wald als „grüne Lunge"
- Umweltverschmutzung und Baumsterben
- Baumpflege, Patenschaften übernehmen

Kunst / Musik
- Waldcollagen mit Blättern gestalten
- Holzmusik (Klopfen an Stämme)
- Herbarien gestalten

Mathematik
- Umgang mit Zahlen und Vergleichen von Größen
- nach Zählbarem in der Natur suchen und damit rechnen
- Schätzrätsel und Detektivaufgaben stellen

Zum Einsatz der Kapitelseiten

📖 Seite 16

Die Einstiegsseite dient dazu, mit der gesamten Lerngruppe über das Thema „Wald" ins Gespräch zu kommen. Die Illustration kann Erlebnisse und Erinnerungen wachrufen, aber auch Anlass sein, Vorwissen auszutauschen oder auch Wünsche zu formulieren.

Aufgabe 1

Die Kinder betrachten cie Illustration und tauschen sich darüber aus, was man im Wald alles entdecken kann. Die kreisrunden Ausschnittsvergrößerungen fordern zum genauen Hinschauen auf. Abgebildet sind: Eichhörnchen, Jahresringe, Ameisen, Fichtenzapfen, Spur eines Tieres und ein Pilz. Ergiebig kann es sein, die Aufgabe auch unter jahreszeitlichen Aspekten zu bearbeiten: Was kann man z.B. im Frühling alles im Wald entdecken, was im Winter? Was kann man im Winter im Wald tun, was eher im Sommer?

D Abbildungen zum Thema sammeln, z.B. aus Zeitschriften/Zeitungen, und dazu erzählen.

Aufgabe 2

Nun wird berichtet, was man schon einmal im Wald erlebt hat. Aufmerksames, aktives Zuhören ist wünschenswert. Dazu können einzelne Kinder z.B. in Kurzform wiederholen, was ihr Vorredner oder ihre Vorrednerin gesagt hat. Interessant ist auch, mit wem die Kinder schon einmal im Wald unterwegs waren. Meist wird es eine Unternehmung mit Erwachsenen gewesen sein. Die Kinder können beschreiben, wie es im Wald aussah. Dabei gibt es möglicherweise auch negative Eindrücke, Erlebnisse und Ängste im Zusammenhang mit dem Thema „Wald". Auch diese sollten offen angesprochen und ggf. diskutiert werden.

Aufgabe 3

Vielen Kindern fehlt das unmittelbare Erlebnis eines Waldspaziergangs. Daher sollte unbedingt im Rahmen eines Waldprojektes ein Besuch im Wald eingeplant werden. Die Kinder können die Vorschläge im Sprachbuch diskutieren und gegebenenfalls entscheiden, womit sie sich im Wald gern beschäftigen würden. Oder-Aufgabe: Weitere Ideen für ein Waldprojekt können gruppenweise auf Tapetenrollen oder auf großen Plakaten gesammelt und dann dem Plenum vorgestellt werden.

▶ *Jo-Jo Lesebuch, S. 28, 30, 35, 112–115*

Weitere Anregungen
- *Buchtipps:*
  Hemming, Antje: Sternstunden im Wald. Den Wald von Frühling bis Winter mit Kindern fantasievoll erleben und erkunden. Mit 32 Konzeptstunden, 4 Jahreszeitenfesten, 64 Naturinfokarten. Ökotopia Verlag: Münster 2011. – Ein Praxisordner, um den Wald als Erlebnis- und Erkundungsraum zu erleben und mit Kindern oder Gruppen nachhaltig zu erfahren. Gute Ideen für „Waldtage".
  Saudhof, Kathrin u. a.: Mit Kindern in den Wald. Wald-Erlebnis-Handbuch. Planung, Organisation und Gestaltung. Ökotopia Verlag: Münster 2009 dies: Blitzimpulse Waldtag. Ökotopia Verlag: Münster 2016
- *Lied: Ich wachse in die Erde. In: LolliPop Liederbuch für die Grundschule. Cornelsen Verlag: Berlin 2001, S. 109*
- *Kunstunterricht: Waldgemälde betrachten, davon angeregt selbst Bilder malen oder Collagen gestalten.*

Höhepunkte ausgestalten

①　Lest die Einleitung und die Hauptteile der Geschichte.

> Wir waren auf Klassenfahrt und warteten gespannt, dass es dunkel wurde. Heute stand die Nachtwanderung auf dem Programm. Gegen 20.30 Uhr ging es endlich los. Mit unserem Lehrer und einem Wanderführer machten wir uns auf den Weg zu einer 500 Jahre alten Eiche.

> Im Wald war es ganz finster, doch langsam gewöhnten sich unsere Augen an die Dunkelheit. Plötzlich hörten wir ein unheimliches Klappern. In der Ferne blitzten Lichter auf. Als wir auf eine Lichtung traten, erblickten wir den mächtigen Baum und zwei Gestalten. Es waren unsere Lehrerin und der Heimleiter, die heißen Tee und Brote für uns vorbereitet hatten.

> Im Wald war es ganz finster und der Weg ging steil bergauf. Ich lief neben Tobi und wir kamen ganz schön außer Atem. Auf einmal spürte ich einen Luftzug an meinem Kopf. „Das sind nur Fledermäuse", beruhigte uns unser Lehrer. Dann begann es im Gebüsch hinter Tobi und mir zu rascheln. Ich drehte mich um und sah einen Dachs auf dem Waldweg.

②　Schreibe die Einleitung ab: Wir waren auf Klassenfahrt ...

③　Entscheide dich für einen Hauptteil. Baue den Höhepunkt aus. Schreibe den Text ab und füge an passenden Stellen spannende Sätze ein. Im Wald war es ...

| Mein Herz pochte immer schneller. | Was konnte das nur sein? | Ich griff nach der Hand von Tobi. Sie war ganz feucht. |
| Ich hatte plötzlich ein ganz komisches Gefühl im Magen. | Wir erstarrten vor Schreck. | Gebannt starrten wir auf die Stelle. |

④　Erfinde einen passenden Schluss für deine Geschichte.

⑤　Lest euch in einer Schreibkonferenz eure Geschichten vor. Wählt die spannendste aus. Begründet eure Entscheidung.

Ich liebe spannende Geschichten.

Den Hauptteil einer Geschichte auswählen und den Höhepunkt spannend ausgestalten, den Schluss einer Geschichte schließen, Geschichten in einer Schreibkonferenz besprechen.

Texte verfassen　S. 136　**17**

In den vergangenen Schuljahren haben die Kinder bereits vielfältige Erfahrungen mit Geschichten gesammelt und eigene Erfahrungen in Texten verarbeitet und gestaltet. Die Termini „Einleitung", „Hauptteil" und „Schluss" sind ihnen als strukturelle Begriffe vertraut. Die Sprachbuchseite fokussiert das Thema „Texte verfassen" auf den Aspekt, in einem erzählenden Text einen Höhepunkt spannend auszugestalten. Die Kinder lernen, dass sie dazu verschiedene Stilmittel verwenden können.

Aufgaben 1 und 2

Die Kinder lesen zunächst die Einleitung und die beiden möglichen Weiterführungen einer kleinen „Waldgeschichte". Sie können gemeinsam darüber sprechen, welche Textvariante ihnen am besten gefällt. Selbstverständlich sollten sie ihre Wahl auch begründen können. Dann wird die Einleitung ins Heft geschrieben.

Aufgabe 3

Nun geht es darum, den Hauptteil der „Waldgeschichte", für den man sich entschieden hat, durch Einfügen spannender Sätze interessanter zu machen. Die blau unterlegten Sätze und Fragen können dazu hilfreich sein und von den Kindern verwendet werden, sie können sich jedoch auch davon lösen und eigene Ideen entwickeln. Grundsätzlich ist es sinnvoll, Tipps für spannendes Erzählen als Plakat zu gestalten und in der Klasse aufzu-

hängen (siehe dazu die „Weiteren Anregungen" auf dieser Seite).

Aufgabe 4

Jedes Kind schreibt nun einen passenden Schluss für seine „Waldgeschichte". Er sollte nicht zu lang, aber auch nicht zu kurz sein. Die Lehrkraft kann den Kindern erläutern, dass der Schluss etwa so lang wie die Einleitung sein sollte (drei Sätze).

Aufgabe 5

In einer Schreibkonferenz lesen sich die Kinder gegenseitig ihre Geschichten vor und diskutieren darüber, welchen Text sie am spannendsten finden. Ihre Einschätzung sollten sie begründen, auch mit dem Verweis auf stilistische Mittel.

Mit der gesamten Lerngruppe sollte besprochen werden, dass bei der Besprechung von Texten in Schreibkonferenzen immer auch gewürdigt werden sollte, was der Autorin oder dem Autor gut gelungen ist.

▶ *Jo-Jo Sprachbuch: Texte verfassen, S. 136*

▶ *Jo-Jo Arbeitsheft, S. 58*

▶ *Jo-Jo Lesebuch, S. 32–34*

▶ *Jo-Jo Kopiervorlagen, Nr. 28*

Weitere Anregungen

- *Plakat mit „Tipps für spannendes Erzählen" gestalten. Die Lehrkraft gibt die Tipps vor und lässt leistungsstärkere Kinder ggf. Beispielsätze formulieren.*

> *Tipps für spannende Geschichten:*
> - *Wähle eine Überschrift, die Spannung erzeugt.*
> - *Verwende wörtliche Rede.*
> - *Beschreibe Gedanken und Gefühle.*
> - *Verwende unvollständige Sätze und Ausrufe, die Spannung erzeugen.*
> - *Baue Fragen ein, auf die man keine direkte Antwort erwartet.*
> - *Benutze besondere Wörter am Satzanfang.*
> - *Verwende Vergleiche und bildhafte Ausdrücke.*

- *zu Stichworten eine weitere „Waldgeschichte" schreiben, dabei besonders auf die Ausgestaltung eines spannenden Höhepunktes achten.*
  Beispiel:
  Max will Freund Leon besuchen,
  Leon zeltet mit Freunden im Wald,
  Max sucht Freund im Wald, verirrt sich,
  verletzt sich bei Sturz, Angst, gutes Ende ...
- *im Jo-Jo Lesebuch spannende Geschichten lesen, z. B. „Zarah", S. 112–115*

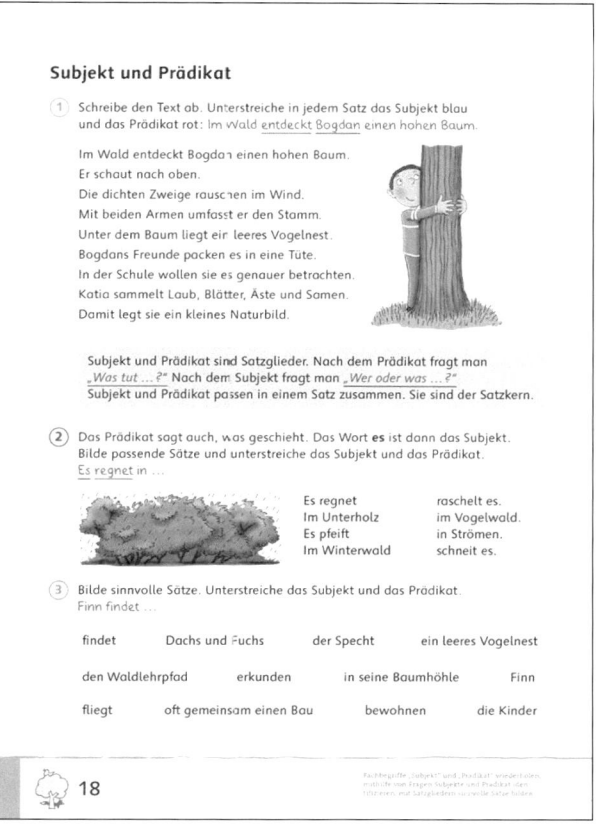

Im dritten Schuljahr haben die Kinder den Begriff „Satzglied" kennengelernt und Satzglieder mithilfe der Umstellprobe ermittelt. Sie lernten die Fachtermini „Subjekt" und „Prädikat" als wichtige Begriffe zur Satzgliedbestimmung kennen und bildeten Sätze aus verschiedenen Satzgliedern. Daran wird nun mit der vorliegenden Sprachbuchseite wiederholend angeknüpft. Im gelben Kasten ist nochmals zusammengefasst, mit welchen Fragen Subjekt und Prädikat ermittelt werden können. Ergänzend werden Sätze vorgestellt, bei denen das Pronomen „es" die Rolle des Subjekts bei unpersönlichen Verben einnimmt: Dies gilt für Witterungsverben (*es regnet*), Wachstumsverben (*es sprießt*), Geräusch- und Wahrnehmungsverben (*es raschelt / es stinkt*).

Aufgabe 1

Nach dem Lesen des Textes schreibt jedes Kind die Sätze in sein Heft und markiert Subjekte und Prädikate blau bzw. rot, wie es schon im vergangenen Schuljahr gemacht wurde. Der gelbe Kasten kann als Merkhilfe abgeschrieben oder auf ein Plakat übertragen und ausgehängt werden.

Aufgabe 2

Die Kinder bilden zunächst aus den vorgegebenen Satzteilen Sätze und unterstreichen jeweils das Prädikat und das Subjekt. Letzteres wird hier immer durch „es" gebildet. Gemeinsam sollte dieser „Sonderfall" besprochen

und weitere Beispiele gefunden werden: z.B. *Es riecht brenzlig. Es donnert ...*

Aufgabe 3

Mithilfe der vorgegebenen Satzglieder können die Kinder sinnvolle Sätze bilden, wobei es unterschiedliche Lösungen gibt. Zu jedem Subjekt können sich die Kinder ihre Varianten vorlesen, z.B. *Dachs und Fuchs bewohnen oft gemeinsam einen Bau. Der Specht fliegt in seine Baumhöhle. Die Kinder erkunden den Waldlehrpfad. Finn findet ein leeres Vogelnest.*

D Schwächere Kinder könnten die Satzglieder als Wortkärtchen erhalten, mit denen sie die Sätze legen können.

KV 7 *Satzglieder ordnen und bestimmen*
Die Kinder schneiden Satzteile aus und finden handlungsorientiert sinnvolle Sätze, die sie dann aufschreiben. Subjekte und Prädikate werden markiert.

▶ *Jo-Jo Lesebuch, S. 29* ▶ *Jo-Jo Arbeitsheft, S. 38*

▶ *Jo-Jo Kopiervorlagen, Nr. 18*

Weitere Anregungen
- *verschiedene Sätze vorgeben, bei denen das Subjekt nicht immer am Anfang steht und auch nicht immer eine Person ist; Subjekte und Prädikate von den Kindern ermitteln lassen*
- *Spiel mit Subjekten, Prädikaten und Ergänzungen entwickeln: Auf Kärtchen werden die unterschiedlichsten Subjekte (Einzahl) und zumindest grammatikalisch passende Prädikate notiert. Auch witzige Ergänzungen sollten nicht fehlen (z.B.: in der Badewanne, unter dem Tisch, mit Pfeffer etc.). Dann werden die Kärtchen stapelweise gemischt und jedes Kind darf von jedem der drei Stapel ein Kärtchen ziehen, um einen Satz zu bilden und vorzulesen. Wer hat den lustigsten Satz gezogen?*
- *Ein Kind wählt eine(n) Spieler(in) als Subjekt aus. Dieses Subjekt darf sagen, wer oder was es ist, und sucht sich anschließend jemanden als Prädikat. Das Prädikat nennt nun seine Bedeutung, z.B. liest, kocht, rennt ... Die Frage ist, ob das Prädikat noch weiterer Satzglieder, Ergänzungen, bedarf (z.B.: Die Mutter schenkt der Tochter ein Buch.). Durch Umstellen der Satzglieder können Fragen gebildet werden. Hier könnte auch schon mündlich auf das zweiteilige Prädikat eingegangen werden, falls es sich ergeben sollte. Zur besseren Visualisierung sollten die beteiligten Kinder Schilder mit den Termini „Subjekt" und „Prädikat" bzw. „Ergänzung" umhängen.*

Darüber hinaus können die Kinder ggf. eigene Ideen zum Thema „Waldklassenzimmer" ergänzen und in Sätzen aufschreiben.

Aufgabe 2

Den Kindern wird bewusst gemacht, dass alle Prädikate in ihren Sätzen aus zwei Teilen bestehen. Durch Unterstreichen der beiden Teile des Prädikats in jedem Satz können die Kinder dies individuell überprüfen.

Als Merkhilfe kann der gelbe Kasten abgeschrieben und ggf. als Poster aufgehängt werden.

Aufgabe 3

Mithilfe der blau unterlegten Wortbausteine und Verben bilden die Kinder neue Verben und mit diesen schließlich Sätze mit zweiteiligem Prädikat. Beide Teile des Prädikats und das Subjekt werden entsprechend farbig markiert.

▶ **Jo-Jo Lesebuch, S. 30, 31**

Weitere Anregungen

- *zu den Präfixen ab-, an-, auf-, aus-, bei-, ein-, los-, mit-, nach-, her-, hin-, um-, vor-, weg-, zu-, zurück- passende Verben finden, diese Verben in einem Satz in der Gegenwart verwenden, z.B.: abgeben: Ich gebe mein Heft ab. Es bietet sich an, das zweiteilige Prädikat von den Kindern rot unterstreichen zu lassen.*
- *Der Schutz des Waldes ist bei allen Unternehmungen im Wald unbedingt zu beachten. Daher können mit den Kindern diese zehn Waldgebote besprochen und als Plakat gestaltet werden.*

Die 10 Waldgebote:

1. *Alle Lebewesen achten und beschützen!*
2. *Geschützte Tiere und Pflanzen in Ruhe lassen!*
3. *Das Waldklassenzimmer sauber halten!*
4. *Keine Tiere erschrecken!*
5. *Hunde an der Leine führen!*
6. *Nicht über Zäune und Schonungen steigen!*
7. *Kein Feuer im Wald machen!*
8. *Keinen Lärm im Wald machen!*
9. *Keinen Abfall im Wald hinterlassen!*
10. *Möglichst auf dem Waldweg bleiben, außer bei wichtigen Erkundungen, wenn es die Lehrkraft oder der Förster ausdrücklich erlauben!*

- *Symbole für den Schutz des Waldes im Sinne von „Verkehrsschildern" entwerfen, großformatig gestalten und für einen Aushang laminieren*

Viele Verben der deutschen Sprache sind durch Präfixe erweiterbar (z.B. *gehen – eingehen, ausgehen etc.; suchen – besuchen, versuchen* etc.). Dabei bilden manche Verben mit dem Präfix eine untrennbare Einheit (nicht trennbare Verben, das Präfix ist unbetont). Andere Verben trennen sich in der finiten Form vom Präfix – es sind trennbare Verben (das Präfix ist betont). Das Präfixverb *besuchen* ist beispielsweise nicht trennbar, im Satz bleibt es als Prädikat einteilig erhalten. Beim Verb *einkaufen* trennt sich jedoch das Präfix von der finiten Form des Verbs, wenn es z.B. heißt: *Ich kaufe ein.* Diese Form der zweiteiligen Prädikate wird den Kindern mithilfe der Übungen dieser Sprachbuchseite bewusst gemacht. Trennbar sind in der Regel z.B. Verben mit folgenden Präfixen: *ab-, an-, auf-, aus-, bei-, ein-, los-, mit-, nach-, her-, hin-, um-, vor-, weg-, zu-, zurück-.* Beachte aber beispielsweise *úmfahren* vs. *umfáhren (Er fährt den Baum um. vs. Er umfährt den Baum.)*.

Aufgabe 1

Inhaltlich knüpft die Seite an die Auftaktseite 16 an: Die Kinder sind im Waldklassenzimmer und dort mit verschiedenen Aktivitäten beschäftigt. Die Bilder und Ideen sollten von den Kindern in Ruhe betrachtet und zunächst in eigene Worte gefasst werden. Dann ordnen sie die vorgegebenen Stichworte den Bildern zu.

Auf dieser Sprachbuchseite können die Kinder üben, einen doppelten Konsonanten am Wortende durch Verlängern des Wortes bzw. Weiterschwingen hörbar zu machen.

Aufgabe 1

Jedes Kind liest den Text zunächst für sich in Ruhe. Dann können die Schülerinnen und Schüler ihn gemeinsam vorlesen und die Lückenwörter mündlich ergänzen. Sie erzählen, ob und ggf. was sie schon einmal im Wald gefunden haben.

Aufgabe 2

Zu jedem Lückenwort finden die Kinder eine passende Verlängerung und schreiben die Wortpaare auf. Fakultativ können auch die Silbenbögen gesetzt werden.

Aufgabe 3

Die acht Adjektive werden jeweils attributiv zu einem Nomen verwendet, um den Doppelkonsonanten beim Weiterschwingen hörbar zu machen (z.B. *nett – der nette Förster, fett – die fette Henne, dumm – der dumme Zufall, nass – der nasse Lappen* etc.). Silbenbögen verdeutlichen wiederum die Schreibweise.

Aufgabe 4

Hier ist jeweils zu entscheiden, ob die vorgegebenen Lückenwörter mit *m* oder *mm* geschrieben werden müssen. Um dies herauszufinden, sollen die Kinder die Wörter weiterschwingen.

🄳 Den Text der Aufgabe 1 mit den richtigen Wörtern aufschreiben.

▶ *Jo-Jo Sprachbuch: Richtig schreiben, S. 82*

▶ *Jo-Jo Arbeitsheft, S. 4*

▶ *Jo-Jo Kopiervorlagen, Nr. 1*

📖 **Seite 21**

Aufgabe 1

Der Übungstext zum Kapitel kann wie alle Übungstexte als Selbst-, Partner-, Dosen- oder Schleichdiktat geschrieben werden.

🄳 Wenn die Kinder die Übungswörter in alphabetischer Folge aufschreiben, sind sie gehalten, genau auf die Schreibweise der Wörter zu achten. Die Kinder sollten beim Aufschreiben die Artikel der Nomen weglassen und die für das Ordnen relevanten Buchstaben markieren.

Aufgabe 2

Zunächst muss der Übungstext nochmals genau gelesen werden, um die Wörter mit doppeltem Mitlaut am Wortende zu finden. Sie werden mit der passenden Verlängerung aufgeschrieben.

Aufgabe 3

Die entsprechenden Sätze werden abgeschrieben und die zweiteiligen Prädikate dann rot unterstrichen.

📖 In Anlehnung an Seite 17 können die Kinder im Lerntagebuch eine Wörtersammlung mit spannenden Wörtern anlegen. Das Thema „Wald" bietet aber auch viele andere Möglichkeiten: Waldwörter sammeln, einen kurzen Waldtext aufschreiben und illustrieren (z.B. Jo-Jo Lesebuch, S. 27), ein Naturgedicht abschreiben und gestalten (z.B. Jo-Jo Lesebuch, S. 19: Das letzte Blatt).

▶ *Jo-Jo Sprachbuch: Lernspuren, S. 9*

KV 8 *Schleichdiktat*   KV 9 *Diktatvorbereitung*

Satzglieder ordnen und bestimmen

1 Schneide die Satzteile aus und lege sinnvolle Sätze.

2 Beachte, dass das Prädikat manchmal getrennt werden muss.
Schreibe oder klebe die Sätze in dein Heft.

3 Unterstreiche die Subjekte blau und die Prädikate rot.

und Pascal	Meike	im Wald	wandern
aus suchen	sie	ein schönes Ziel	
los laufen	am frühen Morgen	die beiden	
am Ameisenhaufen	ein legen	sie	eine Pause
weiter wandern	danach	die Kinder	
sie	eine unangenehme Überraschung	am Ziel	erleben
ist	geworden	zu einer Müllhalde	der Rastplatz

Schleichdiktat

Im Wald

Im Unterricht haben die Kinder über Pflanzen und
Tiere des Waldes gesprochen.

Nun wollen Marie und Luca den Wald erforschen.

Sie wollen unterschiedliche Blätter und Pflanzen
finden und zu Hause in einem Lexikon nachschauen,
zu welcher Pflanze das Blatt gehört.

Sie sehen Kräuter und ein seltenes Kleeblatt,
aber auch viel Abfall.

Er liegt überall auf dem Waldboden herum.

Durch Zufall entdecken sie einen dicken Baumstamm.

„Komm, wir zählen die Jahresringe!", schlägt Luca vor.

Aber Marie möchte lieber Baumtelefon spielen.

Sie will an den Baumstamm klopfen und Luca soll
am anderen Ende die Klopfzeichen abhören.

Dabei passt er nicht auf und tritt in eine Pfütze.

Zu dumm, nun sind seine Füße nass.

Deshalb müssen sie schnell nach Hause laufen.

Dort betrachten sie ihre eingesammelten Blätter und
Pflanzen.

Diktatvorbereitung

1 Schreibe die Bandwurmsätze richtig auf.

diekinderorganisiereneinenbesuchimwald.
dortentdeckensievieleseltenepflanzen.
denvielenabfallnehmensiemit.
außerdemsammelnsiekräuterundblätterein.
späterwollensieimlexikonnachschlagen,
welchesblattzuwelchembaumgehört.

_____

_____

_____

_____

_____

2 Ordne die Wörter richtig in die Tabelle ein.

hören   Zufall   liegen   Klee   Jahr   sammeln   Füße   klopfen   wachsen   Telefon   zählen   Boden

Nomen	Verben

Cornelsen   Autorinnen: Martina Schramm, Henriette Naumann-Harms   Illustration: Sabine Rothmund   Jo-Jo SB 4, Kapitel Es wächst und grünt, S. 21   **KV 9**

Schleichdiktat

Frösche

Überall auf der Welt leben Frösche, nur nicht
am Südpol und am Nordpol.

Die Frösche, die in Deutschland am häufigsten
vorkommen, sind Laubfrosch, Grasfrosch und
Wasserfrosch. Sie sind unterschiedlich gefärbt.

Am liebsten halten sie sich im Teich oder
in der Nähe von Gewässern auf.

Der leuchtend grüne Laubfrosch kann außerdem gut
klettern.

Dann sitzt er in Bäumen und Sträuchern.

In der Dämmerung sind die Frösche sehr aktiv.

Man hört sie abends laut quaken.

Zu den natürlichen Feinden der Frösche gehören
Störche und Uhus. Ihr schlimmster Feind aber ist der
Mensch, denn er baut Straßen und legt Wiesen,
Teiche und Moore trocken. Durch diese
Veränderungen sind die Frösche gefährdet.

Aber es gibt auch überall Menschen,
die in ihrem Garten einen Teich anlegen
und so den Fröschen helfen.

 Cornelsen   Autorinnen: Martina Schramm,   Jo-Jo SB 4, Kapitel Tieren auf der Spur, S. 45   KV 20
Henriette Naumann-Harms

Name:	Datum:	Klasse:

Diktatvorbereitung

❶ Schreibe mit jedem Wort einen Satz.

häufig   natürlich

bekannt   schlimm

_____

_____

_____

_____

_____

❷ Ordne die Wörter in der Wörterschlange nach dem Alphabet.
Schreibe sie in der richtigen Reihenfolge mit Artikel auf.

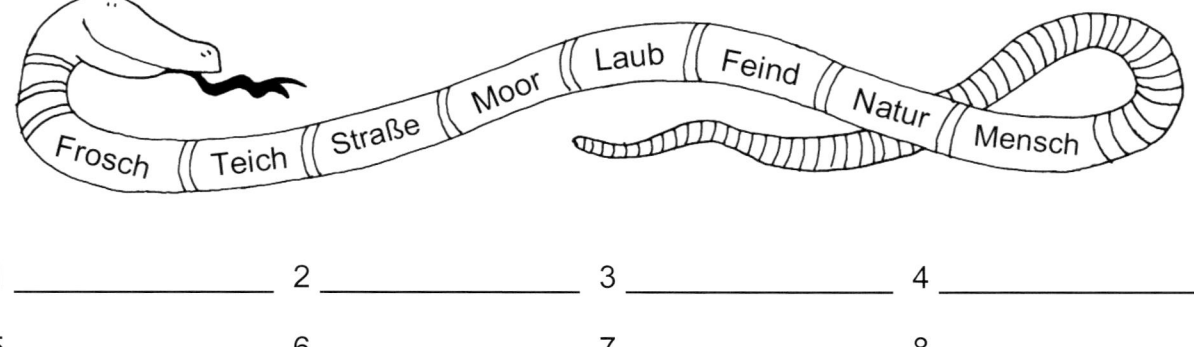

Frosch   Teich   Straße   Moor   Laub   Feind   Natur   Mensch

1 _____   2 _____   3 _____   4 _____

5 _____   6 _____   7 _____   8 _____

❸ Zeichne Silbenbögen unter die Wörter im Uhu.
Schreibe die Wörter mit Trennstrichen zwischen den Silben auf.

kommen   quaken   legen   hören   klettern   gefährden

kom–men _____   _____   _____

_____   _____   _____

Cornelsen
Autorinnen: Martina Schramm,
Henriette Naumann-Harms
Illustration: Sabine Rothmund

Jo-Jo SB 4, Kapitel Tieren auf der Spur, S. 45

KV 21

Wörtliche Rede

1 Schreibe das Gespräch zwischen Sonja und Tim mit Redebegleitsätzen auf.

Schleichdiktat

Radtour im Frühling

Am Wochenende haben wir oft Lust auf eine Radtour.

Wir fahren meistens schon am frühen Morgen los.

Zuvor packen wir immer Wasser, Saft oder Tee,

Brote und Obst für ein Picknick ein.

Außerdem haben wir unsere Räder blitzblank geputzt

und kontrolliert, ob sie verkehrssicher sind.

Manchmal fahren wir an den Waldsee

und machen ein Picknick am Seeufer.

Aber heute ist es sehr windig

und wir müssen kräftig in die Pedale treten.

Trotzdem kommen wir nur langsam vorwärts.

„Freut euch schon mal auf meine selbst gebackenen

Muffins!", ruft Toni.

„Darauf freue ich mich schon den ganzen Vormittag!",

antwortet ihr Vater.

Am Seeufer legt er eine Decke ins Gras und Toni holt

ihre Muffins aus dem Fahrradkorb.

Ihr Vater ist begeistert: „Hm, lecker!"

Diktatvorbereitung

Radtourimfrühling

Heutemachttonisfamilieeineradtourandenwaldsee.

Frühammorgenfahrensiemitihrenrädernlos.

Tonifreutsichüberihrblitzblankgeputztesrad.

Siehateskontrolliertundnunisteswiederverkehrssicher.

Esistganzschönwindigundtonimusskräftigindiepedaletreten.

Endlichkommensieamseeuferanundlegenihredeckeinsgras.

Toniselternhabenvielegutesachenfüreinpicknickmitgebracht.

Tonisvaterfreutsichbesondersauftonisselbstgebackenemuffins.

❶ Der Wind hat die Wörter „zusammengepustet". Schreibe den Text richtig auf.

_____

_____

_____

_____

_____

_____

_____

_____

_____

_____

_____

_____

_____

_____

Bühne frei!

Verbundübersicht

Jo-Jo Sprachbuch, Themenkapitel Seite 52–55	Jo-Jo Sprachbuch, Kursteil 🎲 🎲 🎲	Jo-Jo Arbeitsheft 🎲 🎲 🎲
Jo-Jo Arbeitsheft Fördern Seite 52–55	Jo-Jo Kopiervorlagen 🎲 🎲 🎲	Jo-Jo Lesebuch Seite 180/181

Lerninhalte

Sprechen und Zuhören	ein Bild beschreiben; Fachbegriffe aus dem Bereich Theater kennenlernen und besprechen (52)
Lesen – mit Texten und Medien umgehen	Gebrauchstexte lesen: ein Stehauf-Theater kennenlernen und über die notwendigen Vorbereitungen sprechen (53); ein dialogisiertes Märchen lesen und vorbereiten; einen Vortrag üben und Texte sinngestaltend vortragen – dialogisches Lesen, szenisches Spiel (54/55)

Vorüberlegungen

Immer wieder ergeben sich im Schulalltag Gelegenheiten zum Theaterspielen, oft genug gibt es auch spezielle Anlässe dafür, wie z.B. Einschulung der Erstklässler, Entlassungsfeier der 4. Klassen, Weihnachtsfeiern etc. Auch nicht theaterpädagogisch vorgebildete oder auch weniger theateraffine Lehrkräfte werden dann vor die Herausforderung gestellt, mit ihrer Klasse ein Theaterstück einzuüben. Dies ist bei zunehmend heterogenen Klassen und dem meist engen Zeitplan nicht immer einfach. Ein Stück muss gefunden, Kostüme wollen besorgt, Kulissen gebastelt, Rollen eingeübt werden – das Theaterspielen wird so zum aufwendigen Projekt, das eben diesen besonderen Gelegenheiten vorbehalten ist.

Das Jo-Jo Sprachbuch bietet deshalb in allen drei Jahrgängen einfache Möglichkeiten, das Theaterspielen mit der eigenen oder fremden Klasse einzuüben und auch ohne besonderen Anlass im „normalen" Unterricht durchzuführen. Im zweiten Schuljahr war dies das *Kamishibai-Theater*, im dritten Schuljahr das Spiel mit *Sockenpuppen* und nun, im vierten Schuljahr, das *Stehauf-Theater*.

Für die Lehrkraft hat diese Theaterform viele Vorteile:
- Sie ist in der Schule leicht und ohne große Vorbereitung durchführbar.
- Eine aufwendige Kostümierung, umfangreiches Rollenlernen, Bühnenbild etc. entfallen.
- Es ist keine theaterpädagogische Vorbildung notwendig.
- Sie ist sehr gut geeignet für die Inklusion und die Einbindung neuer oder geflüchteter Kinder.
- Sie beansprucht wenig Unterrichtszeit.
- Situationen im Schulalltag können aufgegriffen werden (z.B. Vertretungsstunden).
- Chor und Musik können integriert werden.
- Sie kann an unterschiedlich große Gruppen angepasst werden.
- Ein aufwendiges Rollenlernen entfällt (erfreut sich bei den Schülerinnen und Schülern großer Beliebtheit).
- Die Vorbereitung hält sich in Grenzen.
- Alle Kinder können mitspielen.
- Die spontane Spielfreude der Kinder kann voll eingebracht werden.

Ideen für fächerübergreifendes Arbeiten

Musik/Kunst
- Kopfbedeckungen/Gesichtsmasken basteln
- passende Musik, Geräusche, Lieder auswählen bzw. selbst gestalten/einüben
- Plakate, Programme etc. gestalten
- Video des Theaterspiels erstellen

Winterkälte

Verbundübersicht

Jo-Jo Sprachbuch, Themenkapitel Seite 22–27

Jo-Jo Sprachbuch, Kursteil Seite 84, 114, 126 🎲 🎲 🎲

Jo-Jo Arbeitsheft Seite 6, 36, 48 🎲 🎲 🎲

Jo-Jo Arbeitsheft Fördern Seite 22–27

Jo-Jo Kopiervorlagen Nr. 2, 17, 23 🎲 🎲 🎲

Jo-Jo Lesebuch Seite 48–59

Lerninhalte

Sprechen und Zuhören	sich über einen Begriff informieren, vermuten und begründen; Stichworte notieren; funktionsangemessen sprechen: andere informieren (22)
Lesen – mit Texten und Medien umgehen	Arbeitsanweisungen lesen und verstehen (22–27); Informationen in unterschiedlichen Medien suchen (22); Texte mit eigenen Worten wiedergeben, verschiedene Medien für Präsentationen nutzen (23); genau lesen: Nomen in vier Fällen einsetzen (24, 25); gezielt Informationen suchen (26)
Schreiben (Texte verfassen)	Informationen aus einem Text in Form eines Steckbriefs festhalten; mithilfe von Stichworten einen Sachtext schreiben; selbstverantwortlich ein Thema auswählen und sich informieren (23) **Texte verfassen** SB (126), AH (48)
Schreiben (Richtig schreiben)	Verlängerungen zu Wörtern mit Doppelkonsonant am Wortstammende finden und zum richtigen Schreiben nutzen (26) **Richtig schreiben** SB (84), AH (6)
Sprache und Sprachgebrauch untersuchen	vier Fälle des Nomens kennenlernen; mithilfe der Wer-oder-was-Frage erkennen, dass das Subjekt immer im 1. Fall steht (24), Nomen mit unterschiedlichem grammatischen Geschlecht deklinieren (25) **Sprache untersuchen** SB (114), AH (36)

Vorüberlegungen

Das Kapitel „Winterkälte" lädt die Kinder dazu ein, sich mit den kältesten Regionen unserer Erde, den Polarregionen, zu befassen. Für die Kinder ist dies in mehrfacher Hinsicht ein sehr interessantes und ergiebiges Thema.

Sachkundlich bieten sich Anknüpfungspunkte im Hinblick auf die Tierwelt in den Polarregionen, die geographische Lage von Nord- und Südpol sowie das Leben unter extremen klimatischen Bedingungen.

Im Sprachunterricht geht es vornehmlich um Informationsgewinnung in unterschiedlichen Medien (auch Internetrecherche), die informative Funktion von Stichworten sowie die Textsorten „Sachtext" und „Steckbrief". Die Kinder wählen Themen aus und informieren sich selbstständig darüber.

Inhaltlich an das Thema „Tiere in Arktis und Antarktis" angebunden, lernen die Kinder darüber hinaus die vier Fälle des Nomens nebst den dazugehörenden Fragen kennen. Ein Sachtext über den berühmt gewordenen Wettlauf von Scott und Amundsen zum Südpol 1911 rundet das Thema inhaltlich ab und kann – über das Üben der Rechtschreibstrategie „Verlängern" hinaus – als Anregung zur Beschäftigung mit weiteren interessanten Expeditionen, speziellen Ausrüstungsgegenständen, Forschungsstationen usw. dienen.

Ideen für fächerübergreifendes Arbeiten

Sachunterricht
- Experimente zu Aggregatzuständen des Wassers
- Darstellung von Zeiträumen: historische Daten im Vergleichszeitraum suchen und darstellen; Zeitleisten
- Funktion / Basteln eines Kompasses (z. B. *www.kidsnet.at/Sachunterricht/kompass.htm*)

Mathematik
- Entfernungen messen; Maßeinheiten

Kunst
- Eisberge mit Weiß- und Blauschattierungen malen (Acrylfarben auf Leinwand oder Tonkarton)

Zum Einsatz der Kapitelseiten

📖 Seite 22

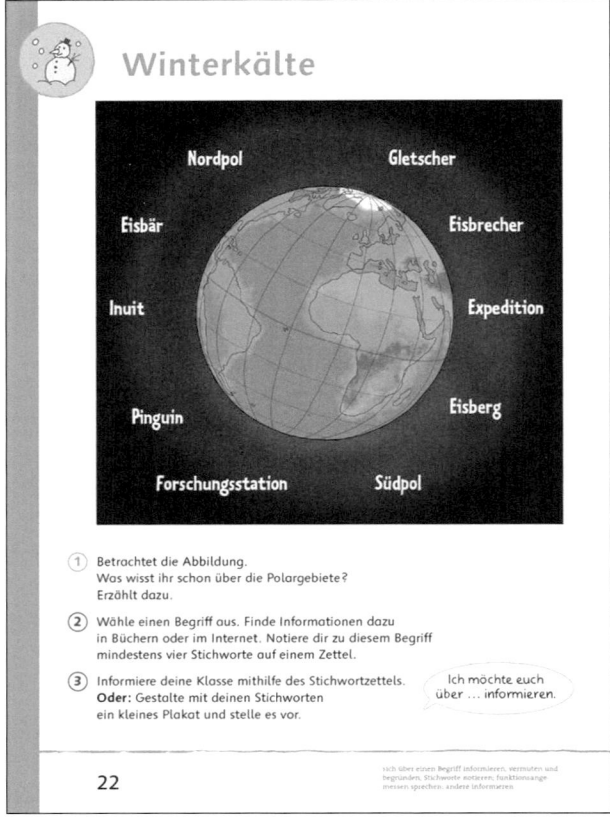

Die Kapiteleinstiegsseite stellt den Kindern die Abbildung eines Globus vor, der von Begriffen zum Thema „Polargebiete" umgeben ist. Neben der Einstimmung bietet dies die Möglichkeit, Vorwissen zusammenzutragen, Vermutungen zu formulieren und in verschiedenen Medien zu recherchieren. Im Mittelpunkt steht diesmal das mündliche Informieren der Klasse anhand einer Liste mit selbst gefundenen Stichworten. Dies ist eine für die Kinder neue, aber auch in späteren Schuljahren sehr wichtige Arbeitstechnik.

Aufgabe 1

Die Kinder betrachten die Abbildung. Im Mittelpunkt sehen sie einen Globus, der die Erdteile Europa und Afrika sowie Teile Süd- und Nordamerikas bzw. Asiens zeigt. Aus perspektivischen Gründen können nicht beide Pole zugleich gezeigt werden. Deshalb kann man auf dieser Darstellung den Nordpol erkennen und daraus die Lage des Südpols ableiten. Dies kann zunächst mit den Schülerinnen und Schülern besprochen und ggf. an einem echten Modell der Erdkugel nachvollzogen werden. Die Kinder können berichten, was sie schon über die Polargebiete wissen. Die um den Globus herum angeordneten Stichworte geben dabei Anregungen und Impulse.

Aufgabe 2

Die Kinder sind hier aufgefordert, einen Begriff auszuwählen und sich darüber zu informieren. Es gibt eine große Anzahl faszinierender Bücher und Bildbände zum Thema. Darüber hinaus können die bekannten Kindersuchmaschinen herangezogen werden.

Zu jedem Begriff sollen die Kinder vier Stichworte notieren – eine Aufgabe, die recht anspruchsvoll ist, aber u. a. für die Recherche im Internet gebraucht wird (s. Sprachbuch, S. 23, Aufgabe 4). Nicht immer werden die Kinder die sinnvollsten oder wichtigsten Stichworte auswählen, da sie sich noch sehr von individuellen Eindrücken und Vorlieben leiten lassen.

Beispiel: *Eisberg – Gletscherstück – schwimmt – Titanic.* Bei dieser Auswahl hat die Titanic wegen des mit ihr verknüpften Schiffsunglücks Bedeutung für das Kind, obwohl sie streng genommen nichts mit dem Eisberg als Naturphänomen zu tun hat. Die Kinder treffen also hier ihre individuelle Auswahl aus der Vielzahl möglicher Stichworte.

Aufgabe 3

Mithilfe der Stichworte stellen die Kinder die von ihnen herausgefundenen Informationen vor. Kriterien sollten dabei möglichst das Sprechen in ganzen Sätzen und in sinnvoller Reihenfolge sein. Dies ist für viele Schülerinnen und Schüler durchaus eine Herausforderung. Andere Kinder, die sich ebenfalls zu dem jeweiligen Begriff informiert haben, können ggf. Informationen ergänzen oder korrigierend eingreifen. Es bietet sich auch an, die Informationsquellen zu bewerten. Welche Quellen waren ergiebig und evtl. besonders gut zu lesen, welche Informationsquellen konnten nicht so gut genutzt werden und wo lagen die Gründe dafür?

Die Oder-Aufgabe regt dazu an, mit den Stichworten ein kleines Plakat zu gestalten und vorzustellen. Dies kann insbesondere für weniger sprachgewandte Kinder eine sinnvolle Variante sein.

> ***Weitere Anregungen***
> - *Info-Plakate über die Arktis / Antarktis erstellen; dabei können – gruppenweise – Teilgebiete behandelt werden, z. B. Klima und Wetter, Tiere, Pflanzen, Forschungsstationen etc.*
> - *in einer Bücherei passende Bücher ausleihen*
> - *aus Pappe eine Polarlandschaft mit Eisschollen gestalten; Pinguine malen und als Aufstellfiguren darauf befestigen*
> - *Ausflug in einen Zoo unternehmen und dort Pinguine, Robben, Eisbären beobachten*

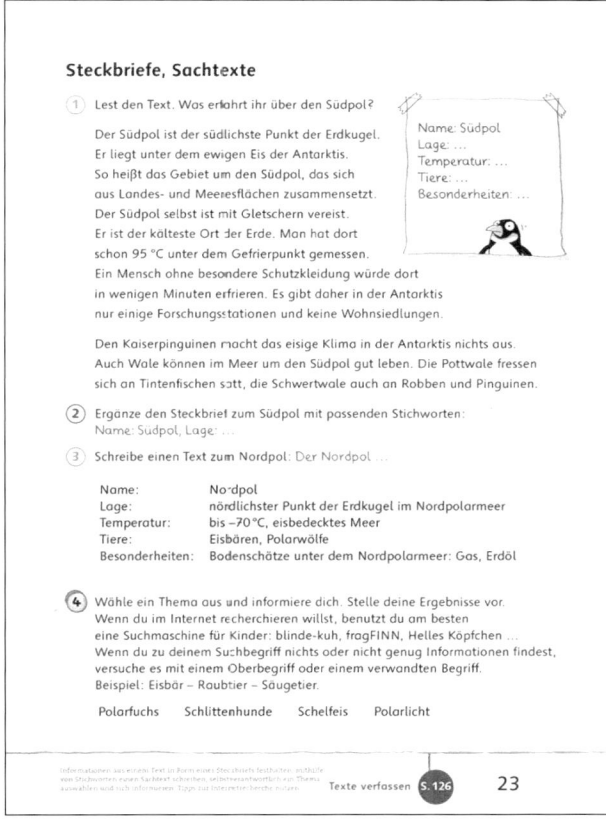

Die Sprachbuchseite 23 präsentiert einen Sachtext zum Thema „Südpol". Er dient exemplarisch dazu, einem Text stichwortartig Informationen zu entnehmen und damit einen Steckbrief zu schreiben. Die Jo-Jo-Aufgabe gibt darüber hinaus noch einmal konkrete Tipps zum Thema „Recherche im Internet". Hierbei spielt die richtige Auswahl und Eingabe von Suchbegriffen in Form von Stichworten eine wichtige Rolle, um weitere Informationsquellen zu erschließen bzw. die Suche effektiver zu gestalten.

Aufgabe 1

Jedes Kind sollte zunächst in Ruhe still für sich den Text lesen. Danach können inhaltliche Verständnisfragen geklärt werden. Anschließend tragen die Kinder gemeinsam mündlich zusammen, welche Informationen sie im Text über den Südpol erhalten.

Aufgabe 2

In der Illustration ist die Struktur eines Steckbriefes zum Thema „Südpol" bereits vorgegeben. Diese Struktur wird nun passend mit Informationen aus dem Sachtext gefüllt. Es ist darauf zu achten, dass nicht etwa ganze Sätze aus dem Text abgeschrieben werden, denn es ist auch im Hinblick auf den Übergang in die weiterführende Schule wichtig, dass die Kinder immer besser lernen, Informationen in Form von Stichworten zu notieren.

D Schwächere Kinder können eine Kopie der Sprachbuchseite mit dem Sachtext erhalten, damit sie im Text relevante Informationen, die sie für den Steckbrief verwenden wollen, markieren können.

Aufgabe 3

Hier finden die Kinder einen Steckbrief zum Nordpol vor, den sie in einen Sachtext nach dem Beispiel oben auf der Seite umformulieren. Lautes Lesen kann den Kindern dabei helfen, die eigene Textqualität besser zu beurteilen. Die Texte können dann auch der gesamten Lerngruppe vorgelesen und besprochen werden. Folgende Fragen können dazu hilfreich sein:

• Klingt der Text gut?
• Ist alles verständlich?
• Gibt es Fragen, die der Text noch beantworten sollte?

Aufgabe 4

Die Jo-Jo-Wahlaufgabe richtet sich an leistungsstärkere Kinder, die eines der vorgestellten Themen auswählen und sich darüber informieren. Gegebenenfalls haben sie auch selbst eine Idee oder einen Wunsch, über welches Thema rund um das Kapitelthema sie an dieser Stelle arbeiten möchten. Auch das sollte möglich sein, um den Interessen der Kinder entgegenzukommen.

Bei der Recherche im Internet sind die richtigen Stichworte wichtig. Sehr oft wenden sich Kinder an die Lehrkraft mit der Bitte um Hilfe: „Ich finde dazu (zu einem bestimmten Begriff) nichts." Es ist deshalb zielführend, mit den Kindern gemeinsam zu ausgewählten Begriffen passende Stichworte zu suchen und diese dann bei einer Recherche einzusetzen. Vorgestelltes Beispiel: *Eisbär – Raubtier – Säugetier*. Gemeinsam können zu weiteren Begriffen passende Stichworte gefunden und ausprobiert werden.

▶ *Jo-Jo Sprachbuch: Texte verfassen, S. 126*

▶ *Jo-Jo Arbeitsheft, S. 48*

▶ *Jo-Jo Kopiervorlagen, Nr. 23*

> **Weitere Anregung**
> • *Die gefundenen Informationen sollten den Mitschülerinnen und Mitschülern zugänglich gemacht werden: Einen Text verfassen und ihn vorlesen, einen Vortrag – ggf. mit Unterstützung von Bildern – in Form einer Präsentation halten oder auch eine Ausstellung mit Quellen und Bildern machen. Auch das gemeinsame Erstellen eines kleinen Readers, der dann für alle kopiert wird, ist sinnvoll und motivierend.*

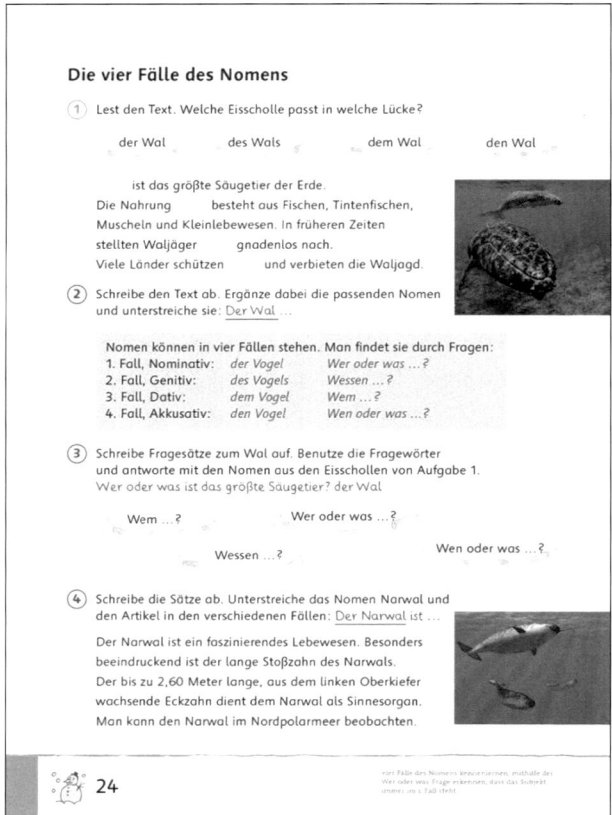

Auf dieser Seite werden die Kinder in die vier Fälle des Nomens eingeführt. Mit diesen hatten sie vorbegrifflich schon auf vielfältige Weise Umgang, doch können viele Kinder die Fälle nicht sicher unterscheiden bzw. sie auch mündlich nicht korrekt verwenden. Erfahrungsgemäß ist diese Sprachbetrachtung für die Kinder nicht ganz einfach und auch die Bezeichnungen für die vier Fälle prägen sich erst allmählich ein. Es muss jedoch an dieser Stelle keine Perfektion angestrebt werden, da die grammatischen Phänomene in der 5. Klasse wieder aufgegriffen werden.

Die Fälle des Nomens

Man unterscheidet in der deutschen Sprache vier Fälle (= vier Kasus): den Nominativ (Wer oder was?), den Genitiv (Wessen?), den Dativ (Wem?) und den Akkusativ (Wen oder was?). Der Kasus oder Fall zeigt sich in der Flexion, d.h. in der Veränderung der Endung und der Artikel des Nomens. Artikel und Endung verweisen ebenso auf das Geschlecht (Genus) wie auch auf die Zahl (Numerus), z.B.:

1. Fall: *der Tisch – die Tische* (Nominativ),
2. Fall: *des Hauses – der Häuser* (Genitiv),
3. Fall: *der Lehrerin – den Lehrerinnen* (Dativ),
4. Fall: *die Bank – die Bänke* (Akkusativ).

Die vier Fälle haben die Aufgabe, die Beziehung von Nomen zu anderen Elementen im Satz auszudrücken,

sind also eine rein grammatische Kategorie. In welchem Fall ein Nomen steht, wird durch das Element bestimmt, von dem es abhängt, also entweder von einem Verb (z.B. *trösten* + Akkusativ: *das Kind trösten*), von einem Adjektiv (z.B. *behilflich* + Dativ: *der Frau behilflich sein*) oder einer Präposition (z.B. *wegen* + Genitiv: *wegen des schlechten Wetters*).

Aufgabe 1

Zunächst lesen die Kinder den Text und setzen die Wörter aus den Eisschollen ein. Es handelt sich jeweils um das Wort *Wal* in unterschiedlichen Fällen. Die Aufgabe sollte am besten mit der gesamten Lerngruppe gemeinsam bearbeitet werden. Die meisten Kinder werden hier ihrem Sprachgefühl folgend das Wort im richtigen Fall auswählen. Die Sätze mit den eingesetzten Nomen sollten laut und deutlich, ggf. sogar überartikuliert, vorgelesen werden.

D | Mit leistungsstärkeren Gruppen kann überlegt werden, in welchem Fall das Subjekt eines Satzes jeweils steht.

Aufgabe 2

Nach der Vorbereitung durch Aufgabe 1 können die Kinder den Text abschreiben, wobei die Wörter in den vier Fällen richtig einzusetzen und zu unterstreichen sind.

Aufgabe 3

Das Stellen passender Fragen zur Ermittlung von Satzgliedern müssen die Kinder nach und nach lernen und immer wieder üben. Dazu bietet diese Aufgabe Gelegenheit. Der gelbe Kasten stellt die Fragen und Antworten exemplarisch vor. Die Kinder können das System auf die Aufgabe übertragen: *Wem stellten die Walfänger gnadenlos nach? – dem Wal* usw.

D | Der gelbe Kasten kann als Plakat für den Klassenaushang gestaltet werden, sodass die vier Fälle und ihre Bezeichnungen stets sichtbar sind; zusätzlich kann der Kasten ins Heft übertragen werden.

Aufgabe 4

In einem kurzen Sachtext finden die Kinder das Nomen *Narwal* samt Artikel in den vier Fällen. Sie schreiben den Text ab und unterstreichen entsprechend.

Weitere Anregungen
- *Informationen zu Walen/Narwalen einholen und austauschen*
- *sich über gefährdete Tierarten informieren; Tiersteckbriefe schreiben*

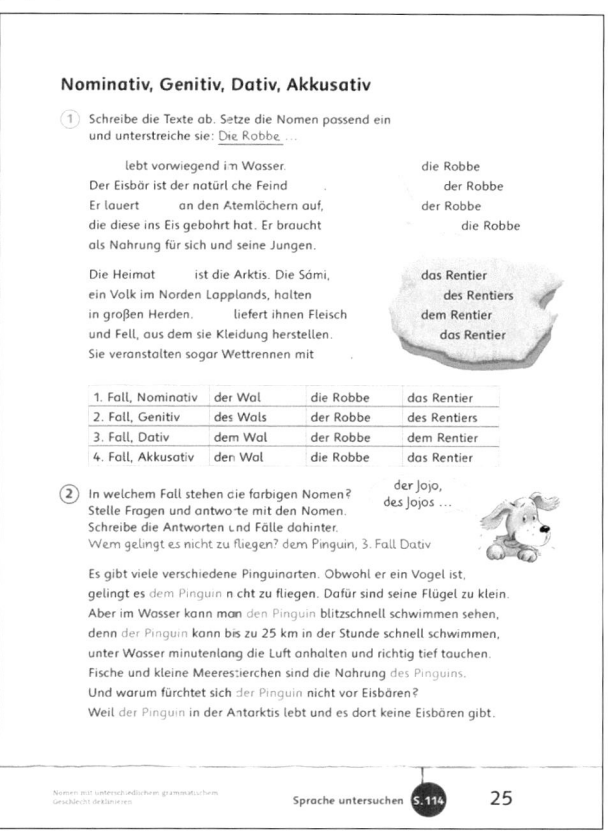

Im Anschluss an die Erarbeitung der vier Fälle und der dazugehörenden Fragen geht es nun um die Deklination von Nomen mit unterschiedlichem grammatischem Geschlecht. Für die Kinder ist es eine Hauptschwierigkeit beim Erkennen des Kasus, dass sich Nomen und Artikel je nach Genus auf unterschiedliche Weise verändern können, was ein Blick auf die deklinierten Nomen in der grünen Tabelle verdeutlicht, wo bei den Beispielen männlichen und sächlichen Geschlechts der Genitiv mit der Endung -s gebildet wird (siehe aber auch die Endung -es bei des Arztes, die Endung -n bei des Kunden und die s-Verdoppelung vor e bei des Busses). Da der Genitiv aber im alltäglichen Sprachgebrauch nur recht selten benutzt und deshalb kaum geübt wird, sind auch Kinder mit deutscher Muttersprache hier oft unsicher

Aufgabe 1

Die Kinder lesen den Text und setzen die Nomen mit Artikel passend ein. Während für die Einführung auf Seite 24 mit *der Wal* und *der Narwal* zwei Nomen mit maskulinem Genus angeboten werden, sind mit *die Robbe* und *das Rentier* ein weibliches und ein sächliches Nomen einzusetzen. Die Unterschiede in Hinblick auf Endungen und Artikel können anhand der grünen Übersichtstabelle erarbeitet werden.

D Leistungsstärkere Schülerinnen und Schüler (oder die Lehrkraft) können die Tabelle mit den Pluralformen der Nomen ergänzen:

Nominativ: die Wale / die Robben / die Rentiere

Genitiv: der Wale / der Robben / der Rentiere

Dativ: den Walen / den Robben / den Rentieren

Akkusativ: die Wale / die Robben / die Rentiere

Gemeinsam kann besprochen werden, dass sich im Gegensatz zu den deklinierten Formen in der Einzahl bei denen der Mehrzahl die Artikel in den verschiedenen Genera nicht unterscheiden.

Aufgabe 2

Umgekehrt sollen die Kinder nun den Fall der im Text farbig markierten Nomen erfragen und die Fälle bestimmen. Evtl. sollten die Fragewörter wie auf Seite 24 vorgestellt noch einmal an die Tafel geschrieben und die ersten Fragen gemeinsam formuliert werden. Die Lehrkraft kann hierbei beobachten, wie die Kinder an diese Aufgabe herangehen und welche Hilfestellungen gegeben werden müssen. In jedem Fall sollte auf den gelben Kasten von Seite 24 und die grüne Tabelle auf Seite 25 hingewiesen werden.

D Leistungsschwächeren Schülern können die Fragen auch schriftlich angeboten werden, sodass sie nur die Antworten (die grün gedruckten Nomen mit Artikel) geben und ggf. den Fall bestimmen müssen.

▶ *Jo-Jo Sprachbuch: Sprache untersuchen, S. 114*

▶ *Jo-Jo Arbeitsheft, S. 36*

▶ *Jo-Jo Kopiervorlagen, Nr. 17*

KV 10 **Der Blauwal**
Die Kinder setzen Nomen in verschiedenen Fällen in einen Lückentext ein.

┌───┐
Weitere Anregung
- *sich über Menschen, Völker und ihre Tiere in den nordischen Ländern und deren Lebensweise, Bräuche, Sprache etc. informieren*
└───┘

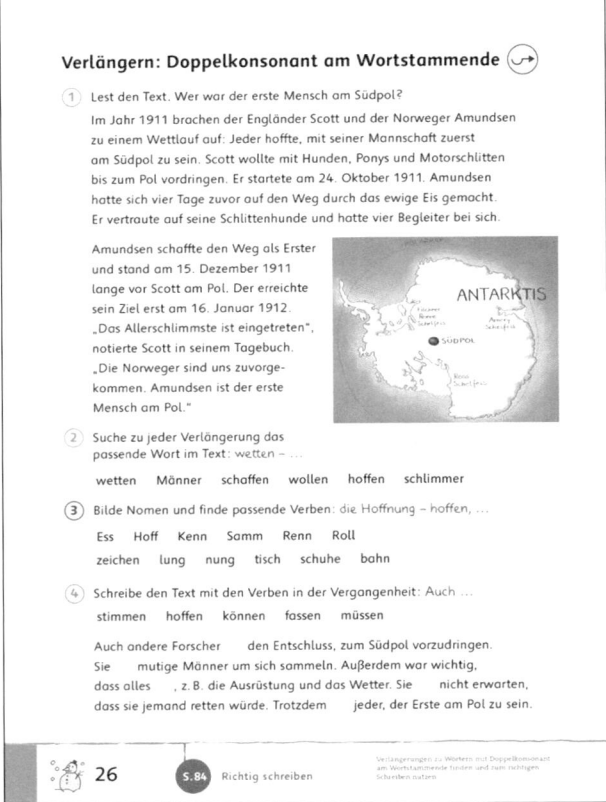

Vom Wettlauf des Engländers Scott und des Norwegers Amundsen zum Südpol haben einige Kinder möglicherweise bereits gehört. Er stellt den inhaltlichen Kern der Sprachbuchseite dar. Ausgehend davon steht das Thema „Rechtschreibung von Wörtern mit Doppelkonsonant am Wortstammende" im Mittelpunkt der Arbeit. Anders als bei der Sprachbuchseite 20, die Wörter mit Doppelkonsonant am Wortende präsentiert, sind hier nun Wörter mit Doppelkonsonant am Ende von Wortstämmen relevant, deren richtige Schreibweise ebenfalls durch Verlängern gefunden werden soll. Da es manchen Kindern nicht ganz leichtfällt, den Wortstamm zu betrachten und diesen mit einem passenden Wort zu verlängern, werden hier zunächst Vorgaben gemacht.

Aufgabe 1

Die Kinder lesen den Sachtext, den sie sicher spannend finden, und beantworten die Frage nach dem ersten Menschen am Südpol. Es war der Norweger Amundsen.

Aufgabe 2

Hier werden Wortvorgaben gemacht, die als „Verlängerungen" zu einzelnen Wörtern des Sachtextes passen. Gleiche Wortbestandteile sollten farbig gekennzeichnet bzw. eingekreist werden, um den Wortstamm bewusst zu machen.

Aufgabe 3

Jeweils zwei Teile gehören zusammen und bilden ein Nomen: *Hoffnung, Esstisch, Kennzeichen, Sammlung, Rennbahn, Rollschuhe.* Zu jedem dieser Nomen finden die Kinder ein passendes Verb. Es können auch Wortfamilien gebildet werden.

Aufgabe 4

Der Text wird mit Verben im Präteritum aufgeschrieben, wobei ebenfalls auf doppelte Konsonanten am Wortstammende zu achten ist.

▶ *Jo-Jo Sprachbuch: Richtig schreiben, S. 84*

▶ *Jo-Jo Arbeitsheft, S. 6*

▶ *Jo-Jo Kopiervorlagen, Nr. 2*

📖 **Seite 27**

Aufgabe 1

Der Übungstext thematisiert ebenfalls den Wettlauf zum Südpol. Die Symbole über dem Text verweisen wieder auf die vier Übungsmöglichkeiten. Die Kinder korrigieren ihre Texte nach der Abschrift selbstständig.

Aufgabe 2

Die Kinder finden die beiden Wörter, die den gleichen Wortstamm haben, und dazu noch ein weiteres passendes Wort aus dem Text.

Aufgabe 3

Die Aufgabe wiederholt die Fragen nach den vier Fällen des Nomens und die Antworten darauf. Zu jeder Frage können die Kinder die passende Antwort im Text finden. Obwohl das Antworten „im ganzen Satz" prinzipiell sinnvoll und ja auch immer wieder gefordert ist, soll hier bewusst nur mit den Nomen im richtigen Fall geantwortet werden.

📖 Es wird angeregt, für das Lerntagebuch einen Steckbrief zu einem Tier zu schreiben. Die Kinder können ihn durch Abbildungen, Zeichnungen, verschiedene Farben und Schriften ansprechend gestalten oder den Steckbrief mit dem Schreibprogramm schreiben, dabei verschiedene Schriftarten und Schriftfarben nutzen, ihn ausdrucken und einkleben.

▶ *Jo-Jo Sprachbuch: Lernspuren, S. 3, 12*

| KV 11 | *Schleichdiktat* | KV 12 | *Diktatvorbereitung* |

Der Blauwal

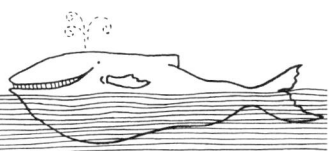

❶ Setze die Nomen sinnvoll in die Lücken ein. Stelle Fragen:
Wer oder was …? Wessen …? Wem …? Wen oder was …?

Der Blauwal	des Blauwals	~~Blauwale~~	dem Blauwal
ein Blauwal	den Blauwal	des Blauwals	Die Blauwale

Im Meer rund um die Antarktis leben Wale, darunter auch **Blauwale** .

_____ steht seit 1967 unter Naturschutz. Er ist das größte lebende

Tier und das Gewicht _____ kann mehr als 140 Tonnen betragen.

Dabei wirkt es aber dennoch elegant, wenn er sich im Wasser bewegt. Dafür sorgt der

stromlinienförmige Körper _____ . _____ benötigen

viel Nahrung. Dabei ist es _____ nicht egal, was er zu sich nimmt.

Er ist sehr wählerisch und beschränkt sich auf eine bestimmte Art kleiner Krebse.

In den Sommermonaten vertilgt _____ im nahrungsreichen

Polarmeer jeden Tag etwa 4000 kg dieser kleinen Garnelen. Im Herbst zieht es

_____ in die wärmeren Gewässer rund um den Äquator.

❷ Schreibe zu jedem Fall eine Frage auf und als Antwort nur das Nomen mit Artikel.

Wer oder was steht unter Naturschutz?   der Blauwal

_____

_____

_____

_____

_____

_____

Cornelsen Autorin: Martina Schramm
Illustration: Sabine Rothmund

Jo-Jo SB 4, Kapitel Winterkälte, S. 25

KV 10

Schleichdiktat

Ein gefährlicher Wettlauf

Amundsen und Scott starteten im Oktober 1911

einen gefährlichen Wettlauf.

Wer würde als erster Mensch den Südpol erreichen?

Diese spannende Reise verlangte eine gute

Vorbereitung.

Amundsen legte den Weg mit Hundeschlitten zurück.

Scott und seine Mannschaft wählten Motorschlitten.

Scott entdeckte, dass Amundsen schon viel näher

am Pol war als er.

Trotzdem kämpfte er weiter.

Am Ende kehrte Amundsen als Sieger zurück,

während Scott den Wettlauf verlor.

Er schaffte es zwar an den Pol,

aber auf dem Rückweg konnte seine Mannschaft

das Lager nicht mehr erreichen.

Bis heute bewundern die Menschen den Mut

der Männer, die diese gefährliche Reise

zum Südpol gewagt haben.

Diktatvorbereitung

❶ Immer drei Wörter gehören zur gleichen Wortfamilie. Schreibe sie auf.

bewundern	entdecken	trauen	siegen	ermutigen	starten
	Entdecker	Vertrauen	Start	Mut	Sieg	Wunder
entdeckt	besiegt	mutig	bewundert	vertraut	gestartet

_____

_____

_____

_____

_____

_____

❷ Lies die Wörter von hinten nach vorne
und schreibe sie richtig auf.

_____

_____

_____

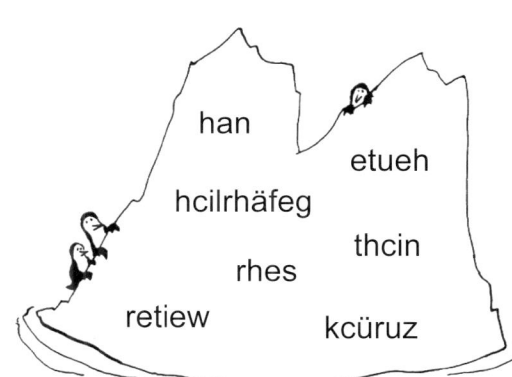

han

etueh

hcilrhäfeg

thcin

rhes

retiew   kcüruz

❸ Schreibe die Verben in der Vergangenheit.

starten – er **startete** _____   verlieren – sie _____

kämpfen – wir _____   siegen – ich _____

wetten – ich _____   vertrauen – du _____

schaffen – er _____   erreichen – ich _____

wollen – wir _____   können – du _____

wählen – sie _____   bewundern – er _____

Cornelsen   Autorinnen: Martina Schramm, Henriette Naumann-Harms   Illustration: Sabine Rothmund   Jo-Jo SB 4, Kapitel Winterkälte, S. 27   **KV 12**

Zeit vergeht

Verbundübersicht

Jo-Jo Sprachbuch, Themenkapitel Seite 28–33	**Jo-Jo Sprachbuch, Kursteil** Seite 98, 110, 128 ⚃ ⚃ ⚃	**Jo-Jo Arbeitsheft** Seite 20, 32, 50 ⚃ ⚃ ⚃
Jo-Jo Arbeitsheft Fördern Seite 28–33	**Jo-Jo Kopiervorlagen** Nr. 9, 15, 24 ⚃ ⚃ ⚃	**Jo-Jo Lesebuch** Seite 60–71

Lerninhalte

Sprechen und Zuhören	Beobachtungen und Vermutungen anstellen (28)
Lesen – mit Texten und Medien umgehen	Arbeitsanweisungen lesen und verstehen (28–33); genau lesen: Verbformen unterscheiden (30), Verbformen passend einsetzen (31)
Schreiben (Texte verfassen)	Beschreibung von Gebäuden aus passenden Sätzen zusammenstellen; selbstständig die Beschreibung eines Wohngebäudes erstellen (29) **Texte verfassen** SB (128), AH (50)
Schreiben (Richtig schreiben)	Verlängerungen und Ableitungen Wörtern im Text zuordnen und selber finden; Überlegungen zum eigenen Berufswunsch anstellen (32) **Richtig schreiben** SB (98), AH (20)
Sprache und Sprachgebrauch untersuchen	Texte im Hinblick auf Zeitstufen untersuchen; Präteritum und Perfekt in eine Tabelle ordnen und selber bilden (30); Fachbegriffe „Präsens" und „Futur" kennenlernen; Zeitstufe Futur kennenlernen und in Sätzen anwenden; Personalformen im Futur aufschreiben (31) **Sprache untersuchen** SB (110), AH (32)

Vorüberlegungen

Viele Kinder interessieren sich sehr für das „Leben früher". Fast immer ist damit die Veränderung der Lebensumstände gemeint, wie sie in der Zeit des raschen technischen und gesellschaftlichen Wandels bereits von den Eltern und Großeltern erfahren worden ist. Fragen wie „Wie war es früher in der Schule?" oder „Wie war es damals ohne Fernsehen?" werden immer wieder gestellt. Dabei ist es für Kinder nicht leicht, ein „Zeitgefühl" zu entwickeln und abzuschätzen, was wirklich schon sehr weit zurückliegt und was sich z. B. erst vor einer Generation ereignet hat. Aber obwohl technische Erfindungen, wenn sie überholt sind, oft aus dem direkten Umfeld der Kinder verschwinden und nur noch im Museum besichtigt werden können (s. Jo-Jo Lesebuch, S. 66, 67; Jo-Jo Sprachbuch, S. 46), lassen sich im Lebensraum der Kinder noch viele Spuren der Vergangenheit finden und mit der Gegenwart in Beziehung setzen. In diesem Kapitel wird das am Beispiel verschiedener Häuser, ihrer Bauweise und ihrer Funktion verdeutlicht.

Anschließend wird der Wandel eines Berufsbildes (des Schmiedes) am Beispiel von Lenas Familie angesprochen. Die Zukunftspläne der Kinder sowie Berufe und Berufswünsche stehen danach im Mittelpunkt.

Ideen für fächerübergreifendes Arbeiten

Sachunterricht
- Ausstellung mit alten und neuen Geräten und Instrumenten, z. B. alte und neue Uhren etc.
- Besuch in einem Handwerksbetrieb – Vergleich von traditionellem Handwerk mit Handwerk heute
- Eltern einladen, die über ihre Berufe berichten
- Heimatmuseum oder Museumsdorf besuchen
- Zeitleisten erstellen

Kunst / Musik
- Fotocollagen mit alten Fotos und Zeitungsausschnitten
- Wandzeitung zu berühmten Gebäuden gestalten

Zum Einsatz der Kapitelseiten

 Seite 28

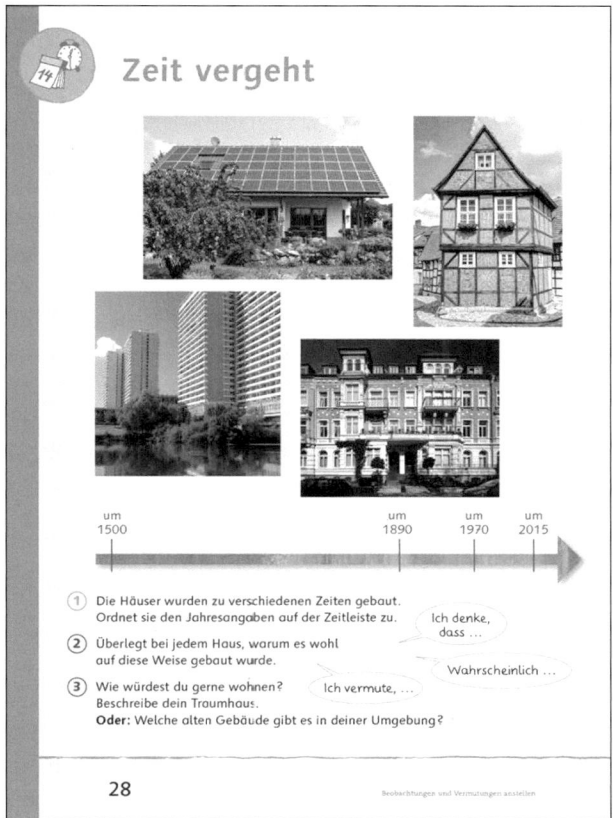

Häuser stehen in besonderer Weise für eine bestimmte Lebensweise in einem bestimmten Lebensraum bzw. Zeitraum. Die Sprachbuchseite zeigt deshalb vier verschiedene Abbildungen von Häusern, die die Kinder – wenn vielleicht auch nicht alle an ihrem Wohnort, so doch auf Reisen oder in Filmen – gesehen haben, und bietet mit einer einfachen Zeitleiste einen zeitlichen Orientierungsrahmen.

In chronologischer Reihenfolge sind dies:

- das Fachwerkhaus (um 1500), errichtet im Holzfachwerkbau: tragendes Gerüst aus Holz, zimmermannsmäßig (meist ohne Nägel oder Schrauben) verbunden, mit Holz-Lehm-Verbund oder Ziegelmauerwerk gefüllt; seit der Antike bekannt, in Mitteleuropa seit dem 12. Jh. bis ins 19. Jh. die am weitesten verbreitete Bauweise, heute noch in vielen Altstädten vertreten;

- das Gründerzeithaus (um 1890), gebaut als Mehrfamilienhaus in großbürgerlichem Baustil (Historismus, Klassizismus) während der sog. Gründerzeit (ca. 1870–1900);

- das Hochhaus (um 1970), Gebäude, dessen oberster Fußboden mehr als 22 m über dem Baugelände liegt; entwickelt in Amerika seit dem 19. Jh. für Bürogebäude, Wohnbauten etc. in Ballungsgebieten. Voraussetzung war u. a. der technische Fortschritt im Stahlbetonbau und Installationswesen;

- das Einfamilienhaus (abgebildetes Beispiel um 2015), Wohnhaus für eine Familie bzw. Menschen, die einen gemeinsamen Haushalt führen, vor allem in Vorstädten und im Umland. Vorläufer sind die Villenbauten der Antike, der Renaissance und des 19. Jahrhunderts.

Aufgabe 1

Die Kinder betrachten zunächst die Abbildungen, benennen die Gebäude und berichten, was sie bereits darüber wissen. Es ist aufschlussreich (und für die Lehrkraft manchmal auch amüsant), die Kinder vermuten zu lassen, wann diese Häuser gebaut worden sind. Zur Verdeutlichung können die Annahmen mit der Zeitleiste verglichen werden.

Aufgabe 2

Bei dieser Aufgabe geht es darum, die Bauweise der Häuser zu hinterfragen, z. B. dass ein Hochhaus auf relativ kleiner Grundfläche Wohnraum für viele Menschen bietet. Als Hilfe kann die Lehrkraft auch Fragen formulieren und evtl. an der Tafel notieren, z. B.: Aus welchen Materialien wurden die Häuser errichtet, und warum ausgerechnet aus diesen? Was musste technisch „erfunden" sein, um in dieser speziellen Weise bauen zu können (z. B. im Hochhausbau der Aufzug). Wie viele Menschen können wohl in diesem Gebäude wohnen? …

[D] Die Kinder können Adjektive und Stichwörter suchen, die die Häuser und das Wohngefühl in ihnen beschreiben, z. B. *modern, groß, weite Aussicht* …; *gemütlich, eng, kleine Fenster* … usw.

Aufgabe 3

Die Schülerinnen und Schüler beschreiben nun ganz subjektiv ihr „Traumhaus". Dabei können konventionelle, aber auch phantastische Vorstellungen formuliert werden. Die Oder-Aufgabe kann auch als Gruppenarbeit vergeben werden.

> ### Weitere Anregungen
> - *das eigene Wohnhaus oder besondere Gebäude am Wohnort (Kirche, Schloss, Rathaus etc.) aufsuchen, diese fotografieren oder Zeichnungen anfertigen, Daten zur Entstehung zusammentragen und eine Ausstellung organisieren*
> - *„Traumhaus" (s. Aufgabe 3) zeichnen oder aus Schachteln / Bausteinen bauen*
> - *Informationen über andere Haustypen in anderen Ländern / Erdteilen / Zeiträumen sammeln, z. B. Pfahlbauten, Baumhäuser, Lehmbauten* …

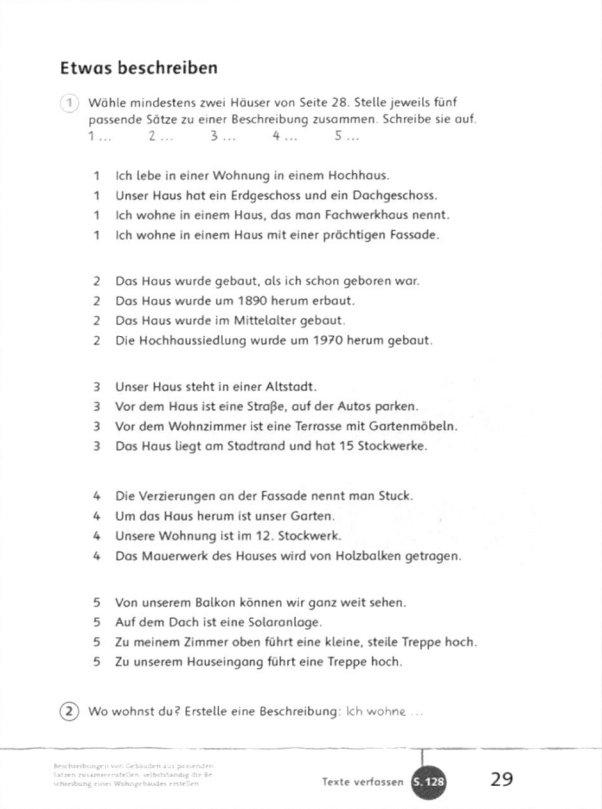

Etwas beschreiben

① Wähle mindestens zwei Häuser von Seite 28. Stelle jeweils fünf
passende Sätze zu einer Beschreibung zusammen. Schreibe sie auf.
1 ...   2 ...   3 ...   4 ...   5 ...

1   Ich lebe in einer Wohnung in einem Hochhaus.
1   Unser Haus hat ein Erdgeschoss und ein Dachgeschoss.
1   Ich wohne in einem Haus, das man Fachwerkhaus nennt.
1   Ich wohne in einem Haus mit einer prächtigen Fassade.

2   Das Haus wurde gebaut, als ich schon geboren war.
2   Das Haus wurde um 1890 herum erbaut.
2   Das Haus wurde im Mittelalter gebaut.
2   Die Hochhaussiedlung wurde um 1970 herum gebaut.

3   Unser Haus steht in einer Altstadt.
3   Vor dem Haus ist eine Straße, auf der Autos parken.
3   Vor dem Wohnzimmer ist eine Terrasse mit Gartenmöbeln.
3   Das Haus liegt am Stadtrand und hat 15 Stockwerke.

4   Die Verzierungen an der Fassade nennt man Stuck.
4   Um das Haus herum ist unser Garten.
4   Unsere Wohnung ist im 12. Stockwerk.
4   Das Mauerwerk des Hauses wird von Holzbalken getragen.

5   Von unserem Balkon können wir ganz weit sehen.
5   Auf dem Dach ist eine Solaranlage.
5   Zu meinem Zimmer oben führt eine kleine, steile Treppe hoch.
5   Zu unserem Hauseingang führt eine Treppe hoch.

② Wo wohnst du? Erstelle eine Beschreibung: Ich wohne ...

Beschreibungen von Gebäuden aus passenden
Sätzen zusammenstellen; selbstständig die Be-
schreibung eines Wohnhauses erstellen   Texte verfassen S. 128   29

In Anknüpfung an die Einstiegsseite, die vier ganz unterschiedliche Häuser vorgestellt hat, geht es jetzt um das Thema „Beschreiben". Im Ansatz ist das Beschreiben durchaus schwieriger als das Darstellen von Erlebnissen. Zum einen setzt es sehr genaues Beobachten bzw. Wahrnehmen bestimmter Informationen voraus. Zum anderen genügt es nicht, einzelne Informationen assoziativ einfach zu benennen. In einem beschreibenden Text müssen vielmehr einzelne Informationen geordnet und sinnvoll hintereinandergefügt werden, damit ein adressatengerechter Text entsteht, der seine Schreibabsicht erreicht.

Aufgabe 1

Die Kinder lesen die mit fünf Farben unterlegten Sätze und wählen zwei Fotos der gegenüberliegenden Seite aus. Zu jedem der gewählten Fotos wird mithilfe der vorgegebenen Sätze ein kurzer beschreibender Text geschrieben, indem jeweils aus jeder Farbe ein Satz gewählt wird.

Der Umgang mit vorgegebenen Textteilen erleichtert und verdeutlicht den Vorgang „Beschreiben" und gibt zugleich mögliche Textmuster vor, die für die Bearbeitung der folgenden Aufgabe hilfreich sind.

Aufgabe 2

Die Kinder verfassen nun einen beschreibenden Text zu dem Haus, in dem sie selbst wohnen. Es bietet sich an, zuvor mit den Kindern zu besprechen und an der Tafel zusammenzutragen, was eine gute Beschreibung ausmacht. Die wesentlichen Punkte reichen an dieser Stelle aus.

Das beachte ich bei einer Beschreibung:
- Ich beschreibe genau, eindeutig und sachlich.
- Ich verwende treffende Adjektive.
- Ich benutze abwechslungsreiche Verben.
- Ich schreibe in der Gegenwartsform.
- Ich achte auf abwechslungsreiche Satzanfänge.

Es ist immer wieder wichtig, kriterienbezogen zu arbeiten, damit die Kinder deutliche Anhaltspunkte für das Schreiben haben und sie eine Bewertung ihres Textes dann auch verstehen und akzeptieren können. Die entstandenen Texte sollten im Plenum vorgetragen und auf das Einhalten der Kriterien hin überprüft werden.

D Falls es organisatorisch möglich ist, sollte ein Rundgang zu den Häusern der Kinder veranstaltet werden. Vor Ort kann die Beschreibung mit dem Haus selbst verglichen werden.

D Die Schreibhinweise (s. o.) können als Plakat im Klassenraum aufgehängt werden.

▶ *Jo-Jo Sprachbuch: Texte verfassen, S. 128*

▶ *Jo-Jo Arbeitsheft, S. 50*

▶ *Jo-Jo Lesebuch, S. 68–70*

▶ *Jo-Jo Kopiervorlagen, Nr. 24*

Weitere Anregungen
- *Fantasiegebäude malen und in einem Text beschreiben*
- *Bilder von Häusern, Kirchen, Schulen u. a. malen (wegen der Stabilität am besten auf größere Karteikarten bzw. Tonkarton); die fertigen Bilder in einer Schachtel sammeln. Von dort kann sich jedes Kind ein Bild holen und einen Text dazu schreiben.*
- *berühmte Bauwerke beschreiben (z. B. Eiffelturm, Buckingham Palace, Weißes Haus ...)*

Die Zeitstufen Gegenwart, Vergangenheit und Zukunft werden auf dieser und der folgenden Seite am Beispiel von drei bzw. vier Generationen verdeutlicht.

Lena erzählt zunächst von ihrem Vater, der als Kunstschmied arbeitet. Dies geschieht in der Gegenwartsform (Präsens) und der dazugehörenden 2. Vergangenheit (Perfekt). Die Informationen über ihren Urgroßvater, der auch schon als Schmied arbeitete, stehen in der 1. Vergangenheit (Präteritum). Lenas Zukunftspläne, über die sie auf der Sprachbuchseite 31 berichtet, sind in der Zukunftsform ausgedrückt (Futur). Gegenwartsform und Vergangenheitsform sind den Kindern bereits bekannt. In Anlehnung an den mündlichen Sprachgebrauch verwenden sie allerdings oft auch bei schriftlichen Arbeiten das Perfekt (*Er hat gesagt…*). Die Bildung der Verbformen im Präteritum bereitet vor allem Kindern anderer Muttersprache auch im 4. Schuljahr noch oft erhebliche Probleme, denn die Konjugation der Verben im Präteritum hängt von der Art der Verben (schwach oder stark) und deren Konjugation ab (regelmäßig oder unregelmäßig). Bei der häufiger vorkommenden regelmäßigen Konjugation bleibt der Wortstamm gleich, die Endung *-te* wird ergänzt (*spielen – ich spielte*). Bei starken Verben ändert sich im Präteritum der Stammvokal und einige Verben erhalten die Endung *-te* zusätzlich (*gewinnen – ich gewann, rennen – ich rannte, springen – ich sprang*).

Aufgabe 1

Im Unterricht sprechen die Kinder über die Texte und vergleichen die Verbformen, die im zweiten Text farbig hervorgehoben sind. Es dürfte ihnen auffallen, dass es eine Vergangenheitsform gibt, die immer aus zwei Teilen besteht (Perfekt). Im gelben Kasten ist das Wesentliche zusammengefasst. Es kann als Plakat für den Klassenaushang gestaltet bzw. von jedem Kind ins Heft geschrieben werden.

Aufgabe 2

Die Kinder schreiben die Verbformen aus Aufgabe 1 im Präteritum und im Perfekt geordnet auf. Dies ist auch in Form einer Tabelle möglich. Je nach Stand der Klasse sollten schwierige oder selten gebrauchte Verben vorher geklärt werden (z. B. *schärfte*).

Aufgabe 3

Es sind zehn Verben in der 3. Person Singular Präsens vorgegeben. Die Kinder setzen diese Verben ins Präteritum und ins Perfekt. Die Lösung der Aufgabe sollte in jedem Fall überprüft werden, da viele Kinder besonders bei den starken Verben unsicher sind.

D Leistungsstärkere Kinder können mit den Verben Sätze im Präteritum und im Perfekt bilden, z. B.: *Er wäscht: Er wusch sich die Hände. Er hat sich die Hände gewaschen.*

KV 13 **Vom Federkiel zum Füllhalter**
Die Kinder schreiben aus einem informierenden Text Verben in unterschiedlichen Zeitformen heraus.

> ### Weitere Anregungen
> * *kleine Erzähltexte oder einzelne Abschnitte aus Erzähltexten, die in der Vergangenheitsform geschrieben sind, in die Gegenwartsform übertragen lassen; dabei nochmals auf das richtige Abschreiben achten*
> * *Verben in der Vergangenheitsform vorgeben und die Kinder die entsprechende Grundform notieren lassen, z. B.: las, schrieb, half, rannte, bat, rieb, trat, sprach, rief, lief, entschied, trank, lag, griff, saß, fuhr, schwamm, trug, schlief, musste, goss, bekam, ließ, blieb …*
> * *aus der Wörterliste individuell ca. zehn Verben heraussuchen lassen und diese in eine Tabelle eintragen, die aus den Spalten Grundform, Präsens, Präteritum und Perfekt besteht*
> * *selbst einen kleinen Text in der Gegenwart schreiben lassen und ihn dann in der Vergangenheit notieren; Verben jeweils unterstreichen*

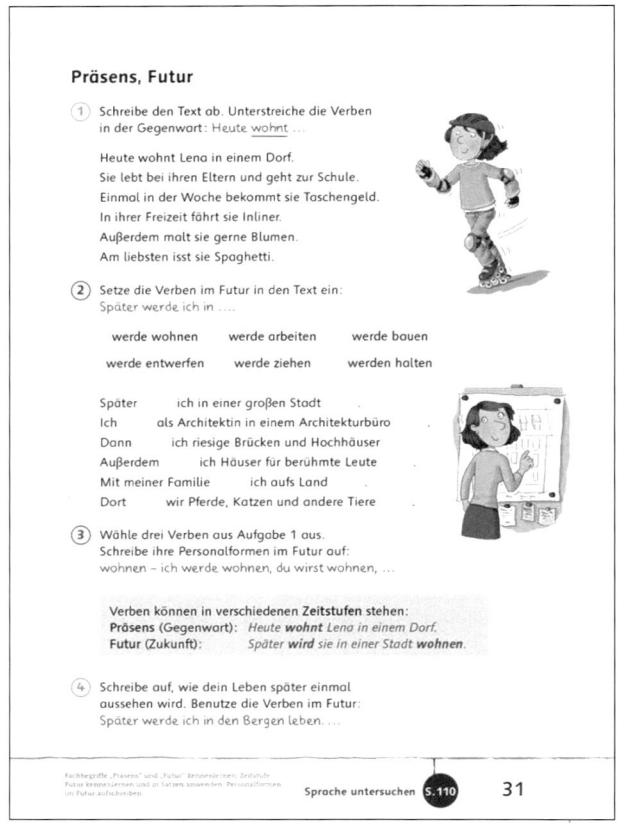

Das Präsens ist die Zeitstufe, mit der die Kinder am besten vertraut sind. Auf dieser Sprachbuchseite wird – ausgehend vom Präsens – die Zukunftsform behandelt.

Die Zukunftsform (Futur I) bezieht sich auf etwas, das nicht in der Sprechzeit abläuft, sondern erst zu einem späteren Zeitpunkt einsetzen wird. Die Verwendung des Futurs ist nicht einfach. In den meisten Fällen, vor allem im mündlichen Sprachgebrauch, wird die Zukunft durch ein Umstandswort der Zeit ausgedrückt, z.B.: *Morgen schreiben wir ein Diktat.* Die korrekte Bildung mit *werden* + Infinitiv wird – wenn überhaupt – den Kindern nur aus schriftlichen Schilderungen bekannt sein. Entsprechend wird die Darstellung von Lenas Zukunftsplänen auf die Kinder wahrscheinlich einen „etwas gekünstelten" Eindruck machen. Sie selbst würden von sich wohl sagen: „Später wohne ich einmal auf einem Bauernhof." Obwohl die grammatische Form Futur in unserer Alltagssprache kaum noch Verwendung findet, ist die Kenntnis dieser Form wichtig – auch im Hinblick auf den Englischunterricht.

Aufgabe 1

Die Kinder lesen den Text und schreiben ihn ab, um die Verben in der Gegenwart unterstreichen zu können. Mit schwächeren Lerngruppen kann der Text projiziert und die Aufgabe gemeinsam gelöst werden.

Aufgabe 2

Der Lückentext gibt wieder, welche Vorstellungen Lena von ihrer Zukunft hat. Er ist – anders als der Text zu Aufgabe 1 – in der Ich-Form geschrieben, um den Kindern in Vorbereitung der Aufgabe 4 eine Vorlage für einen möglichen eigenen Text mit Zukunftswünschen vorzustellen.

Durch das Einsetzen der vorgegebenen Verbformen wird den Kindern deutlich, dass Lena von der Zukunft spricht und dass es dafür eine besondere Zeitstufe gibt. Im Unterrichtsgespräch kann geklärt werden, wie diese Zeitform gebildet wird. Auch dass wir im mündlichen Sprachgebrauch das Futur oft durch das Präsens ersetzen, kann angesprochen werden.

D Schwächere Kinder können einige Sätze als Lückensätze sowie die Futurformen als zweiteilige Wortkärtchen erhalten. Durch das Legen passender Sätze wird das Prinzip der Futurbildung mit handlungsorientierter Unterstützung deutlich.

Aufgabe 3

Die Kinder wählen drei Verben aus Aufgabe 1 aus und konjugieren sie im Futur. Diese formale Übung fokussiert die Formenbildung in besonderer Weise und trägt dazu bei, dass sich die Bildung der Formen auch bei schwächeren Kindern einprägt.

Aufgabe 4

In Anlehnung an Aufgabe 2 schreiben die Kinder an dieser Stelle auf, wie ihr Leben einmal aussehen könnte. Es kommt dabei nicht darauf an, ob die Texte eher realistisch oder fantastisch sind, denn auf das Futur ist zu achten. Die entsprechenden Verbformen können unterstrichen werden.

D Nicht so sprachgewandte Kinder können sich selbst „in der Zukunft" zeichnen und ihre Darstellung mit kurzen Kommentaren versehen.

▶ *Jo-Jo Sprachbuch: Sprache untersuchen, S.110*

▶ *Jo-Jo Arbeitsheft, S.32*

▶ *Jo-Jo Lesebuch, S.60–62, 64, 65*

▶ *Jo-Jo Kopiervorlagen, Nr.15*

> *Weitere Anregung*
> - *Texte verfassen zum Thema „Wie ich mir die Schule im Jahr 2500 vorstelle" (Futur kennzeichnen)*

D Verweis auf die Schreibweise der weiblichen Form im Plural: *Verkäuferin – Verkäuferinnen …*

Aufgabe 3

Ihren eigenen Berufswunsch können die Kinder nun in einigen Sätzen darstellen und begründen. Dazu soll auch gemalt werden.

▶ *Jo-Jo Sprachbuch: Richtig schreiben, S. 98*

▶ *Jo-Jo Arbeitsheft, S. 20*

▶ *Jo-Jo Lesebuch, S. 68–70*

▶ *Jo-Jo Kopiervorlagen, Nr. 9*

Seite 33

Aufgabe 1

Zusätzliche Übungsmöglichkeiten:
- Übungswörter alphabetisch ordnen,
- mit den Übungswörtern Sätze bilden.

Aufgabe 2

Um Merkwörter zu finden, müssen die Kinder den Text genau, am besten satzweise, lesen. Wenn sie glauben, ein Merkwort gefunden zu haben, können sie in der Wörterliste im Sprachbuch nachschauen. Dort sind die Wörter mit den entsprechenden FRESCH-Strategie-Symbolen ausgezeichnet.

Aufgabe 3

Hier geht es um die Anwendung der Strategie „Ableiten": Die Kinder finden im Text mindestens fünf Wörter und schreiben sie wie im Beispiel auf.

Aufgabe 4

Die Kinder wenden nun die Strategie „Verlängern" auf Wörter an, die dem Übungstext entnommen sind.

Aufgabe 5

In der 3. Person Singular Präsens vorgegebene Verben werden im Präteritum und Perfekt aufgeschrieben. Evtl. kann eine Tabelle gezeichnet werden.

L Die Kinder können Wunschberufe in ihrer Klasse erfragen und z. B. als Umfrage aufschreiben.

▶ *Jo-Jo Sprachbuch: Lernspuren, S. 10, 11*

KV 14 *Schleichdiktat*   **KV 15** *Diktatvorbereitung*

Erlernte Rechtschreibstrategien gezielt anzuwenden, indem Ableitungen und Verlängerungen als Hilfen genutzt werden, ist das sprachdidaktische Ziel der Seite. Auf der Inhaltsebene geht es um Berufe und Berufswünsche. Obwohl es eine Vielzahl neuer Berufsbilder gibt, haben diese auf die Vorstellungen der Kinder – auch weil sie oft wenig anschaulich sind – bisher wenig Einfluss (z. B. Systemanalyst, Controller, Call-Center-Agent). Die Berufswünsche der Klasse 4a im Buch belegen überdies, dass die Berufswahl immer noch sehr geschlechtsspezifisch erfolgt. Darüber kann im Unterricht gesprochen werden.

Aufgabe 1

Die Kinder finden hier einige Wortvorgaben, die einzelnen Wörtern im Text zuzuordnen sind. So können sie entscheiden, ob sie es mit einer Verlängerung oder einer Ableitung zu tun haben. Die Lösungen der Aufgabe sollten in jedem Fall untereinander verglichen werden, ggf. an der Tafel unter Einbeziehung der jeweiligen großformatigen Symbole für Ableiten bzw. Verlängern.

Aufgabe 2

In Weiterführung der Aufgabe 1 überlegen die Kinder, welche Strategien beim Schreiben der Berufsbezeichnungen anzuwenden sind. Die Aufgabe kann mit der gesamten Lerngruppe gelöst werden und als Anregung gelten, die Berufswünsche in der Klasse zu erfragen.

Vom Federkiel zum Füllhalter

❶ Lies den folgenden Text.

Jedes Schulkind <u>benutzt</u> heute einen Füllhalter und die Erwachsenen schreiben mit Kugelschreiber oder Tintenroller. Aber diese Schreibgeräte wurden erst ziemlich spät erfunden. Vorher – etwa seit dem Jahr 500 – <u>schrieb</u> man mit einem Federkiel, einer Gänsefeder. Als Federkiel eigneten sich nur die fünf äußeren Schwungfedern einer Gans. Die schönsten Schreibfedern <u>gab</u> es im Mai oder Juni, wenn den Gänsen die alten Federn ausfielen und neue nachwuchsen. Die Feder wurde mit einem Messer angespitzt und mit der Spitze, dem Kiel, in ein Tintenglas getaucht. Die Kinder mussten lange üben, um schön und gleichmäßig und ohne Kleckse zu schreiben. Vor 200 Jahren <u>entwickelte</u> man die Schreibfeder aus Stahl und 1884 <u>erfand</u> der Amerikaner Louis Waterman den Füllfederhalter mit Tintentank. Nun musste man nicht mehr ins Tintenfass eintauchen, sondern nur noch den Tank <u>füllen</u> und konnte schreiben, bis dieser leer war. Die Schülerinnen und Schüler heute haben es noch bequemer: Sie <u>schieben</u> einfach eine Tintenpatrone in den Füllfederhalter. Dies ist allerdings nicht besonders umweltfreundlich.

❷ Aus welchen Schreibgeräten entwickelten sich Patronenfüller? Markiere sie im Text.

❸ Trage die unterstrichenen Verben aus dem Text in die Tabelle ein und ergänze die fehlenden Zeitformen.

Grundform	Gegenwart (Präsens)	1. Vergangenheit (Präteritum)	2. Vergangenheit (Perfekt)
benutzen	er benutzt	er benutzte	er hat benutzt

Cornelsen Autorin: Martina Schramm   Jo-Jo SB 4, Kapitel Zeit vergeht, S. 30   KV 13

Schleichdiktat

Mein Wunschberuf

Später möchte ich einmal Tierärztin werden.

Der Beruf gefällt mir, denn ich mag Tiere sehr gern.

Weil meine Mutter Tierärztin ist, habe ich schon

viele aufregende Erlebnisse mit Tieren gehabt.

Wenn sie zur Tierärztin gebracht werden,

sind sie oft krank und haben Schmerzen.

Oder die Patienten hatten einen Unfall

und sind verletzt.

Dann muss die Tierärztin schnell helfen: Sie legt

Verbände an oder behandelt gebrochene Knochen.

Manchmal müssen Tiere auch geimpft werden

oder haben einen kranken Zahn.

Besonders mag ich, wenn kleine Kätzchen oder andere

kleine Tiere zur Untersuchung gebracht werden.

Sie sind oft unruhig und ängstlich und wollen

am liebsten ausreißen.

Ich bin aber auch gerne im Reitstall bei den Pferden.

Einmal durfte ich erleben, wie ein Fohlen geboren

wurde.

Das war richtig aufregend.

Name: Datum: Klasse:

Diktatvorbereitung

❶ In dem Gitter sind elf Übungswörter versteckt.
Markiere sie und schreibe sie mit dem Artikel auf.

F	O	H	L	E	N	X	M	O	B
O	H	K	N	O	C	H	E	N	M
W	W	D	I	H	L	S	R	Q	Ä
V	U	U	N	F	A	L	L	P	N
E	L	I	S	C	H	M	E	R	Z
R	O	L	M	D	T	A	B	U	Ä
B	N	P	A	T	I	E	N	T	H
A	L	A	N	K	E	O	I	T	N
N	H	O	G	L	R	N	S	I	E
D	F	M	S	G	E	M	J	E	Q
I	L	N	T	W	H	I	L	F	E

_____

_____

_____

_____

_____

_____

_____

_____

❷ Erkennst du die Wörter? Schreibe sie auf.

_____

_____

_____

_____

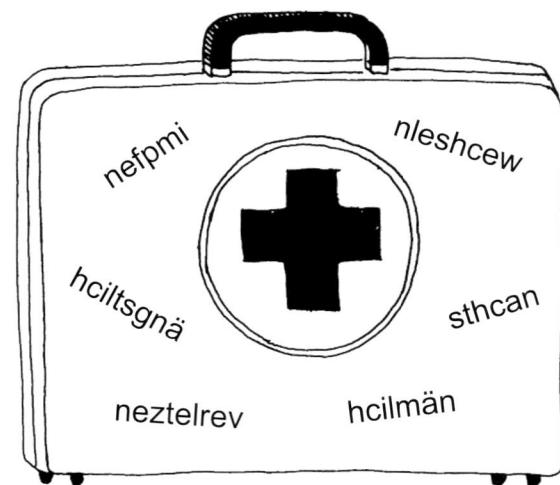

nefpmi

nleshcew

hciltsgnä

sthcan

neztelrev

hcilmän

❸ Bilde mit drei Wörtern aus Aufgabe 2 jeweils einen Satz.

_____

_____

_____

Cornelsen   Autorinnen: Martina Schramm, Henriette Naumann-Harms   Illustration: Sabine Rothmund   Jo-Jo SB 4, Kapitel Zeit vergeht, S. 33   KV 15

Das bin ich

Verbundübersicht

Jo-Jo Sprachbuch, Themenkapitel Seite 34–39	**Jo-Jo Sprachbuch, Kursteil** Seite 88, 118, 138 ⚀ ⚁ ⚂	**Jo-Jo Arbeitsheft** Seite 10, 40, 60 ⚀ ⚁ ⚂
Jo-Jo Arbeitsheft Fördern Seite 34–39	**Jo-Jo Kopiervorlagen** Nr. 4, 19, 29 ⚀ ⚁ ⚂	**Jo-Jo Lesebuch** Seite 72–85

Lerninhalte

Sprechen und Zuhören	Szenen beschreiben, die Gefühle der Beteiligten verstehen und benennen; Perspektiven einnehmen, sich in eine Rolle hineinversetzen (34)
Lesen – mit Texten und Medien umgehen	Arbeitsanweisungen lesen und verstehen (34–39); Unterschiede und Gemeinsamkeiten von Texten finden (35)
Schreiben (Texte verfassen)	Mitteilungen an unterschiedliche Adressaten unterscheiden und verfassen (35) **Texte verfassen** SB (138), AH (60)
Schreiben (Richtig schreiben)	eigene Stärken und Schwächen benennen; Verben und Nomen mit silbentrennendem h richtig schreiben (38) **Richtig schreiben** SB (88), AH (10)
Sprache und Sprachgebrauch untersuchen	die Fachbegriffe „Subjekt" und „Prädikat" verwenden; den Fachbegriff „Objekt" kennenlernen; mithilfe von Fragen Dativobjekte in Sätzen erkennen (36); Objekte im Wem- und Wen-Fall kennenlernen und im Satzzusammenhang anwenden (37) **Sprache untersuchen** SB (118), AH (40)

Vorüberlegungen

Verschiedene Prozesse der Sozialisation und entwicklungsbedingte Vorgänge führen dazu, dass sich das eigene Ich beim Grundschulkind immer mehr herauskristallisiert. Kinder im Alter von zehn Jahren haben schon unterschiedliche Erfahrungen im Kindergarten, in der Grundschule und in ihrer eigenen Familie gemacht und erkennen immer mehr, dass jeder Mensch seine Stärken und Schwächen hat. Zunehmend interessiert sich das Kind für das eigene Ich. Damit sich ein Kind an Gruppenprozessen jeglicher Art konstruktiv, aktiv und kreativ beteiligen kann, muss es eine positive Einstellung zu sich selbst entwickeln. Die Aufgabe der Schule ist es, die Kinder hierbei zu unterstützen, sie zu stärken, also ihr Selbstbewusstsein weiterzuentwickeln und somit die Ich-Stärkung insgesamt zu fördern. Aber auch das Erlernen demokratischer Beteiligungsformen, Regeln, Konfliktlösungsstrategien sowie Formen des guten Zusammenlebens sollten ermöglicht und verbessert werden. Kinder dieser Altersstufe müssen ihre eigene Position im Umgang mit anderen noch finden und festigen, um eine „soziale Routine" in vielen Bereichen entwickeln zu können.

Ideen für fächerübergreifendes Arbeiten

Religion / Ethik
- Jeder Mensch ist von Gott geschaffen, einmalig und unersetzbar. Den Umgang mit eigenen Stärken und Schwächen und denen der Mitmenschen müssen wir lernen.

Sachunterricht
- demokratische Beteiligungsformen, Regeln, Konfliktlösungsstrategien

Kunst / Musik
- bildhafter Ausdruck eigener Gedanken und Gefühle (Wasserfarben)

Zum Einsatz der Kapitelseiten

📖 **Seite 34**

Die Einstiegsseite regt dazu an, sich in die Gefühle anderer Kinder hineinzuversetzen und diese zu eigenen Gefühlen in Beziehung zu setzen. Die vier Bilder beschreiben Situationen, die viele Kinder aus eigener Erfahrung kennen: Ein Kind kommt mit dem ICE an und wird willkommen geheißen. / Beim Fußballspiel gibt es Sieger(innen) und Verlierer(innen). / Ein Kind hält vor der Klasse ein Referat. / Auf der Klassenfahrt muss eine Mitschülerin getröstet werden.

Es ist wichtig und für ein befriedigendes Klassengespräch notwendig, dass die mit den dargestellten Situationen verbundenen Gefühle wie auch die Äußerungen der Schülerinnen und Schüler dazu nicht lächerlich gemacht werden („Heulsuse" etc.). Ebenso sollten Kinder nicht dazu gedrängt werden, sich zu bestimmten Situationen zu äußern, auch wenn die Lehrkraft oder die Mitschüler wissen, dass das Kind über eine solche oder ähnliche Erfahrung verfügt, darüber aber nicht sprechen will. Beispiel: die Besuchs- und Reisesituation bei geschiedenen und in verschiedenen Orten wohnenden Eltern.

Aufgabe 1

Die Kinder beschreiben die abgebildeten Szenen, was mit der gesamten Lerngruppe geschehen sollte. Dabei soll besonders zum Ausdruck kommen, wie die dargestellten Kinder sich wahrscheinlich fühlen.

Aufgabe 2

Anschließend erzählen die Kinder von ähnlichen Situationen und wie sie sich dabei gefühlt haben. Dabei sind durchaus ambivalente Gefühle möglich, z. B. Stolz über einen Sieg, aber auch Enttäuschung, weil man ausgewechselt wurde. Oder: Lampenfieber vor dem Vortrag, aber Zufriedenheit, wenn man die Situation bewältigen kann. Die Kinder werden dabei feststellen, dass es Situationen gibt, die ihnen besonders peinlich sind und Gefühle, mit denen sie nicht gerne in Verbindung gebracht werden (z. B. Liebe, Verliebtsein) oder über die sie nicht gerne vor anderen sprechen wollen.

D „Gefühle" an der Tafel sammeln und weitere Situationen finden, die die Kinder damit verbinden, z. B. Enttäuschung, Vorfreude, Heimweh …

Aufgabe 3

Im szenischen Spiel ist es besonders gut möglich, Gefühle nachzuempfinden. Danach formulieren die Kinder, wie sie sich in ihrer Rolle gefühlt haben. Als Oder-Aufgabe können Kinder, die nicht so gerne im Rollenspiel mitspielen wollen, ihre Erlebnisse auch aufschreiben, z. B.: *Als ich einmal Angst hatte …*

D Eine Situation auswählen und eine Geschichte dazu schreiben; evtl. eine Person auswählen, in die man sich besonders gut hineinversetzen kann und aus deren Perspektive schreiben, z. B.: *Ich halte ein Referat vor der Klasse. Ich bin …;* oder Distanz herstellen, indem man aus der Perspektive eines anderen in der 3. Person erzählt (*Alan hält ein Referat. Er ist …*).

▶ *Jo-Jo Lesebuch, S. 72/73, 82–84*

> *Weitere Anregungen*
> * *Lieder: „Das Lied von den Gefühlen"; „Das große Schimpflied". In: LolliPop Liederbuch für die Grundschule. Cornelsen Verlag: Berlin 2011, S. 23 f.*
> * *Gefühle ausdrücken mithilfe von*
>   * *Farben (z. B. Rot ≙ Wut, Zorn, Liebe …)*
>   * *Symbolen (z. B. Herz ≙ Verliebtsein …)*
> * *Emoticons*

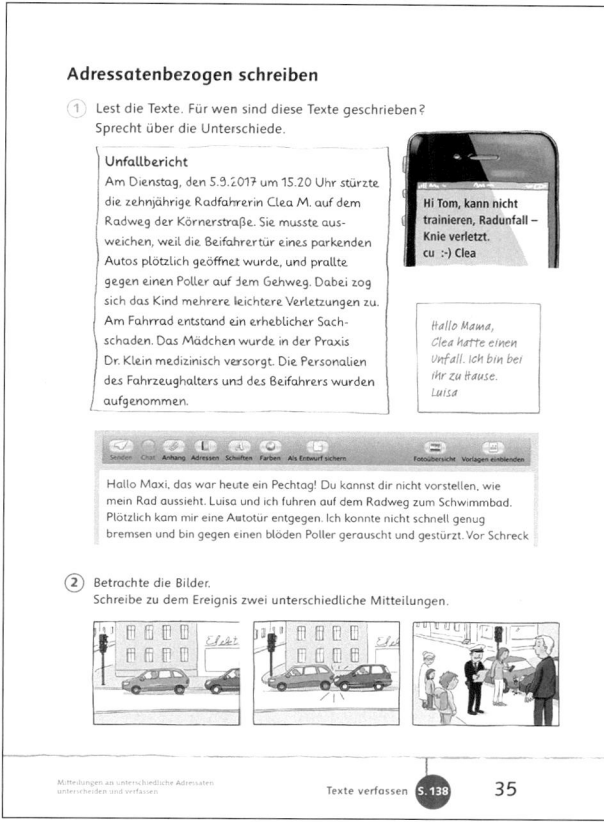

Die Sprachbuchseite stellt adressatengerechtes Schreiben in den Mittelpunkt. Wir haben mittlerweile eine Vielzahl technischer und konventioneller Möglichkeiten, anderen schriftlich Mitteilungen zukommen zu lassen. Adressat und Zweck unserer Mitteilung bestimmen letztendlich Form und Inhalt – dies gilt es den Kindern mithilfe dieser Sprachbuchseite deutlich zu machen.

Aufgabe 1

Die Kinder brauchen ein wenig Zeit, um die unterschiedlichen Mitteilungen zu lesen und sich darüber klar zu werden, wer sie eigentlich zu welchem Zweck geschrieben hat. Es geht immer um den gleichen Sachverhalt, der jedoch unterschiedlich zur Sprache kommt.

Anschließend sprechen die Kinder darüber, welche Unterschiede ihnen bei den Texten auffallen. Mit Briefen an vertraute Personen (hier per E-Mail) haben die Kinder sicherlich bereits Erfahrungen gemacht, ebenso mit Notizzetteln und Nachrichten über das Handy. Die Lehrkraft kann zuerst „ungefiltert" Äußerungen zusammentragen und dann formale und inhaltliche Kriterien finden lassen. Wann schreibt man überhaupt einen Brief, aus welcher Situation heraus? Wann schreibt man eine SMS oder WhatsApp, wann einen Notizzettel? Es geht nicht darum, diese unterschiedlichen Mitteilungen zu bewerten und gegeneinander auszuspielen. Die Kinder sollten reflektieren, wann man sie sinnvoll einsetzen kann, und

überlegen, wodurch sie sich stilistisch auszeichnen. Das Beispiel einer Kurzmitteilung ist bewusst so gehalten, dass man fast ein wenig rätseln muss, was gemeint ist („cu" ≙ see you, man sieht sich, bis dann …). Die E-Mail dagegen ist sehr detailliert und schildert das Erlebnis bis hin zu einem ausformulierten Höhepunkt. Ein Unfallbericht in der Zeitung „funktioniert" dagegen nach anderen Gesetzmäßigkeiten. Warum wird er überhaupt geschrieben? Wer wird ihn lesen? Alle diese Fragen können den Kindern deutlich machen, dass Mitteilungen meist adressaten- und zweckgebunden formuliert sind. Diese Erkenntnis wird zunehmend in das eigene Schreiben einfließen. (Zu den Formalia von Gebrauchstexten, speziell Merkzetteln, Briefen, E-Mails vgl.: Grundwissen Deutsch, Cornelsen Verlag: Berlin 2007).

🅳 Falls das selbstständige Verfassen eines Unfallberichtes Ziel des Unterrichtes sein soll, können anhand des abgebildeten Textes Kriterien für den Bericht erarbeitet werden; siehe auch Sprachbuch, S. 63, 132: „Von Ereignissen berichten".

Aufgabe 2

Die Bildergeschichte zeigt einen Auffahrunfall vor einer roten Ampel. Ein Kind auf dem Schulweg wird Zeuge. Weitere Personen, evtl. die Insassen der Fahrzeuge, stehen auf dem Bürgersteig. Die Polizei ist eingeschaltet, ein Polizist nimmt den Unfall auf. Nach dem Beschreiben der drei Bilder – es sollte mit der gesamten Lerngruppe erfolgen – überlegt sich jedes Kind zwei Mitteilungen, adressiert an Figuren, die im Kontext des Geschehens eine Rolle spielen könnten, und entscheidet sich jeweils für die passende Mitteilungsart. Zum Beispiel in Analogie zu Aufgabe 1 eine E-Mail des Kindes an eine Freundin, eine SMS der Mutter an den Vater oder ein Polizeibericht.

🅳 Um sich besser in die dargestellte Situation einzufinden, kann das dritte Bild als szenisches Spiel dargestellt werden. Daran anschließend können – auch gemeinsam in Gruppen – verschiedene Mitteilungen verfasst werden.

▶ *Jo-Jo Sprachbuch: Texte verfassen, S. 138*

▶ *Jo-Jo Arbeitsheft, S. 60*

▶ *Jo-Jo Kopiervorlagen, Nr. 29*

> **Weitere Anregung**
> - *Dausend, Henriette (Hrsg.): Digitale Medien im Grundschulunterricht gezielt einsetzen – Spielerisches Lernen mit Apps & Co. Cornelsen Skriptor: Berlin 2018.*

Subjekt, Prädikat, Dativobjekt

① Jeder macht etwas anderes. Schreibe die Sätze ab.

Mama schreibt ihrer Schwester.
Dorian hilft seinem Freund.
Der spannende Film gefällt den Kindern.
Tarek gratuliert seiner Oma.
Saida begegnet einem Hund.
Der Hund gehorcht seinem Herrchen.

② Mit der Frage **Wer oder was ...?** findest du im Satz das Subjekt.
Unterstreiche in jedem Satz das Subjekt blau: <u>Mama</u> schreibt ihrer Schwester.

③ Mit der Frage **Was tut ...?** oder **Was geschieht?** findest du das Prädikat.
Unterstreiche in jedem Satz das Prädikat rot: <u>Mama</u> schreibt ihrer Schwester.

④ Mit der Frage **Wem ...?** findest du eine Satzergänzung: das Dativobjekt.
Unterstreiche in jedem Satz das Dativobjekt hellgrün.
Wem schreibt Mama? <u>Mama</u> schreibt ihrer Schwester.

> Ein Satz kann eine oder mehrere Satzergänzungen haben.
> Die Satzergänzung im 3. Fall heißt **Dativobjekt**.
> Nach dem Dativobjekt fragt man mit **Wem ...?**
> *Der spannende Film gefällt den Kindern.*
> *Wem gefällt der spannende Film? den Kindern*

⑤ Schreibe die Sätze auf. Frage nach dem Dativobjekt mit **Wem ...?**
Wem winkt Papa? Unterstreiche das Dativobjekt grün:
Papa winkt <u>den Kindern</u>.

Papa winkt den Kindern.
Der Brei schmeckt dem Baby.
Hanna schreibt ihrer Freundin.
Lotte legt dem Hund die Leine an.
Das Buch gehört Paul.
Paul läuft Mama hinterher.
Mama hört Paul zu.

 36

die Fachbegriffe „Subjekt" und „Prädikat" verwenden,
den Fachbegriff „Objekt" kennenlernen, mithilfe
von Fragen Dativobjekte in Sätzen erkennen

Auf der Sprachbuchdoppelseite 36/37 geht es um Satzglieder. Die Begriffe „Subjekt" und „Prädikat" sind den Kindern mittlerweile geläufig und vertraut. Hier kommt als neuer Fachbegriff aus der Syntax das „Objekt" hinzu. Die Sprachbuchseite 36 thematisiert zunächst das Dativobjekt, auf Seite 37 folgt das Akkusativobjekt.

Als Einstieg können den Kindern Sätze präsentiert werden, die nur aus einem Subjekt und Prädikat bestehen und in ihrer Aussagekraft daher beschränkt sind, z.B.: *Ich lese. Pia streichelt. Wir kaufen.*
Die Kinder ermitteln bzw. unterstreichen an der Tafel Subjekte und Prädikate und überlegen, warum sie mit diesen Sätzen nicht „so richtig zufrieden" sein können. Erfahren sie alles, was sie evtl. wissen wollen? Daraus ergibt sich die Erkenntnis, dass manche Sätze eine Ergänzung brauchen, um vollständig zu sein. Diese Ergänzungen nennt man „Objekte".

> **Objekt**
> Auf der syntaktischen Ebene wird unter dem Begriff „Objekt" ein Satzglied verstanden, das vom Verbprädikat gefordert wird. Objekte können aus einem oder mehreren Wörtern bestehen, z.B.:
> Ich esse <u>Suppe</u>.
> Ich schenke <u>meinem Freund</u> <u>zwei wertvolle Münzen</u>.
> Wir trafen <u>meine alte Freundin Lotta</u>.

Aufgaben 1 und 2

Die Kinder schreiben die Sätze sorgfältig ab und unterstreichen jeweils das Subjekt, das sich hier stets am Anfang der Sätze befindet. Es sollte darauf geachtet werden, dass die Kinder immer die gleichen Farben zum Unterstreichen der Satzglieder verwenden, hier also Blau zum Markieren der Subjekte. Beim Ermitteln der Subjekte ist die bekannte Frage *„Wer oder was...?"* hilfreich.

Aufgabe 3

Hier wird das Prädikat mit der Frage *„Was geschieht?"* bzw. *„Was tut...?"* ermittelt und rot unterstrichen. Zur Wiederholung kann angemerkt werden, dass es sich bei Prädikaten immer um (flektierte) Verben handelt, weshalb sie im Satz stets gut zu erkennen sind.

Aufgabe 4

Die übrig gebliebenen Satzglieder werden nun als Satzergänzungen erfahren und mit der Frage *„Wem...?"* als Dativobjekte benannt. Das Fragen mithilfe der Fragewörter und die Antwort mit dem Satzteil sollte unbedingt wiederholt geübt werden, da viele Kinder immer wieder mit dem ganzen Satz antworten möchten: *„Wem gefällt der Film?" – „Den Kindern gefällt der Film."*

D Der gelbe Merkkasten kann ins Heft abgeschrieben oder auf ein großes Blatt übertragen und in der Klasse ausgehängt werden.

Aufgabe 5

Die Kinder fragen mit *„Wem...?"* nach dem Dativobjekt und unterstreichen es hellgrün. Zusätzlich können auch Subjekt und Prädikat unterstrichen werden.

> **Weitere Anregung**
> • *Sätze würfeln (Partner- oder Gruppenarbeit): Auf 3 Papierstreifen jeweils sechs Subjekte, Prädikate und Dativobjekte schreiben. Diese mit Würfelpunkten versehen, würfeln und Sätze aufschreiben, z.B.:*
>
> *Nadia   hilft   ihrer Freundin.*
> *Finn   schreibt   seiner Oma.*
>
> *Da es relativ wenige Verben gibt, die ein Dativobjekt fordern, können die Prädikate der Aufgaben 1 und 5 verwendet und mit anderen Subjekten und Dativobjekten kombiniert werden. Weitere mögliche Verben sind: ähneln, antworten, danken, drohen, folgen, glauben, helfen, raten, vertrauen.*

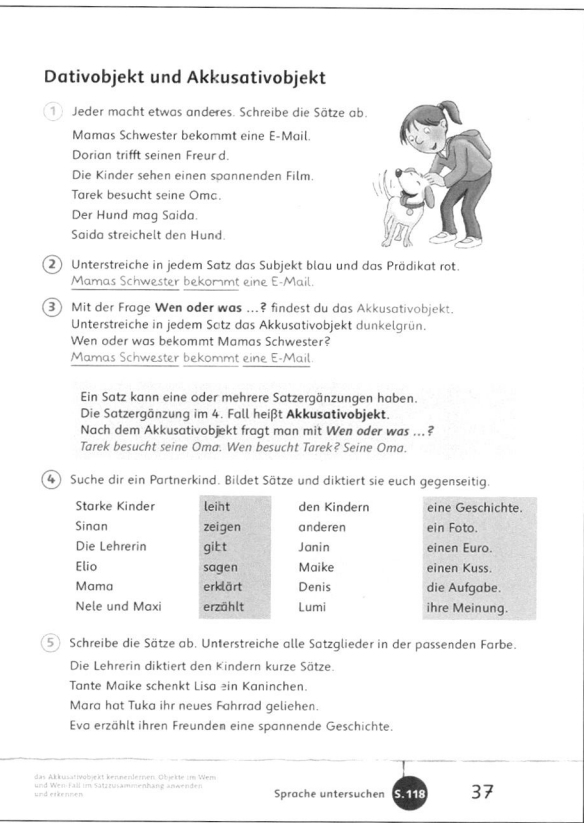

Auf dieser Sprachbuchseite lernen die Kinder analog zu Seite 36 das Akkusativobjekt kennen. Sie lernen, Objekte im 3. und 4. Fall zu unterscheiden und in Sätzen zu ermitteln.

Dativ- und Akkusativobjekt

Um vollständige Sätze zu bilden, müssen zum Subjekt und Prädikat meist weitere Satzglieder ergänzt werden. Diese Satzglieder werden „Objekte" genannt.

Der Akkusativ bezeichnet ein Objekt im 4. Fall. Dieses kann eine Person oder eine Sache sein. Die W-Frage zur Ermittlung des Akkusativobjektes lautet „Wen ...?" bei Personen und „Was ... ?" bei Sachen.

Der Dativ als Objekt im 3. Fall bezeichnet in den meisten Fällen eine Person, die an einem Geschehen beteiligt ist (s. Beispiele auf der Sprachbuchseite 37). Bestimmte Verben fordern ein Dativobjekt, z. B. antworten, helfen, geben. Die W-Frage lautet: „Wem ...?".

Die meisten deutschen Verben fordern ein Akkusativobjekt. Nur wenige Verben dagegen fordern ein Dativobjekt. Verben nennt man transitiv, wenn sie durch ein Akkusativobjekt ergänzt werden; Verben, die im Satz kein Akkusativobjekt fordern, sind intransitiv.

Aufgaben 1 und 2

Auch hier schreiben die Kinder zunächst die Sätze ab. Sie ermitteln durch Fragen Subjekte und Prädikate und unterstreichen diese blau bzw. rot.

Aufgabe 3

Mit der Frage „Wen oder was ...?" ermitteln die Kinder die Akkusativobjekte und unterstreichen sie dunkelgrün im abgeschriebenen Text.

D Ergänzend können die Kinder den Text aus dem gelben Kasten in ihr Heft übertragen oder als Poster in der Klasse aufhängen. Leistungsstärkere Kinder finden eigene Sätze mit Akkusativobjekt. Dazu können die Prädikate aus Aufgabe 1 übernommen werden.

Aufgabe 4

In Partnerarbeit bilden die Kinder mit den vorgegebenen Satzteilen Sätze und diktieren sie sich gegenseitig. Es gibt mehrere Möglichkeiten.

Aufgabe 5

Die Sätze werden abgeschrieben, die Satzteile ermittelt und in der passenden Farbe unterstrichen.

▶ *Jo-Jo Sprachbuch: Sprache untersuchen, S. 118*

▶ *Jo-Jo Arbeitsheft, S. 40*

▶ *Jo-Jo Kopiervorlagen, Nr. 19*

KV 16 *Was Kinder stark macht*
Die Kinder lesen Aussagen und unterstreichen zunächst die Prädikate. Dann ermitteln sie Dativ- und Akkusativobjekte und schreiben eigene Sätze.

Weitere Anregungen
- *Satzschieber mit Subjekten, Prädikaten und Ergänzungen basteln und damit sinnvolle und lustige Sätze bilden*
- *Kreisel mit Satzgliedern basteln (aus beklebten Bierdeckeln und Zahnstochern); drei Kreisel mit verschiedenen Farben verwenden, jeder Kreisel enthält Subjekte, Prädikate oder Objekte. Die Kinder drehen jeden Kreisel einmal. Je nach der Seite, auf die der Kreisel fällt, wird ein bestimmtes Wort verwendet. Der gefundene Satz wird aufgeschrieben; Satzglieder werden mit verschiedenen Farben unterstrichen.*

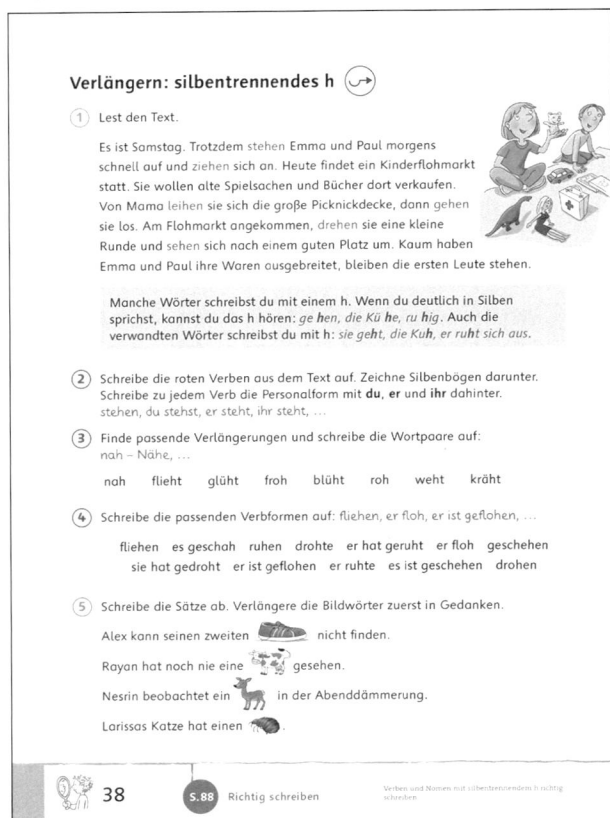

Schwerpunkt der Seite ist das Thema „silbentrennendes h". Anders als das Dehnungs-h, das als solches nicht hörbar ist, kann das silbentrennende *h* durch deutliches Artikulieren hörbar gemacht werden, z. B. bei Wörtern wie *wehen, ziehen, blühen* etc. Befindet es sich allerdings am Wort(stamm)ende wie bei manchen Nomen (z. B. *Kuh, Schuh, Flohmarkt*...), Adjektiven (*froh, nah*...) oder Personalformen von Verben (*geht, flieht, blüht*...), muss die Strategie „Verlängern" angewandt werden, um das *h* hörbar zu machen.

Aufgaben 1 und 2

Die Kinder lesen den Text, der Wörter – hier speziell Verben – mit einem silbentrennenden *h* enthält. Anschließend schreiben sie die rot gedruckten Verben auf. Im Unterrichtsgespräch sollte erarbeitet werden, dass das *h* in diesen Verbformen hörbar gemacht werden kann, indem man die Silben deutlich spricht und die Silbenbögen zeichnet. In einigen Personalformen dagegen hört man das *h* nicht: Es muss durch Verlängern ermittelt werden. Das *h* kann zusätzlich farbig markiert werden.

Aufgabe 3

Die Kinder finden zu vorgegebenen Wörtern passende Verlängerungen und notieren die Wortpaare.

Aufgabe 4

Aus vorgegebenen Verbformen suchen die Kinder die jeweils zueinander passenden und schreiben sie auf.

Aufgabe 5

In den Sätzen finden sich Bildwörter (*Schuh, Kuh, Reh, Floh*), bei denen durch Verlängern bzw. Pluralbildung die richtige Schreibweise gefunden werden kann. Eventuell kann vor der Bearbeitung der Aufgabe gemeinsam besprochen werden, was auf den Bildern dargestellt ist.

▶ *Jo-Jo Sprachbuch: Richtig schreiben, S. 88*

▶ *Jo-Jo Arbeitsheft, S. 10*

▶ *Jo-Jo Kopiervorlagen, Nr. 4*

📖 **Seite 39**

Aufgabe 1

Der Übungstext kann als Selbst-, Partner-, Dosen- oder Schleichdiktat geschrieben werden.

Aufgabe 2

Die Kinder finden im Übungstext Verben mit silbentrennendem *h* und schreiben sie in der Grundform und der 2. Person Plural auf.

Aufgabe 3

Mit den vorgegebenen Vorsilben und den Verben aus Aufgabe 2 bilden die Schülerinnen und Schüler neue Verben.

Aufgabe 4

Die Kinder ordnen dem Subjekt und Prädikat passende Objekte zu und unterstreichen die Dativ- und Akkusativobjekte in den eingeführten Farben.

D Leistungsstärkere Kinder können selbst Sätze formulieren, die Übungswörter enthalten und ggf. auch am Computer üben.

L Für das Lerntagebuch können die Kinder eine Mitteilung ihrer Wahl schreiben und ggf. in ihr Lerntagebuch einkleben. Dies kann z. B. ein Zettelchen, ein Brief oder eine ausgedruckte E-Mail sein.

▶ *Jo-Jo Sprachbuch: Lernspuren, S. 13*

| KV 17 | **Schleichdiktat** | KV 18 | **Diktatvorbereitung** |

Was Kinder stark macht

❶ Lies die Aussagen und unterstreiche die Prädikate rot.
Unterstreiche dann das Objekt im Wem-Fall einmal und
das Objekt im Wen-Fall zweimal.

Ich löse ein Problem.

Ich sage meine Meinung.

Ich schreibe gern
meiner Freundin.

Ich helfe
Kleineren.

Ich schreibe
eine gute Note.

❷ Was macht dich noch stark oder wobei fühlst du dich gut?
Schreibe Sätze in der Ich-Form.

Schleichdiktat

Maltes Großeltern

Seit Maltes Opa nicht mehr arbeiten muss,

geht Malte oft zu den Großeltern.

Darauf freut er sich immer sehr.

Er versteht sich nämlich sehr gut mit ihnen

und sein Opa verbringt gerne Zeit mit ihm.

Manchmal ziehen sie die Laufschuhe an

und rennen gemeinsam los.

Sie fahren auch gerne ein paar Runden mit dem Rad.

Bei schlechtem Wetter schauen sie sich meistens

Comics und Trickfilme an.

Oder sie spielen mit der Oma Karten.

Bei ihr müssen Malte und Opa aufpassen.

Oma schummelt nämlich gerne.

Wenn sie die Spielkarten bringt,

zwinkert Opa Malte zu.

„Sie ist unsere Schummelkönigin!", flüstert er.

Name: | Datum: | Klasse:

Diktatvorbereitung

❶ Jeweils ein Wort gehört nicht zur genannten Wortart. Streiche es durch.

Nomen	Verben	Adjektive
Monate	freuen	prima
Zeit	gern	gemeinsam
Laufschuhe	zwinkern	groß
aufpassen	anziehen	Comic
Samstag	flüstern	schön

❷ Schreibe alle richtigen Wörter der Wortart ab.

Nomen: _____

Verben: _____

Adjektive: _____

❸ Finde die Übungswörter und bilde mit jedem Wort einen Satz.

TRICKFILMANSCHLIEßENDVERBRINGENMEISTENSGROßELTERNMARATHONDANACH

_____

_____

_____

_____

_____

_____

_____

Tieren auf der Spur

Verbundübersicht

Jo-Jo Sprachbuch, Themenkapitel	Jo-Jo Sprachbuch, Kursteil	Jo-Jo Arbeitsheft
Seite 40–45	Seite 100, 112, 140 ⚀ ⚁ ⚂	Seite 22, 34, 62 ⚀ ⚁ ⚂

Jo-Jo Arbeitsheft Fördern	Jo-Jo Kopiervorlagen	Jo-Jo Lesebuch
Seite 40–45	Nr. 10, 16, 30 ⚀ ⚁ ⚂	Seite 86–95

Lerninhalte

Sprechen und Zuhören	funktionsangemessen sprechen: Sachverhalte beschreiben; Fachbegriffe benutzen; Informationen in Medien suchen (40)
Lesen – mit Texten und Medien umgehen	Arbeitsanweisungen lesen und verstehen (40–45); Informationen in unterschiedlichen Medien suchen (40); Unterschiede und Gemeinsamkeiten von Texten finden (41); Texte genau lesen: Adjektive finden (42); Konsonanten und Vokale sinnvoll einsetzen (43); eigene Gedanken zu Texten entwickeln (44)
Schreiben (Texte verfassen)	Erlebnisse am Teich erzählen; anderen aufmerksam zuhören; Verhaltensregeln am Teich aufschreiben; E-Mails mit der Bitte um Informationsmaterial beurteilen und verfassen (41) **Texte verfassen** SB (140), AH (62)
Schreiben (Richtig schreiben)	über Rettungsaktionen für Kröten sprechen; Merkstellen in Merkwörtern markieren; Wörter Rechtschreibstrategien zuordnen (44) **Richtig schreiben** SB (100), AH (22)
Sprache und Sprachgebrauch untersuchen	Funktion von Adjektiven in Texten untersuchen; Adjektive nach Vergleichsstufen ordnen; Textverständnis überprüfen (42); die Fachbegriffe „Vokal" und „Konsonant" kennenlernen und festigen; Vokale und Konsonanten in Lückentexte einsetzen; Vokallänge in Wörtern abhören und unterscheiden (43) **Sprache untersuchen** SB (112), AH (34)

Vorüberlegungen

Nachdem es im Kapitel „Es wächst und grünt" (Sprachbuch, S. 16 ff.) um den Lebensraum „Wald" mit dem Baum im Mittelpunkt ging, beschäftigt sich dieses Kapitel mit dem Lebensraum „Teich" und in Verbindung damit exemplarisch mit den Fröschen. Verschiedene Aspekte des Themas „Teich" werden dabei beleuchtet. Wie auch der Wald erfüllen die Gewässer und ihre Umgebung verschiedenste Bedürfnisse der Bewohner und Besucher und nicht selten geraten letztere in Widerspruch mit dem Naturschutz. Verhaltensregeln am Teich sind deshalb notwendig und hier auch Ausgangspunkt für die Formulierung höflicher Bitten an die Besucher. Falls in der unmittelbaren Umgebung der Kinder kein Gewässer, auch kein Gartenteich, zu finden ist, sollte, wenn es möglich ist, ein Ausflug zu einem passenden Ziel unternommen werden. Auch ein eigenes Aquarium im Klassenzimmer zur Aufzucht von Fröschen ist für die Kinder sehr motivierend. Auf eine artgerechte Ausstattung (z. B. Belüftung) ist dabei unbedingt zu achten. Frösche stehen außerdem unter Naturschutz und sollten später wieder in geeignete Gewässer umgesiedelt werden.

Ideen für fächerübergreifendes Arbeiten

Sachunterricht
- an Teichen und Gewässern häufig vorkommende Tier- und Pflanzenarten kennenlernen
- Teichbeobachtungen durchführen; richtiges Verhalten am Teich erfahren
- Umweltverschmutzung und ihre Auswirkungen auf Tiere und Pflanzen
- eine Langzeitbeobachtung durchführen

Kunst / Musik
- Teichcollagen
- ein Stück Tonpapier oder einen Schuhkarton als Aquarium mit Fischen und Wasserpflanzen gestalten

Religion / Ethik
- verantwortungsvoller Umgang mit der Schöpfung

Zum Einsatz der Kapitelseiten

📖 **Seite 40**

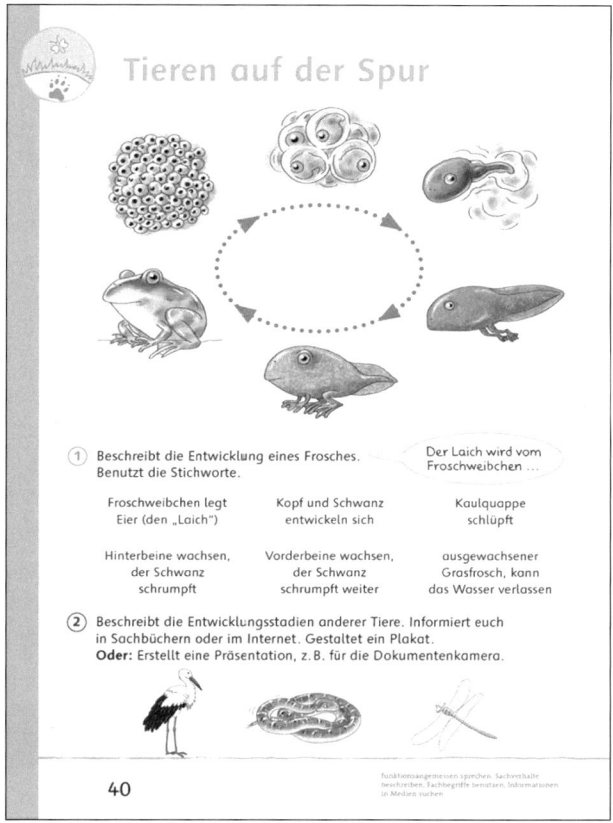

Aufgabe 1

In sechs Abbildungen wird die Entwicklung eines Frosches vom Laich über das Kaulquappenstadium vorgestellt. Anhand der Illustrationen und zugehörigen Stichworte können die Kinder erläutern, wie sich die Entwicklung des Frosches vollzieht. Sofern die Kinder darüber hinaus Vorwissen zum Thema „Frösche" haben, bringen sie es ein.

Frösche

Frösche sind Amphibien, d. h. sie leben auf dem Land und im Wasser. Sie sind wechselwarm: Ihre Körpertemperatur hängt von der Temperatur der Umgebung ab. Der bei uns bekannteste Frosch, der Laubfrosch, hält sich vorwiegend in Sträuchern und auf Bäumen auf. Seine Finger und Zehenspitzen bestehen aus scheibenförmigen Haftballen, mit denen er sich wie mit Saugnäpfen an Ästen und Blättern festhalten kann. Nur zur Fortpflanzungszeit zwischen April und Juni lebt er im Wasser. Im Herbst wandern unsere einheimischen Frösche ins Winterquartier: Sie verschlafen die kalte Jahreszeit unter der Erde und unter dichten Laubhaufen – oder sie überwintern am Gewässergrund.

Frösche haben kaum natürliche Feinde. Die meisten Tiere fressen keine Frösche, denn manche Arten geben über ihre Haut ein Sekret ab, das brennt und schlecht schmeckt. Einige tropische Frösche sind sogar sehr giftig. Sehr gefährdet ist dagegen der Froschnachwuchs: Kaulquappen werden von Fischen, Enten, Molchen, Ringelnattern und großen Insektenlarven gefressen. Damit wenigstens einige Kaulquappen überleben, legen Froschweibchen viele tausend Eier – auch Laich genannt – im Wasser ab: Die Eier werden in langen Laichschnüren oder Laichklumpen abgelegt und bleiben durch die klebrige, schützende Gallertschicht an Wasserpflanzen haften. Ein bis drei Wochen später schlüpft aus dem Ei eine winzige Larve, die sich an Wasserpflanzen festheftet. Innerhalb weniger Tage entwickeln sich Mundöffnung, Augen und Schwanz: Die Kaulquappe entsteht. Sie kann frei im Wasser schwimmen, hat einen ovalen Körper, einen Schwanz und federartige Anhängsel am Kopf: Mit diesen Kiemen nimmt sie Sauerstoff aus dem Wasser auf. Kaulquappen ernähren sich von Algen sowie Resten von Pflanzen und Tieren. Wenn die Kaulquappen mehr als 2 cm groß sind, werden Kiemen und Schwanz immer kleiner. Im Alter von etwa fünf Wochen, sie sind dann 3 cm groß, erscheinen winzige Hinterbeine, die von Tag zu Tag größer werden. Nach etwa sieben Wochen sind der Kaulquappe auch kleine Vorderbeine gewachsen. Nach knapp acht Wochen bildet sich der Schwanz zurück und die pummelige Gestalt der Kaulquappe nimmt die Form eines winzigen Frosches an. Außerdem muss sich der Frosch von der Kiemen- auf die Lungenatmung umstellen. Sobald die Beine ausgewachsen sind und der Schwanz verschwunden ist, bilden sich die Kiemen zurück. Aus der über 3 cm langen Kaulquappe ist ein nur 1 cm großer Frosch geworden, der schnell an die Wasseroberfläche schwimmt, um seinen ersten Atemzug zu machen und an Land zu gehen.

Aufgabe 2

Die Abbildungen von Storch, Schlange und Libelle sollen dazu anregen, sich in Sachbüchern oder im Internet (z. B. unter *www.kindernetz.de, www.wasistwas.de, www.tierchenwelt.de*) über die Entwicklungsstadien dieser Tiere zu informieren und diese zu beschreiben. Die Oder-Aufgabe regt zum Erstellen einer Präsentation an.

▶ *Jo-Jo Lesebuch, S. 89, 94*

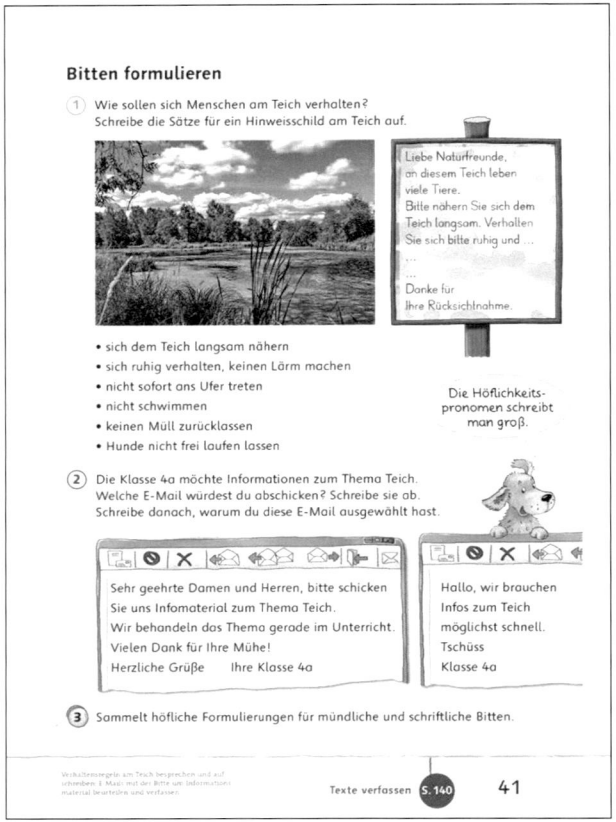

Anknüpfend an die Einstiegsseite steht hier inhaltlich der Teich als Lebensraum der Frösche im Mittelpunkt des Interesses. Ehe sie die Seite bearbeiten, können sich die Kinder zunächst darüber austauschen, welche Tiere sie schon einmal an einem Teich gesehen oder beobachtet haben. Dabei sollten sie aufmerksam zuhören und sich auch bewusst auf ihren Vorredner beziehen. Welche Erfahrungen haben sie selbst auch gemacht? Welche ggf. nicht? Was können sie noch ergänzen? Nach dieser ersten offenen Gesprächsphase kann das Bild eines Teichs projiziert oder die Abbildung auf der Sprachbuchseite betrachtet werden. Welche Tiere und Pflanzen sind hier zu erkennen? Falls es Kinder gibt, die erzählen können, wie ein Gartenteich angelegt wird, dürfen sie ihr Wissen ebenfalls gern mitteilen.

Aufgabe 1

Ausgehend von dieser offenen Gesprächsphase, konzentrieren sich die Kinder jetzt auf das Verhalten der Menschen am Teich. Sie lesen die Anweisungen unter der Abbildung und vergleichen sie mit dem abgebildeten Hinweisschild. Worin bestehen die Unterschiede in der Formulierung? Wie wirken sie auf Leser oder Besucherinnen? Die Formulierung der Sätze für das Hinweisschild sollte zunächst mündlich gemeinsam erfolgen. Anschließend schreiben die Kinder ihre Sätze in der höflichen Formulierung auf. Der Hund Jojo gibt den Hinweis auf die Höflichkeitspronomen „Sie" und „Ihre".

Stärkere Kinder können dazu angeregt werden, die Verhaltensregeln mündlich und dann auch schriftlich durch Begründungen zu erweitern. Sie können auch Imperative formulieren.

Aufgabe 2

Die Kinder bewerten – evtl. mit einem Partnerkind – zwei unterschiedliche Bitten um Infomaterial zum Thema „Teich", die als E-Mail (z. B. an eine Naturschutzorganisation wie den NABU oder den BUND) geschrieben wurden. Sie lesen ihre Begründung zur Wahl der besseren E-Mail dem Plenum vor und tragen so zusammen, was ihnen aufgefallen ist.

Aufgabe 3

Die Jo-Jo-Aufgabe regt dazu an, höfliche Formulierungen für schriftliche und mündliche Bitten zu sammeln. Dafür können Beispiele im Klassengespräch genannt werden, z. B. bei Tisch („Gibst du mir bitte mal das Brot?", „Kann ich bitte noch etwas Wurst haben?"), in der Klasse („Leihst du mir bitte deinen Radiergummi?", „Können Sie mir bitte helfen?") oder beim Einkaufen („Wo finde ich bitte das Müsli?").

▶ *Jo-Jo Sprachbuch: Texte verfassen, S. 140*

▶ *Jo-Jo Arbeitsheft, S. 62*

▶ *Jo-Jo Kopiervorlagen, Nr. 30*

Weitere Anregung

• *Spiel: Quaki, der Frosch*
  Dieses Spiel eignet sich für eine kurze Bewegungspause oder wenn die Kinder wieder zur Ruhe finden sollen.
  Am Anfang sitzen alle Kinder auf ihren Plätzen, wobei die Köpfe auf den Armen liegen. Der Spielleiter geht durch die Klasse und berührt ein Kind leicht am Kopf – dieses Kind ist Quaki, der Frosch. Das Besondere an Quaki ist, dass er stumm ist. Der Spielleiter verkündet nun, dass Quaki bestimmt wurde. Nun sollen die Kinder herausfinden, wer Quaki ist. Die Kinder bewegen sich dazu frei im Raum. Trifft ein Kind ein anderes, fragt es: „Bist du Quaki?" Das angesprochene Kind antwortet darauf mit der Gegenfrage: „Quaki?" Handelt es sich bei dem angesprochenen Kind tatsächlich um Quaki, so ist dies leicht feststellbar, da ja Quaki stumm ist und nicht antworten kann. Das fragende Kind bleibt anschließend mit Quaki in Körperkontakt und antwortet auch nicht mehr – es wird ebenfalls zu Quaki. Auf diese Weise wird Quaki immer größer, bis schließlich alle Kinder zu Quaki gehören.

Adjektive: Vergleichsstufen

① Lest die Beschreibungen der Froscharten.
Sucht auf den Bildern nach typischen Merkmalen.

Am häufigsten kommt bei uns der Grasfrosch vor. Er wird bis zu 10 Zentimeter groß. Dieser Frosch lebt in feuchten Wäldern, Wiesen, Mooren.

Der kleinste der drei Frösche ist der Laubfrosch. Er lebt an Waldrändern, im Schilf oder im Gras. Er kann besonders gut klettern.

Ein Wasserfrosch kann sehr dick werden. Sein Lebensraum ist der Uferbereich von Seen, Teichen und Tümpeln. Er entfernt sich nie weit vom Wasser. Beim geringsten Geräusch taucht er unter.

Mit **Adjektiven** kannst du Nomen genauer beschreiben. Du erkennst Adjektive auch daran, dass du mit ihnen etwas **vergleichen** kannst:
Grundform: *Der Wasserfrosch ist klein.*
1. Vergleichsstufe: *Der Grasfrosch ist kleiner.*
2. Vergleichsstufe: *Der Laubfrosch ist am kleinsten.*

② Schreibe die Texte zu den Fröschen ab.
Unterstreiche die Adjektive: Am häufigsten …

③ Ordne die Adjektive aus den Texten in eine Tabelle.
Ergänze die fehlenden Formen:

Grundform	1. Vergleichsstufe	2. Vergleichsstufe
häufig	häufiger	am häufigsten

④ Finde weitere passende Adjektive zum Frosch und seinem Lebensraum.

42   **S.112** Sprache untersuchen   Funktion von Adjektiven in Texten untersuchen; Adjektive nach Vergleichsstufen ordnen; Textverständnis überprüfen

---

Anhand der verschiedenen Froscharten werden auf dieser Sprachbuchseite die Vergleichsstufen der Adjektive behandelt, die bereits in Klasse 3 eingeführt wurden. Darüber hinaus ist das verstehende, sinnentnehmende Lesen ein Schwerpunkt der Arbeit mit der Sprachbuchseite.

Steigerung der Adjektive

Mit den Vergleichsstufen der Adjektive werden die verschiedenen Grade einer Eigenschaft oder eines Merkmals gekennzeichnet. Es werden drei Stufen unterschieden:

1. Grundstufe (Positiv), der gleiche Grad
Der Positiv drückt aus, dass zwei Dinge in Bezug auf ein Merkmal oder eine Eigenschaft gleich sind. Ihm entspricht die unveränderte Form des Adjektivs. Die Grundstufe des Adjektivs wird in der Regel zwischen *so* und *wie* gesetzt. Beispiele: *so schnell wie, so groß wie.*

2. Mehrstufe (Komparativ), der ungleiche Grad
Der Komparativ drückt aus, dass zwei oder mehr Dinge in Bezug auf ein Merkmal oder eine Eigenschaft ungleich sind. Er wird in der Regel gebildet aus der Grundform und *-er.* Bei einigen Adjektiven wird der Selbstlaut zum Umlaut (*lang – länger*). Dem Komparativ folgt die Vergleichspartikel *als.* Beispiele: *kleiner als, schneller als.*

3. Meiststufe (Superlativ), der höchste Grad
Der Superlativ drückt aus, dass von drei Dingen einem der höchste Grad einer Eigenschaft zukommt. Er wird gebildet aus dem Positiv und *-est* oder *-st.* Dem Superlativ wird ein *am* vorangestellt.
Beispiele: *am schnellsten, am buntesten.*
Einige Adjektive haben unregelmäßige Vergleichsformen (Beispiel: *gut – besser – am besten*), von anderen kann keine Vergleichsform gebildet werden (Beispiele: *rund, lila, tot*).

Aufgabe 1
Die Aufgabe führt die Kinder zur Wortart „Adjektiv", um bestimmte Eigenschaften der Frösche auf den Fotos beschreiben zu können. Über die Texte hinaus können die Kinder weitere Merkmale der Tiere beschreiben.

Aufgabe 2
Die Sätze zu den Fröschen werden ins Heft geschrieben und sorgfältig kontrolliert, ggf. in Partnerarbeit. Die Adjektive in den Sätzen werden zusätzlich unterstrichen.

Aufgabe 3
Die Kinder schreiben die Adjektive aus den Texten nach Vergleichsstufen in eine Tabelle, wobei fehlende Formen zu ergänzen sind. Ein großes Plakat im Klassenzimmer mit den Merksätzen im gelben Kasten kann dabei helfen, sich die Vergleichsstufen besser einzuprägen.

D Leistungsstärkere Kinder schreiben weitere Adjektive und ihre Vergleichsstufen in die Tabelle. Dazu kann auch die Wörterliste eingesetzt werden. Zu einigen Adjektiven und ihren Vergleichsstufen sollten Sätze gebildet werden, um die Wörter auch im Satzzusammenhang zu verwenden.

Aufgabe 4
Die Jo-Jo-Aufgabe fordert dazu auf, weitere Adjektive zum Thema der Seite zu sammeln.

▶ *Jo-Jo Sprachbuch: Sprache untersuchen, S. 112*

▶ *Jo-Jo Arbeitsheft, S. 34*

▶ *Jo-Jo Lesebuch, S. 89, 94*

▶ *Jo-Jo Kopiervorlagen, Nr. 16*

> *Weitere Anregungen*
> - *das Aussehen von Fröschen anhand von Fotos in Sachbüchern mit Adjektiven genauer beschreiben, z. B. in: Marent, Thomas: Frösche und andere Amphibien. Dorling Kindersley: München 2009.*
> - *über eine bestimmte Froschart referieren*

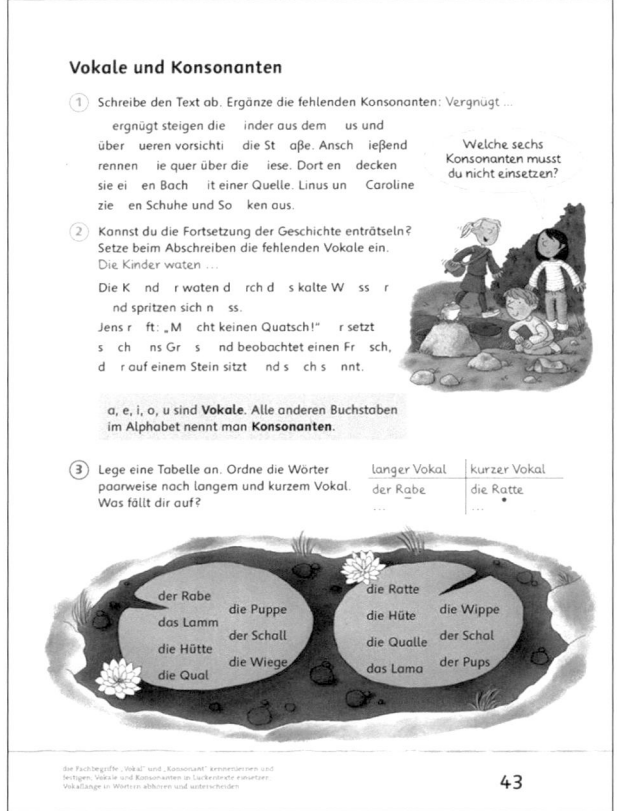

Die Sprachbuchseite rückt Vokale und Konsonanten in den Mittelpunkt. Die Übungen lassen sich spielerisch abwandeln bzw. ergänzen (s. Anregungen).

Aufgabe 1

Die Kinder lesen den Lückentext und verschaffen sich so einen Überblick über die zu bildenden Lückenwörter. Anschließend schreiben sie den Text vollständig in ihr Heft. Die ergänzten Konsonanten können farbig übermalt werden. Angeregt durch die Frage in der Sprechblase, können die Kinder, die das Abc ja bereits seit dem 2. Schuljahr kennen, dieses wiederholen. Die Konsonanten *f, j, p, x, y, z* müssen nicht eingesetzt werden.

D Leistungsschwächere Schüler können bei dieser Gelegenheit das Abc noch einmal aufschreiben und Vokale und Konsonanten farbig markieren. Danach streichen sie die in Aufgabe 1 verwendeten Konsonanten durch und ermitteln so die nicht verwendeten.

Aufgabe 2

Hier wird die Lesbarkeit des Textes durch fehlende Vokale erschwert, was aber insbesondere für leistungsstärkere Kinder kein Problem darstellen sollte. Die Aufgabe kann zunächst mündlich gelöst werden, dann schreiben die Kinder den Text richtig ab.

D Die Schülerinnen und Schüler können Sätze mit Lückenwörtern schreiben und von einem Partnerkind richtig aufschreiben lassen.

Aufgabe 3

Das Unterscheiden von lang und kurz gesprochenen Vokalen wird, z.B. als Hilfe bei der Rechtschreibung, immer wieder gefordert, ist aber für die Schülerinnen und Schüler in vielen Fällen nicht leicht. Auf jeden Fall sollten die Kinder die Wörter halblaut sprechen, auf die Vokale achten und dann erst entscheiden, in welche Spalte der Tabelle sie die Wörter einordnen. Immer ein Wort mit langem und ein Wort mit kurzem Vokal finden sie auf den Seerosenblättern: *Rabe – Ratte; Lamm – Lama; Hütte – Hüte;* usw. Die Frage *„Was fällt dir auf?"* kann von den Schülern dahingehend beantwortet werden, dass der Vokal vor Doppelkonsonanten immer kurz gesprochen wird. Die verwendeten Zeichen – Strich für langen, Punkt für kurzen Vokal – kennen die Kinder evtl. noch vom Leselehrgang.

KV 19 ***Vokale und Konsonanten***
Viele Geheimschriften basieren auf fehlenden, vertauschten oder durch Zahlen ersetzten Konsonanten und Vokalen. Dies können die Schüler hier selbst ausprobieren.

Weitere Anregungen
- *Rätselwörter an die Tafel schreiben, bei denen jeweils Vokale oder Konsonanten fehlen*
- *Ratespiele, bei denen nach und nach aus erfragten Buchstaben Wörter zusammengesetzt werden (z.B. „Hängemännchen")*
- *Spielidee: Vorsicht, Vokale! Alle Teilnehmerinnen und Teilnehmer bilden einen Kreis. Ein Kind stellt sich in die Mitte. Es stellt nun einem der Kinder im Kreis eine Frage, z.B. „Ich mag kein u, was soll ich essen?" Das gefragte Kind muss nun eine Antwort geben und aufpassen, dass in dem Wort kein u vorkommt. Sagt es z.B. Suppe oder Pudding, hat es einen Fehler gemacht und muss in den Kreis. Das Spiel kann erschwert werden, indem zusätzlich noch ein oder zwei Konsonanten verboten werden. Ziel des Spieles ist es, möglichst nicht in den Kreis zu gelangen bzw. diesen möglichst bald wieder zu verlassen. Es gibt viele Möglichkeiten, das Spiel abzuwandeln, z.B. auch durch verschiedene Fragen: „Ich will jemanden besuchen, aber nicht mit e …"*

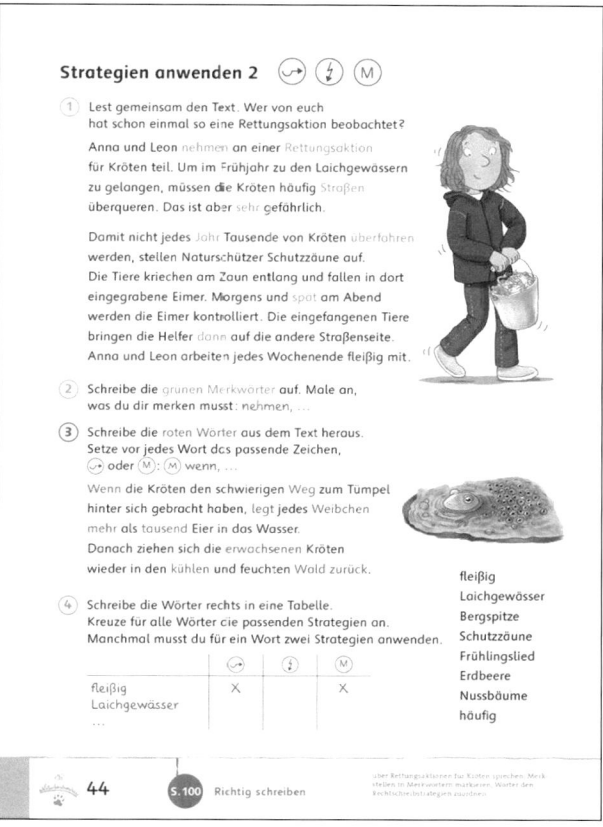

Aufgabe 1

Die Kinder lesen den Text zum Thema „Krötenrettung" und bringen in das Unterrichtsgespräch ihr Wissen und ihre Erfahrungen zu diesem Thema ein.

Gefährdete Amphibien

Aufgrund ihrer Frühjahrswanderungen zu den Laichgewässern sind Frösche, Kröten und auch Feuersalamander stark durch den Autoverkehr gefährdet. Auch offene Gullydeckel sind eine Todesfalle. Der drastische Bestandsrückgang der verschiedenen Amphibienarten und die teilweise Ausrottung sind in erster Linie jedoch durch die vielfältige Zerstörung der Laichgewässer bedingt:

- generelle Absenkung des Grundwasserspiegels,
- Trockenlegungen,
- Begradigungen von Bächen und Flüssen,
- chemische und organische Gewässerverschmutzung,
- Vermüllung und Vernichtung von für die Laichabgabe notwendigen Kleinstrukturen im Wasser.

Aufgabe 2

Die Kinder schreiben die grün hervorgehobenen Merkwörter ab und markieren Stellen, die für die Rechtschreibung wichtig sind. Auf diese Weise schärfen sie ihr Rechtschreibgespür.

Aufgabe 3

Die roten Wörter werden abgeschrieben und daraufhin untersucht, welche Rechtschreibstrategie auf sie jeweils anwendbar ist. Ein gemeinsames Rechtschreibgespräch mit der gesamten Lerngruppe kann hier sinnvoll sein.

Aufgabe 4

Vorgegebene Wörter werden hinsichtlich passender Rechtschreibstrategien untersucht, wozu eine Tabelle angelegt wird. Diese Aufgabe kann auch mit der gesamten Lerngruppe gemeinsam bearbeitet werden.

D Die Tabelle kann von den Kindern mit weiteren zu den Strategien passenden Wörtern gefüllt werden.

▶ *Jo-Jo Sprachbuch: Richtig schreiben, S. 100*

▶ *Jo-Jo Arbeitsheft, S. 22*

▶ *Jo-Jo Kopiervorlagen, Nr. 10*

Aufgabe 1

Die Kinder üben den Übungstext auf vielfältige Weise.

Aufgaben 2, 3 und 4

In diesen Aufgaben geht es darum, die auf Seite 44 wiederholten Rechtschreibstrategien auf Wörter aus dem Übungstext anzuwenden. Aufgabe 2: Mindestens 5 Merkwörter werden gesucht; Aufgabe 3: 5 Wörter, die man ableiten kann, werden mit der Ableitung aufgeschrieben; Aufgabe 4: Zu vorgegebenen Wörtern wird eine Verlängerung gesucht und aufgeschrieben.

Aufgabe 5

Die Kinder sollen im Übungstext vier Adjektive finden und sie in der Grundform und den beiden Vergleichsstufen aufschreiben. Der Übersichtlichkeit halber kann dazu auch eine Tabelle angelegt werden.

L Die Kinder können für das Lerntagebuch Verbotsschilder in ihrer Umgebung suchen und dazu jeweils höfliche Bitten formulieren, z. B.: Das Schild zeigt ein durchgestrichenes Fahrrad. Bedeutung: Fahrradfahren verboten! Höfliche Bitte: Bitte fahren Sie auf dem Schulhof nicht Fahrrad!

▶ *Jo-Jo Sprachbuch: Lernspuren, S. 17*

KV 20 *Schleichdiktat*   KV 21 *Diktatvorbereitung*

Vokale und Konsonanten

❶ Welche Buchstaben fehlen? Setze die fehlenden Vokale und Konsonanten ein.

D__r F__osch ste__t u__ter N__tursch__tz. Pit un__ Emma ha__en ein__ge

Kau__quapp__n gefan__en. Sie w__llen beo__achten, wi__ si__h darau__

Frösc__e entwic__eln. Emma h__t da__ür e__tra ein Aquar__um auf__estellt.

Si__ fülle__ es m__t Teich__asser und s__tzen die __aulquappen hi__ein.

❷ Vervollständige den Code der Geheimschrift. Schreibe die verschlüsselten Wörter auf.

1 B C D 2 F G H 3 _____

FR4SCHL13CH _____

L2B2NSR15M _____

T23CH _____   **N1T5RSCH5TZ** _____

❸ Vervollständige auch diesen Code und entschlüssele die Botschaft.
Verschlüssele anschließend selbst eine Botschaft mit diesem Code
und lasse sie von einem Partnerkind entschlüsseln.

A B C D E F _

↓ ↓

Z Y X W V U _

ZM VNNZ: DROOHG WF NVRMV UIVFMWRM HVRM?

_____

Eigene Botschaft:

_____

Frühlingsduft

Verbundübersicht

Jo-Jo Sprachbuch, Themenkapitel Seite 46–51	**Jo-Jo Sprachbuch, Kursteil** Seite 96, 120, 130 ⚀ ⚀ ⚀	**Jo-Jo Arbeitsheft** Seite 18, 42, 52 ⚀ ⚀ ⚀
Jo-Jo Arbeitsheft Fördern Seite 46–51	**Jo-Jo Kopiervorlagen** Nr. 8, 20, 25 ⚀ ⚀ ⚀	**Jo-Jo Lesebuch** Seite 96–105

Lerninhalte

Sprechen und Zuhören	einen Vorgang beschreiben; funktionsangemessen sprechen: informieren, Fachbegriffe benutzen (46)
Lesen – mit Texten und Medien umgehen	Arbeitsanweisungen lesen und verstehen (46–51); Sachtexte lesen und verstehen, in Texten gezielt Informationen finden (47) Dialoge vortragen (48); Texte genau lesen: Wortfamilien finden (50)
Schreiben (Texte verfassen)	mithilfe von Textvorgaben Funktionsweisen von Fahrradtechnik beschreiben; Handbremse und Dynamo (47) **Texte verfassen** SB (130), AH (52)
Schreiben (Richtig schreiben)	von eigenen Erlebnissen berichten; Wörter einzelner Wortfamilien finden und ordnen; Wortfamilien selbstständig zusammenstellen (50) **Richtig schreiben** SB (96), AH (18)
Sprache und Sprachgebrauch untersuchen	Gespräch mit verteilten Rollen lesen; Verben aus dem Wortfeld „sprechen" auswählen; Gespräch mit Redebegleitsatz und wörtlicher Rede notieren (48); verschiedene Stellungen des Redebegleitsatzes kennenlernen und im Textzusammenhang anwenden; Anführungszeichen richtig setzen (49) **Sprache untersuchen** SB (120), AH (42)

Vorüberlegungen

Die Jahreszeitenkapitel unterliegen der Progression im Schülerbuch, sind also nicht als isolierter Teil zu verstehen. Dennoch bilden sie, wie schon in den Bänden 2 und 3, einen eigenen Teil im Schülerbuch.

Das Sprachbuchkapitel „Frühlingsduft" rückt das Fahrrad, das meistens dann, wenn es wieder etwas wärmer wird, stärker genutzt wird, in den Mittelpunkt des Interesses. Die meisten Kinder haben vielfältige Erfahrungen mit dem Fahrradfahren und können auch Fachwissen hierzu einbringen. Sie wissen beispielsweise, was man braucht, um ein Fahrrad zu reparieren, und kennen verschiedene Fahrradtypen und Teile, die ein Fahrrad haben muss, um verkehrssicher zu sein. Sofern Kinder mit ihren Fahrrädern nicht nur im Straßenverkehr fahren, sondern auch Touren durch die Natur unternehmen, erleben sie jahreszeitliche Veränderungen bewusst. Für den Sachunterricht ergeben sich daher vielfältige Anknüpfungspunkte.

Ideen für fächerübergreifendes Arbeiten

Sachunterricht
- Orientierung auf einer Karte
- Naturräume wahrnehmen
- Wetterphänomene wahrnehmen, beschreiben und erklären (Wind, Regen, Hagel, Regenbogen etc.)
- wann ein Fahrrad verkehrssicher ist
- wie man ein Fahrrad wartet und repariert
- Radfahrprüfung, Verkehrsunterricht

Religion
- Ostern als christliches Fest, Bedeutung der Fastenzeit, Osterbräuche und ihre Herkunft

Kunst/Musik
- Basteln für das Osterfest
- Lied: Jo-Jo Lesebuch, S. 105: Europa-Fahrradsong

Zum Einsatz der Kapitelseiten

📖 **Seite 46**

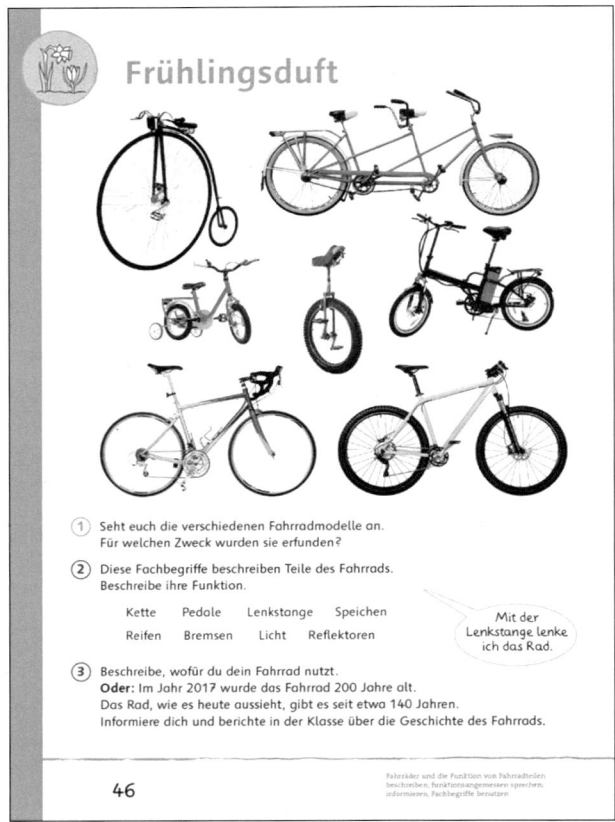

Die Sprachbuchseite zeigt verschiedene Fahrradmodelle. Im Unterrichtsgespräch können die Kinder ihr Vorwissen einbringen. Weltweit dürfte das Fahrrad eines der meistbenutzten Verkehrsmittel sein. Seine Erfindung und Entwicklung ermöglichte vielen Menschen Mobilität im Alltag. Zugleich war das Fahrrad auch immer ein Sportgerät. Schon früh wurden Radrennen veranstaltet: Seit 1896 sind Radrennen olympische Disziplin.

Aufgabe 1

Die Kinder betrachten zunächst die abgebildeten Räder und stellen Vermutungen zum Verwendungszweck an. Zumindest einige dürften allgemein bekannt sein und viele Kinder haben vermutlich auch Erfahrungen damit gemacht.

Fahrradmodelle:

Hochrad (1867) – als Sportgerät gedacht. Die Füße berühren den Boden nicht mehr, gebremst wird durch eine Schleifbremse mit Bremsschnur.

Tandem – Fahrrad mit Platz für zwei Personen, die meist hintereinandersitzen.

Elektrofahrrad (Pedelec, E-Bike, 1990) – Motorunterstützung, wenn sich die Pedale drehen.

Einrad – von Artisten und als Sportgerät benutzt; nur ein Punkt, das Rad, berührt den Boden; ständiges Balancieren ist erforderlich, um das Gleichgewicht zu halten.

Kinderrad mit Stützrädern – Stützräder suggerieren dem Kind Stabilität und Sicherheit, sodass es sich auf den Bewegungsablauf beim Fahrradfahren konzentrieren kann.

Rennrad (1903) – für den Straßenradsport konstruiert, besonders leichte Bauweise, sehr schmale Felgen und Reifen.

Mountainbike oder Geländefahrrad (1980) – Einsatz vor allem als Sportgerät, für unbefestigtes Gelände ausgerüstet, u. a. mit breiten, grobstolligen Reifen.

Aufgabe 2

Mithilfe der Fachbegriffe beschreiben die Kinder wichtige Teile des Fahrrads und ihre Funktion. Die Sprechblase gibt eine Formulierungshilfe. Auch wenn den Kindern für das tiefere Verständnis der Technik die entsprechenden Kenntnisse fehlen, sollte auf funktionsangemessenes Sprechen geachtet werden. Informationen zum Fahrrad allgemein sowie zur Funktionsweise verschiedener Teile sind z. B. hier zu finden: *www.Fahrradlexikon.de, www. wdrmaus.de/filme/Sachgeschichten, www.pedalpiraten.de*

Ⓓ Weitere Fachbegriffe rund um das Thema „Fahrrad" sammeln und Sätze bilden lassen.

Aufgabe 3

Die Kinder können nun beschreiben, wofür sie ihr Fahrrad nutzen. Das sollte zunächst mündlich geschehen, kann aber anschließend auch aufgeschrieben werden.

Die Oder-Aufgabe thematisiert die Geschichte des Fahrrads, das 1817 erfunden wurde. Für ihre Recherchen können die Kinder neben Sachbüchern auch das Internet nutzen, z. B. „Vom ‚Knochenschüttler' zum Rad für alle" – *www.kindernetz.de*). Meilensteine in der Entwicklung des Rades waren: die Laufmaschine (Freiherr von Drais, 1817), der Tretkurbelantrieb (Pierre Michaux, 1861/ 63), das Sicherheitsniederrad (John Kemp Starley, 1885) und der Luftreifen (Dunlop, 1888). Dazu kann auch eine Zeitleiste gestaltet werden.

Ⓓ Die Kinder erzählen von eigenen Erlebnissen bei Fahrradausflügen und schreiben sie auf.

▶ *Jo-Jo Lesebuch, S. 99*

Weitere Anregungen
- *ein Fantasie-Fahrrad erfinden und aufschreiben, was man damit tun kann bzw. wie es funktioniert*
- *Plakat mit Fahrradzeichnung und Fachbegriffen anlegen*

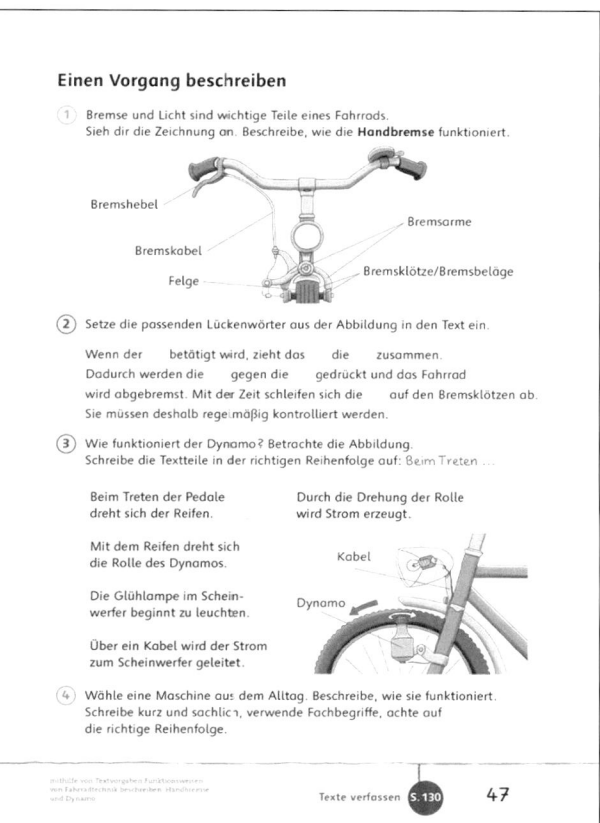

Wenn der Bremshebel *betätigt wird, zieht das* Bremskabel *die* Bremsarme *zusammen. Dadurch werden die* Bremsklötze *gegen die* Felge *gedrückt und das Fahrrad wird abgebremst. Mit der Zeit schleifen sich die* Bremsbeläge *auf den Bremsklötzen ab. Sie müssen deshalb regelmäßig kontrolliert werden.*

Aufgabe 3

Auch die Funktion des Dynamos kann im 4. Schuljahr als bekannt vorausgesetzt werden. Die Kinder können wieder – zunächst mündlich – den Vorgang beschreiben. Anschließend sollen die vorgegebenen Textteile in der richtigen Reihenfolge zu einer Beschreibung zusammengesetzt werden. Als Hilfe wird in jedem Satz ein Wort verwendet, das sich im folgenden Abschnitt wiederholt. Deshalb ist es wichtig, vorher alle Textteile zu lesen.

Beim Treten der Pedale dreht sich der Reifen. *Mit dem* Reifen *dreht sich die* Rolle *des Dynamos. Durch die Drehung der* Rolle *wird* Strom *erzeugt. Über ein Kabel wird der* Strom *zum Scheinwerfer geleitet. Die Glühlampe im* Scheinwerfer *beginnt zu leuchten.*

🅳 Weitere Vorgangsbeschreibungen rund ums Fahrrad: Reifen flicken, Fahrrad putzen, Verkehrssicherheit kontrollieren ...

Aufgabe 4

Die Kinder können nun selbst eine Maschine aus dem Alltag auswählen und ihre Funktion beschreiben. Geeignete Geräte oder Vorgänge können die Kinder selbst vorschlagen und gemeinsam besprechen, z.B. Patrone in Füller einsetzen, Glühlampe auswechseln, Popcorn-Maschine bedienen ... Zuvor sollten die Kriterien einer Vorgangsbeschreibung erarbeitet bzw. wiederholt werden: kurz, sachlich, richtige Reihenfolge, Fachbegriffe.

▶ *Jo-Jo Sprachbuch: Texte verfassen, S. 130*

▶ *Jo-Jo Arbeitsheft, S. 52*

▶ *Jo-Jo Lesebuch, S. 104*

▶ *Jo-Jo Kopiervorlagen, Nr. 25*

┌───┐
Weitere Anregung
- *Leistungsstarke Kinder können im Internet recherchieren, wie man einen Reifen flickt, ein Fahrrad putzt etc., z. B. auf www.pedalpiraten.de.*
└───┘

Einen Vorgang zu beschreiben, stellt für die Kinder sprachlich eine große Herausforderung dar, wird doch der Prozess als solcher (hier: das Bremsen) meist als Ganzes wahrgenommen, bei dem im Allgemeinen vor allem das Ergebnis interessiert. D. h. für eine Beschreibung muss der Vorgang zunächst in Einzelschritte zerlegt und diese unter Zuhilfenahme der Fachbegriffe möglichst genau beschrieben werden. Dies kann in Stichpunkten, als Aufforderung oder, wie hier, in Aussagesätzen geschehen. Dabei ist die Reihenfolge der einzelnen Schritte wichtig.

Aufgabe 1

Wohl alle Kinder haben beim Fahrradfahren schon einmal die Handbremse betätigt, der Vorgang als solcher kann also als bekannt vorausgesetzt werden. Die Kinder können zunächst im Plenum die Abbildung betrachten, die Fachbegriffe lesen und mit eigenen Worten beschreiben, wie die Handbremse funktioniert. Wenn die Zeichnung mittels Overheadprojektor oder Smartboard gezeigt wird, können die Teile farbig markiert werden.

Aufgabe 2

Der Lückentext, in den die Fachbegriffe eingesetzt werden, soll den Schülern helfen, den Vorgang schriftlich zu beschreiben. Gleichzeitig kann er als Vorbild für spätere Beschreibungen dienen (s. Aufgabe 4).

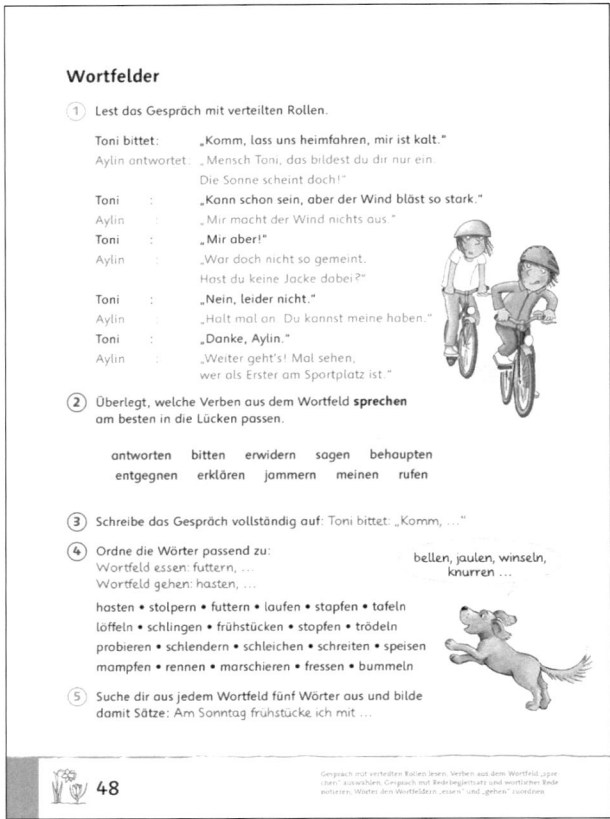

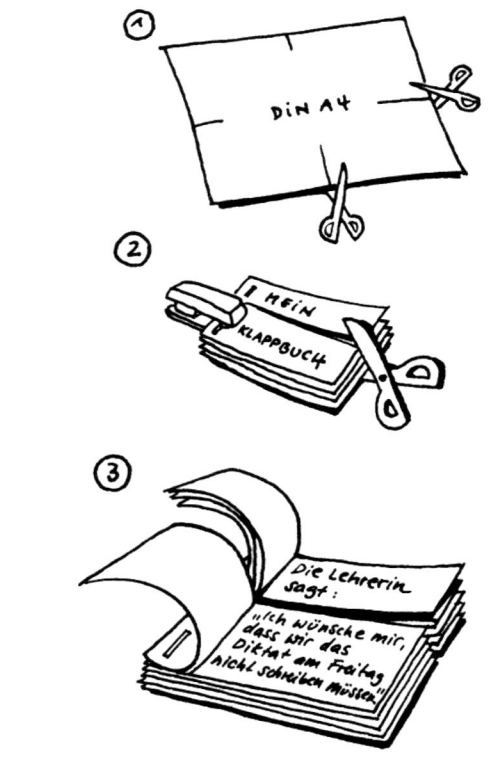

Wortfelder können eine wichtige Hilfe beim Verfassen von Texten sein, da sie vielfältiges Wortmaterial zum eigenen Schreiben zur Verfügung stellen. Auf dieser Sprachbuchseite arbeiten die Kinder mit dem Wortfeld *sprechen*. Da die Verben aus diesem Wortfeld für das Formulieren von Redebegleitsätzen wichtig sind, ist die Sprachbuchseite 48 eine gute Vorbereitung auf die folgende Sprachbuchseite mit dem Thema „Wörtliche Rede und Begleitsätze".

Aufgabe 1

Wenn die Kinder das Gespräch mit verteilten Rollen lesen, werden die Redebegleitsätze am Anfang zunächst weggelassen. Beim Lesen mit einem Partnerkind wird über die Intonation das Verständnis für die jeweils unterschiedlichen Arten des Sagens vorbereitet. Die Kinder lesen lauter und leiser, sprechen langsamer und schneller. Verschiedene Paare können den Text lesen. Die Klasse kann dann darüber entscheiden, wer den Text aus welchen Gründen am überzeugendsten vorgetragen hat.

Aufgabe 2

Im folgenden Gespräch diskutieren die Kinder in Partner- oder Gruppenarbeit, welche Verben ihrer Meinung nach am besten in die Lücken passen. Es gibt mehrere Möglichkeiten.

Aufgabe 3

Nach dem Lesen des Textes erfolgt nun schriftlich das Einsetzen der passenden Verben für *sagen*. Die Redebegleitsätze sind im Beispiel jeweils vorangestellt und leiten die wörtliche Rede ein. Auf den Doppelpunkt und die Redezeichen ist zu achten.

Aufgabe 4

Den Wortfeldern *essen* und *gehen* sollen vorgegebene Wörter zugeordnet werden.

Aufgabe 5

Die Kinder können jeweils fünf Verben aus jedem Wortfeld aussuchen und Sätze damit bilden. Es bietet sich an, die Sätze anschließend vorzulesen und mit den Kindern zu besprechen, welche Sätze die jeweilige Bedeutung des gewählten Verbs besonders gut ausdrücken, z. B.: *Weil Dani auf dem Schulweg trödelt, kommt sie zu spät zum Unterricht.*

Weitere Anregung

- *Die Kinder stellen ein Klappbüchlein her und schreiben auf die einzelnen Seiten verschiedene Rede- und Redebegleitsätze. Dabei steht der Redebegleitsatz immer auf der oberen, der Redesatz auf der unteren Seitenhälfte. Werden diese später willkürlich aufgeschlagen, können lustige Sätze entstehen.*

Die Kinder kennen bereits aus der dritten Klasse die wörtliche Rede mit dem vorangestellten Begleitsatz. Im vierten Schuljahr kommen nun auch der nachgestellte und der eingeschobene Redebegleitsatz mit den entsprechenden Redezeichen dazu.

Wörtliche Rede und ihre Zeichensetzung

- Satzzeichen, die zum wörtlich Wiedergegebenen gehören, setzt man vor das abschließende Anführungszeichen.
- Satzzeichen, die zum Begleitsatz gehören, setzt man nach dem abschließenden Anführungszeichen.
- Sowohl die direkte Rede als auch der Begleitsatz behalten ihre Ausrufe- oder Fragezeichen.
- Beim angeführten Satz wird der Schlusspunkt weggelassen, wenn er am Anfang oder in der Mitte des Ganzsatzes steht.
- Beim Begleitsatz wird der Schlusspunkt weggelassen, wenn der angeführte Satz oder ein Teil von ihm am Ende des Ganzsatzes steht. Folgt nach dem angeführten Satz der Begleitsatz oder ein Teil von ihm, setzt man nach dem abschließenden Anführungszeichen ein Komma.
- Ist der Begleitsatz in den angeführten Satz eingeschoben, schließt man ihn mit Kommas ein.

Aufgabe 1

Die Kinder lesen den Gesprächsanfang und benennen, wo sich die Redebegleitsätze befinden. Einer ist am Anfang, einer am Schluss des Satzes zu finden, einer ist eingeschoben. Mündlich können weitere Beispielsätze genannt werden.

Aufgabe 2

Beim Abschreiben wird die Aufmerksamkeit auf die Redebegleitsätze und die Redezeichen gelenkt, die auch unterstrichen bzw. farbig markiert werden können. Oft werden die Redezeichen am Schluss der wörtlichen Rede vergessen, daher ist das Markieren hilfreich.

D Die Kinder können den gelben Merkkasten ins Heft schreiben und nach dem Schema der Beispielsätze weitere Sätze notieren. Ein Partnerkind sollte die Sätze kontrollieren.

Aufgabe 3

Das Gespräch zwischen Simon und seiner Mutter über das neue Fahrrad wird fortgesetzt. Die Kinder schreiben den Dialog ab und ergänzen dabei die fehlenden Redezeichen. Die Redebegleitsätze werden anschließend unterstrichen.

D Schwächeren Kindern hilft es, wenn sie Sätze mit den Satz- und Redezeichen legen können. Dazu kann die Lehrkraft am Computer Sätze in großer Schrift schreiben und mehrfache Kärtchen für die Satz- und Redezeichen anlegen – am besten in zwei verschiedenen Farben.

Aufgabe 4

Bei dieser anspruchsvollen Aufgabe wird erneut die Zeichensetzung bei der wörtlichen Rede geübt. Je nach Leistungsvermögen können die Schüler dabei eine, zwei oder alle drei Varianten der Platzierung eines Redebegleitsatzes verwenden. Gemeinsam können die Kinder mögliche Themen suchen, z. B. Greta möchte am Computer spielen – ihr Vater ist dagegen. / Bertil soll seinen kleinen Bruder auf den Spielplatz mitnehmen – sein Freund möchte das aber nicht.

KV 22 *Wörtliche Rede*
Aus einem Comic machen die Kinder einen Dialog mit Redebegleitsätzen.

▶ *Jo-Jo Sprachbuch: Sprache untersuchen, S. 120*

▶ *Jo-Jo Arbeitsheft, S. 42*

▶ *Jo-Jo Kopiervorlagen, Nr. 20*

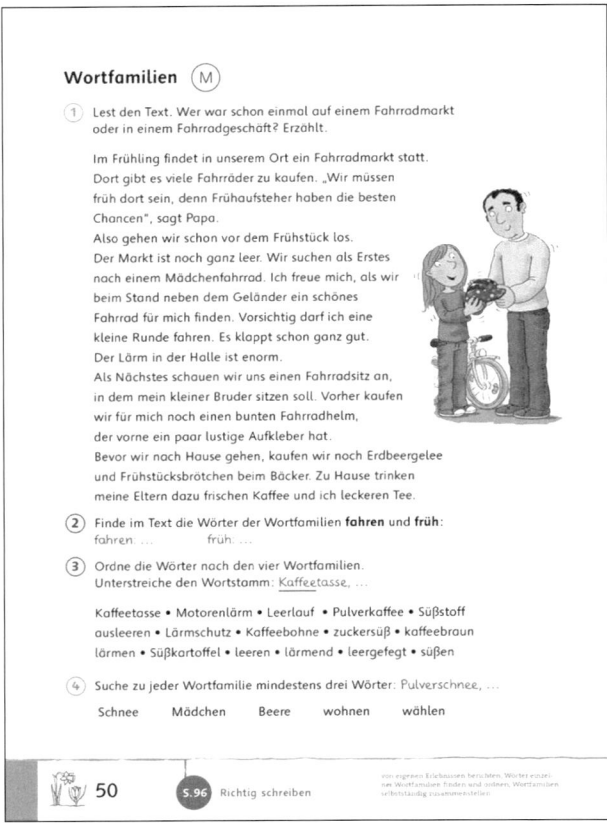

Die Sprachbuchseite 50 stellt die „Wortfamilien" in den Mittelpunkt.

Wortfamilien

Unter einer „Wortfamilie" versteht man eine Gruppe von Wörtern, die eine gemeinsame etymologische Wurzel haben und nach Herkunft und Bedeutung zusammengehören. Alle Wörter, die von ein und demselben Wortstamm abgeleitet sind, gehören in eine Wortfamilie. Die Arbeit mit Wortfamilien ist nützlich für das Rechtschreiblernen, weil die Kinder sich Wortstämme und ihre Schreibung einprägen. Und ist ein Wortstamm rechtschreiblich gesichert, lässt sich gleich eine Vielzahl von Wörtern richtig schreiben. Die Arbeit mit Wortfeldern ist jedoch auch nützlich, um den Wortschatz zu bereichern. Wenn die Kinder mit Wortfamilien arbeiten, können sie ihren Wortschatz wiederholen, vertiefen und erweitern.

Aufgabe 1

Der erzählende Text über einen Besuch auf einem Fahrradmarkt soll zunächst dazu anregen, von eigenen Erlebnissen zu erzählen. Das kann mit der gesamten Lerngruppe geschehen.

Aufgabe 2

Die Kinder suchen im Text die Wörter der Wortfamilien *fahren* und *früh*. Leistungsstarke Kinder finden über den Text hinaus weitere passende Wörter.

Aufgabe 3

Vorgegeben sind in ungeordneter Form Wörter aus den vier Wortfamilien: *Kaffee, Lärm, leer, süß*. Diese sollen nun schriftlich nach Familien geordnet werden. Die Kinder haben meist Freude daran, Wortfamilien in bunte „Hausformen" zu schreiben und daraus eine ganze Straße zu kleben.

Aufgabe 4

Zu jedem der Wörter finden die Kinder je nach Leistungsvermögen drei oder mehr verwandte Wörter. In Partnerarbeit werden die Ergebnisse verglichen.

▶ *Jo-Jo Sprachbuch: Richtig schreiben, S. 96*

▶ *Jo-Jo Arbeitsheft, S. 18*

▶ *Jo-Jo Kopiervorlagen, Nr. 8*

Aufgabe 1

Der Übungstext knüpft inhaltlich an das Thema „Radfahren" an.

Aufgabe 2

Die Kinder bilden mit drei Wortstämmen je vier neue Wörter. Dabei müssen sie speziell auf die Groß- bzw. Kleinschreibung achten: *Obstsalat, Obstsaft, Steinobst, Obstkuchen / Großvater, großartig, Großstadt, Großbuchstaben / Verkehrslärm, Verkehrsampel, Verkehrsschild, Straßenverkehr.* Der Wortstamm kann jeweils unterstrichen werden.

Aufgabe 3

Die Kinder schreiben das Gespräch mit den Redebegleitsätzen ab und überlegen dabei, welches der im Infinitiv vorgegebenen Verben in der 3. Person Singular in den jeweiligen Redebegleitsatz passt. Auch die Satzzeichen müssen gesetzt werden.

L Die Kinder können Wörter zu einer vorgegebenen oder frei gewählten Wortfamilie sammeln, z. B. *Glück, schnell, finden …*

▶ *Jo-Jo Sprachbuch: Lernspuren, S. 14, 18*

KV 23 *Schleichdiktat*   KV 24 *Diktatvorbereitung*

Zum Einsatz der Kapitelseiten

 **Seite 52**

Die Auftaktseite stellt den Kindern anhand der Abbildung eine Aufführung mit dem Stehauf-Theater vor. Diese bezieht sich auf das Theaterstück Schneewittchen, dessen Text auf den Seiten 54/55 vorgestellt wird.

Aufgabe 1

Die Schüler betrachten die Abbildung und beschreiben die Situation: Kinder, die sich hinter einem Vorhang befinden, spielen anderen etwas vor. Sie tragen verschiedenartige Kopfbedeckungen, aber sonst bis auf einen Umhang keine Kostüme und halten Blätter in den Händen. Ein Kind steht – vielleicht die Ansagerin oder Erzählerin? Die Kinder können vermuten, wie das Theaterspiel vor sich geht.

Aufgabe 2

Die Kinder können nun ihr Fachwissen einbringen, indem sie gemeinsam die Begriffe klären und unbekannte Fachbegriffe im Internet oder Lexikon nachschlagen. Sicher werden die Kinder auch eigene Erlebnisse und Gedanken dazu erzählen wollen, gerade zu solchen, die mit Emotionen verbunden oder für die Kinder besonders wichtig sind, z. B. Lampenfieber oder Kostüme. Es bleibt dann der Lehrkraft überlassen, wie viel Raum sie diesen Erzählungen einräumt oder ob sie die Kinder auf Aufgabe 3 verweist.

D Die Begriffserklärungen können in Form von Lexikoneinträgen auch schriftlich an der Tafel festgehalten werden. Dann kann diese spezielle Form des Notierens in Stichworten erarbeitet bzw. geübt werden.

Aufgabe 3

Im vierten Schuljahr haben viele Kinder schon einmal bei einem Theaterspiel mitgemacht. Davon können sie nun erzählen. Die Oder-Aufgabe knüpft an individuelle Theatererlebnisse an.

Seite 53

Diese Seite liefert zum einen mehr Informationen zu dem auf der Auftaktseite abgebildeten Geschehen, zum anderen hilft sie bei der Vorbereitung einer eigenen Aufführung, wenn die Klasse sich dazu entschlossen hat. Anhand der Abbildung auf Seite 52 können die Kinder die Funktion der Hinweise jeweils überprüfen.

Aufgabe 1

Die Kinder lesen zunächst die Hinweise und sprechen darüber.

Als *Bühne* dient ein großes Bettlaken oder eine Decke, die zwischen zwei Ständern aufgespannt ist. Es kann auch ein Seil gespannt und die Decke darüber gehängt werden. Das Laken kann bemalt, eingefärbt oder mit Buttons, Stickern oder ausgeschnittenen Formen aus Pappe dekoriert werden. Auch ein Schriftzug mit dem Titel des Theaterstücks ist denkbar.

Die *Schauspieler/Schauspielerinnen* sitzen hinter dem Bettlaken und stehen nur auf, wenn sie sprechen oder singen. Die Person, die erzählt, kann hinter, neben oder vor dem Vorhang stehen.

Durch *Musik* und *Geräusche* kann das Theaterstück lebendiger gestaltet werden. Kinder, die nicht so gerne mitspielen oder sprachliche Schwierigkeiten haben, können z. B. diesen Part übernehmen.

Die *Kostüme* beschränken sich auf die Kopfbedeckungen, die natürlich auch typisch für die Rolle sein sollten, z. B. der Jägerhut für den Jäger. Es macht aber auch Spaß, einfache Kopfbedeckungen, wie z. B. Zipfelmützen für die Zwerge, aus Filz selbst zu basteln oder Gesichtsmasken aus Pappe herzustellen.

Aufgabe 2

Die Aufgabe verweist die Kinder auf die folgenden Seiten, wo ein Theaterstück sozusagen „spielbereit" abgedruckt ist. Alternativ kann es – vergrößert – mithilfe der folgenden KV 25 a–c vorbereitet werden.

KV 25 *Schneewittchen: Ein Stehauf-Theaterstück*

Name:	Datum:	Klasse:

Schneewittchen: Ein Stehauf-Theaterstück

❶ Male die Texte und Regieanweisungen für deine eigene Rolle farbig an.
Du kannst dich dabei an den Farben im Sprachbuch orientieren.
Alternative: Kreuze die Texte für deine eigene Rolle an.

TIPP: Du kannst dir auch Zeichen ausdenken, mit denen du im Text anzeigst,
wie der Text klingen soll, wenn du ihn sprichst (laut/leise, erschrocken/erfreut …).

(Alle Schauspieler stellen sich vor und stehen dabei auf.)

☐ Ich bin der Erzähler.   ☐ Ich bin die Königin.

☐ Ich bin der Spiegel.   ☐ Ich bin das Schneewittchen.

☐ Ich bin der Jäger.   ☐ Wir sind die Zwerge.

☐ Ich bin der Königssohn.

☐ Ihr kennt doch die Königin, Schneewittchens böse Stiefmutter?
Sie möchte immer die Schönste sein.

☐ Spieglein, Spieglein, an der Wand, wer ist die Schönste im ganzen Land?

☐ Frau Königin, Ihr seid die Schönste hier,
aber Schneewittchen ist tausendmal schöner als Ihr.

☐ Deshalb beauftragte die Stiefmutter ihren Jäger,
Schneewittchen im Wald zu töten.

☐ Ach, lieber Jäger. Habt doch Mitleid und lasst mir mein Leben.

☐ Na gut. Dann lauf in den Wald und komme nie wieder heim.

☐ So entkam Schneewittchen dem Tode. Im tiefen Wald fand sie
ein Häuschen, in dem alles winzig klein war. Sie ging hinein.
(kleine Pause) Am Abend kamen die Zwerge nach Hause.

☐ *(Zwerg 1)* Wer hat auf meinem Stühlchen gesessen?

☐ *(Zwerg 2)* Wer hat von meinem Tellerchen gegessen?

☐ (*Zwerg 3*) Wer hat von meinem Brötchen genommen?

☐ Ja gut, ihr wisst, was die anderen Zwerge noch gesagt haben, das können wir uns hier sparen.

☐ (*alle Zwerge*) Und wer hat in unseren Bettchen gelegen?

☐ (*Zwerg 4*) Ach herrje! Schaut hier in meinem Bettchen.

☐ (*Zwerg 5*) Oh! Wie ist das Kind so schön.

☐ Als es Morgen war, erwachte Schneewittchen und als es die sieben Zwerge sah, erschrak es fürchterlich.

☐ Zu Hilfe! Wer seid denn ihr?

☐ (*Zwerg 6*) Wer bist denn du?

☐ (*alle Zwerge*) Ja, wo kommst du denn her?

☐ Schneewittchen erzählte ihre Geschichte und die sieben Zwerge schmolzen dahin wie die Eisberge in Grönland.

☐ (*Zwerg 7*) Bleib doch bei uns.

☐ Ja, von Herzen gern. Ich will euch im Haus helfen.

☐ Und so lebten sie eine Zeit lang glücklich und zufrieden. Aber ihr wisst ja. Der Spiegel kam wieder ins Spiel.

☐ Spieglein, Spieglein, an der Wand, wer ist die Schönste im ganzen Land?

☐ Frau Königin, Ihr seid die Schönste hier, aber Schneewittchen über den Bergen bei den sieben Zwergen ist noch tausendmal schöner als Ihr.

☐ Das machte die böse Königin sehr wütend. Drei Mal ging sie verkleidet zum Haus der Zwerge und versuchte Schneewittchen umzubringen. Wisst ihr noch, womit sie es beim ersten Mal versuchte?

☐ (*Königin hält einen Gürtel hoch, Publikum soll antworten*)

☐ Was benutzte sie beim zweiten Mal?

☐ *(Königin hält einen Kamm hoch, Publikum soll antworten)*

☐ Und das passierte beim dritten Mal:

☐ Schau, Schneewittchen, schau, dieser wunderschöne Apfel. *(beißt hinein)*

☐ Nein, die Zwerge haben mir verboten, von Fremden irgendetwas anzunehmen.

☐ Aber Schneewittchen. Der ist doch 100 Prozent Bio.

☐ Ach so, Bio. Dann kann er mir ja nicht schaden.

☐ *(beißt hinein und sinkt in sich zusammen)*

☐ Hahaha! *(lacht grauenvoll und hämisch)*

☐ Ich muss euch nicht erzählen, wie traurig die Zwerge waren, als sie abends nach Hause kamen und das leblose Schneewittchen fanden.

☐ *(Alle Zwerge kommen abwechselnd hoch, weinen und heulen durcheinander.)*

☐ Und weil Schneewittchen trotzdem noch so wunderschön war, legten sie es in einen gläsernen Sarg und bewachten es Tag und Nacht. Ihr kennt das Happy End: Eines Tages kam ein Königssohn angeritten und verliebte sich unsterblich in Schneewittchen.

☐ *(deutet Reiten an)* Oh, ach! Wie schön sie ist. Ich will sie mitnehmen.

☐ Aber die dusseligen Diener – sie stolperten mit dem Sarg über einen Stein. Da geschah das Wunder: Das giftige Apfelstück fiel aus Schneewittchens Mund und sie war wieder lebendig.

☐ Willst du meine Gemahlin werden?

☐ Ja! *(Beide schauen sich verliebt an.)*

Freizeit

Verbundübersicht

Jo-Jo Sprachbuch, Themenkapitel Seite 56–61	Jo-Jo Sprachbuch, Kursteil Seite 92, 122, 144 🎲 🎲 🎲	Jo-Jo Arbeitsheft Seite 14, 44, 66 🎲 🎲 🎲
Jo-Jo Arbeitsheft Fördern Seite 56–61	Jo-Jo Kopiervorlagen Nr. 6, 21, 32 🎲 🎲 🎲	Jo-Jo Lesebuch Seite 118–129

Lerninhalte

Sprechen und Zuhören	zu anderen Meinungen Stellung nehmen; eigene Wünsche und Vorstellungen treffend begründen (56)
Lesen – mit Texten und Medien umgehen	Arbeitsanweisungen lesen und verstehen (56–61); Sach- und Gebrauchstexte kennen: Diagramme (57); Texte genau lesen: Merkwörter einsetzen (60)
Schreiben (Texte verfassen)	einem Diagramm Informationen entnehmen; eine Umfrage machen: eigene Meinung äußern und zu anderen Meinungen Stellung nehmen (57) **Texte verfassen** SB (144), AH (66)
Schreiben (Richtig schreiben)	Lückenwörter passend in einen Text einsetzen; nach semantischen Kriterien das richtige Merkwort auswählen (60) **Richtig schreiben** SB (92), AH (14)
Sprache und Sprachgebrauch untersuchen	Besonderheiten von Werbeanzeigen untersuchen (Bilder, Texte); typische Werbewörter (z. B. aus der englischen Sprache) sammeln; Werbewörter erfinden (58); aus einer Wörtersammlung Adjektive auswählen und Werbeprodukten zuordnen; Schreibhilfen für eigene Werbesprüche nutzen; Adjektive mit den Wortbausteinen -lich, -ig, -isch, -los bilden (59) **Sprache untersuchen** SB (122), AH (44)

Vorüberlegungen

Wünsche der Kinder, Werbung und Freizeit im Sinne von nicht verplanter Zeit bilden den Schwerpunkt dieses Kapitels. Dabei haben die Kinder vielfach die Möglichkeit, ihre Meinung zu äußern und Stellung zu nehmen, z. B. dann, wenn es um Freizeitaktivitäten geht.

Wünsche und Freizeitmöglichkeiten sind oft durch Werbung beeinflusst, daher nimmt in diesem Kapitel der Bereich Werbung einen großen Raum ein. Die Kinder untersuchen Beispiele typischer Werbesprache, auch aus der englischen Sprache, und reflektieren, wie Werbung funktioniert. Sie erfahren dadurch auch, wie sehr sie selbst der Verführung durch Werbung ausgesetzt sind. In Zeiten, in denen oft nicht der tatsächliche materielle bzw. ideelle Wert oder praktische Nutzen eines Produkts, sondern der Markenname an erster Stelle steht, ist es wichtig, dass die Kinder das Prinzip von Werbung und „Verführung" erkennen.

Ideen für fächerübergreifendes Arbeiten

Sachunterricht
- Werbung und ihre Methoden, eigene Werbeanzeigen

Kunst / Musik
- Collagen aus Katalogmaterial herstellen
- Musik in der Werbung anhören und reflektieren
- Werbespots für Radio oder Fernsehen gestalten

Religion / Ethik
- teilen und verzichten lernen
- verantwortungsvoller Umgang mit den Ressourcen

Mathematik
- Diagramme und Tabellen lesen und interpretieren

Fremdsprachenunterricht
- englische Begriffe in der Werbung

Zum Einsatz der Kapitelseiten

📖 **Seite 56**

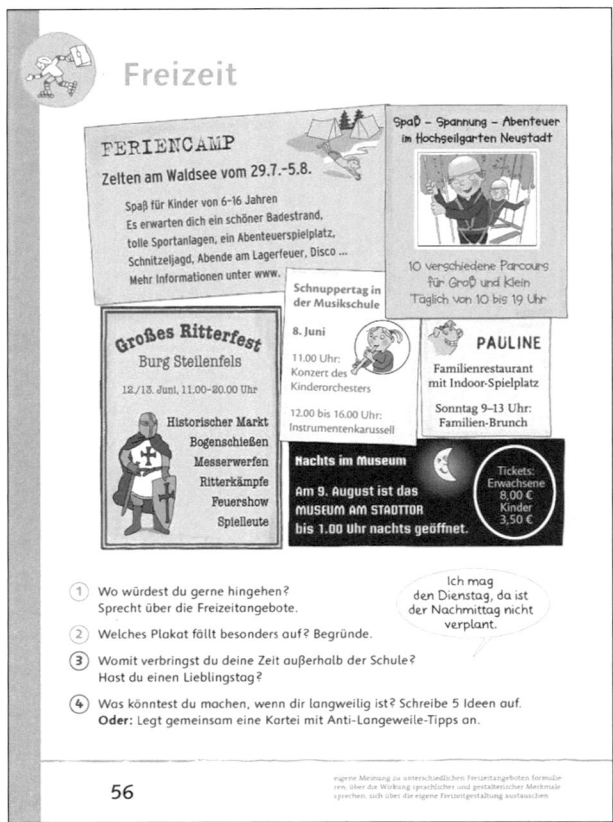

Der Einstieg in das Thema „Freizeit" erfolgt anhand der Illustration mit verschiedenen Plakaten, die auf verschiedene für Kinder attraktive Freizeitangebote hinweisen. Sie beziehen sich jeweils auf Unternehmungen, die man meist mit der Familie oder mit Freunden und in Gruppen unternimmt. Zwar wird vielen Kindern heute ein abwechslungsreiches Freizeitangebot gemacht, manche sind aber aus wirtschaftlichen oder sozialen Gründen mehr oder weniger davon ausgeschlossen. Dies gilt es bei der Bearbeitung des Themas zu bedenken. Außerdem wird der Begriff „Freizeit" oftmals von Kindern und Erwachsenen verschieden definiert: Während für Eltern und Lehrer als Freizeit die Zeit nach der Schule verstanden wird, in der das Kind zum Musikunterricht, zum Reiten oder in den Sportverein geht, betrachten Kinder diese Zeit oft als verplant, als Pflicht anderer Art, und deshalb nicht als frei im eigentlichen Sinne. Dabei steht außer Frage, dass Kinder diese „freie Zeit" zur gesunden Entwicklung brauchen.

Aufgabe 1

Anknüpfend an die in der Illustration dargestellten Freizeitangebote tauschen sich die Kinder darüber aus, welches Angebot sie bevorzugen würden. Ggf. kann die Lehrkraft auch Fragen nach dem Warum der Auswahl stellen. Mögliche Gründe z. B.: Das kann ich mit Freun-

den machen. / Da kann ich mit meiner Familie hingehen. / Das kenne ich aus dem Fernsehen. / Ein Freund von mir war schon mal da …

Im Rahmen der Arbeit mit der Sprachbuchseite können auch nochmals die Gesprächsregeln Beachtung finden.

Aufgabe 2

Die Aufgabe fordert die Kinder dazu auf, die Plakate genauer anzuschauen und zu begründen, welches sie besonders anspricht. Das Thema „Werbung" fließt dabei bereits ein: Welches Plakat ist besonders informativ? Erfahre ich das, was für mich wichtig ist, z. B. die Öffnungszeiten, die Preise? Welche Versprechungen werden gemacht? Wie sind die Plakate gestaltet?

Aufgabe 3

Die Kinder nennen ihre Beschäftigungen in der Zeit außerhalb der Schule und ihren Lieblingstag. Dies kann z. B. der Tag sein, an dem man nachmittags gar nichts vorhat und frei spielen kann. Es kann aber auch der Tag mit dem Fußballtraining oder dem Gitarrenunterricht sein. Bei Begründungen mit durch *weil* eingeleiteten Nebensätzen, sollte die Lehrkraft darauf achten, dass die Kinder das finite Verb im Nebensatz ans Ende setzen, also statt „ …, *weil dann kann ich mit Otello reiten*" muss es heißen: „ …, *weil ich dann mit Otello reiten kann.*"

Aufgabe 4

Da manche Kinder berichten, es sei ihnen „langweilig" gewesen, regt die Oder-Aufgabe dazu an, eine Anti-Langeweile-Kartei zusammenzustellen. So wird ihnen bewusst, wie viele Möglichkeiten der attraktiven, sinnvollen und oft auch preiswerten Freizeitgestaltung es gibt.

▶ *Jo-Jo Lesebuch, S. 118/119, 125*

> **Weitere Anregung**
> * *Plakat zu Gesprächsregeln gestalten, z. B.:*
>   *Gesprächsregeln*
>   ➤ *Wir hören gut zu und sind leise.*
>   ➤ *Es redet nur eine Person.*
>   ➤ *Wir machen keinen Quatsch und nehmen unsere Gesprächspartner ernst.*
>   ➤ *Wir sprechen laut und deutlich.*
>   ➤ *Wir melden uns, wenn wir etwas sagen möchten.*
>   ➤ *Wir geben ein Zeichen, wenn wir etwas ergänzen möchten.*
>   ➤ *Wir schauen unsere Gesprächspartner an.*
>   *Ziele der Gesprächsführung sollten sein, sich frei zu äußern und auch anderen Mut dazu zu machen, den eigenen Beitrag ggf. zurückzustellen, die eigenen Äußerungen auf vorangegangene Äußerungen zu beziehen und sich auf faire Weise mit anderen auseinanderzusetzen.*

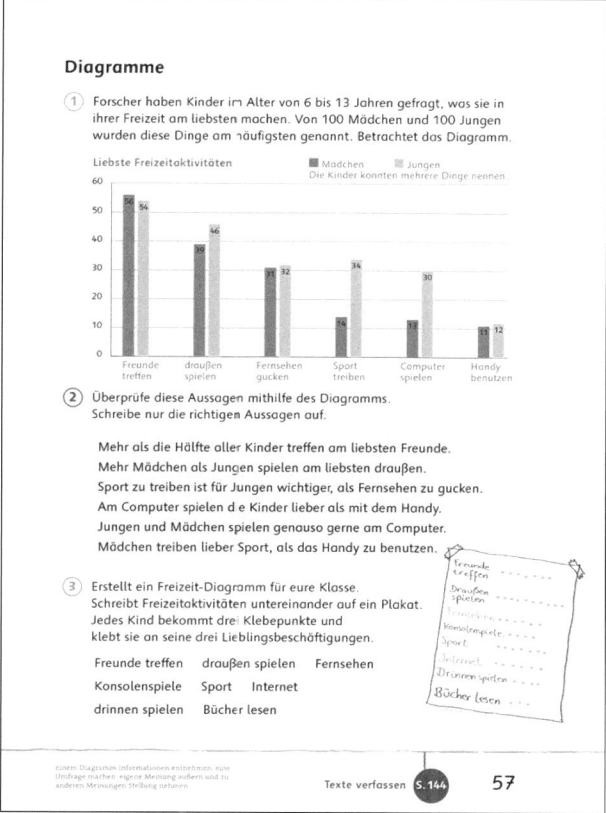

Im Mittelpunkt dieser Seite steht ein Diagramm zur Freizeitgestaltung von Kindern, das auf den Ergebnissen der KIM-Studie 2016 (*www.mpfs.de/fileadmin/files/Studien/KIM/2016/KIM_2016_Web-PDF.pdf* – S. 13) beruht.

Den Lehr- und Rahmenplänen der verschiedenen Bundesländer liegt ein weiter Textbegriff zugrunde, der sowohl kontinuierliche als auch diskontinuierliche Texte einbezieht. Unter dem Begriff „diskontinuierliche" oder „nicht lineare Texte" werden in der didaktischen Literatur u. a. Diagramme, Tabellen, Schaubilder und schematische Darstellungen zusammengefasst. Der Umgang mit diskontinuierlichen Texten gehört mit zu den wichtigsten Kernkompetenzen im Bereich Lesen. Es ist wichtig, dass die Kinder den Informationsgehalt derartiger Texte schnell erkennen und ggf. gezielt für die weitere Arbeit nutzen. An den weiterführenden Schulen werden solche Diagramme und Schaubilder nach und nach komplexer werden.

Aufgabe 1

Die Kinder haben sich bereits im Zusammenhang mit der Sprachbuchseite 56 über ihre bevorzugten Freizeitaktivitäten ausgetauscht. Das hier dargestellte einfache Balkendiagramm beruht auf der Befragung von je 100 Mädchen und Jungen. Die Kinder betrachten das Diagramm und lesen und klären zunächst gemeinsam die Angaben, z. B.:

- Was bedeuten die Zahlen 0 bis 60?
- Wie viele Kinder sind „die Hälfte"?
- Welche Farbe ist den Mädchen bzw. den Jungen zugeordnet?

Anschließend können die Kinder – auch als Vorbereitung für Aufgabe 2 – dazu Sätze formulieren (z. B.: *Von hundert Jungen spielen 46 gerne draußen.*).

Aufgabe 2

Richtig sind gemäß Diagramm folgende Aussagen:
Mehr als die Hälfte aller Kinder treffen am liebsten Freunde.
Sport zu treiben ist für Jungen wichtiger als Fernsehen zu gucken.
Am Computer spielen die Kinder lieber als mit dem Handy.
Mädchen treiben lieber Sport, als das Handy zu benutzen.

D Die Kinder formulieren selbst schriftlich Aussagen zum Diagramm und lassen ein Partnerkind prüfen, ob sie stimmen oder nicht.

Aufgabe 3

Ein Freizeitdiagramm für die eigene Klasse zu erstellen, ist ein motivierendes Ziel für die Kinder. Die einzelnen Rubriken für die Befragung sind auf der Sprachbuchseite vorgegeben. Mithilfe bunter Klebepunkte kann mit einfachen Mitteln die Grundlage für ein Diagramm, z. B. ein Balkendiagramm, erhoben werden. Das Freizeitdiagramm sollte im Anschluss auch besprochen werden: Welche Informationen können wir daraus entnehmen? Haben wir die Ergebnisse in dieser Form erwartet? Was ist ggf. überraschend?

Derartige Diagramme, die mit der Klasse gemeinsam erstellt wurden, können auch ein Erinnerungsbuch an die Grundschulzeit bereichern.

▶ *Jo-Jo Sprachbuch: Texte verfassen, S. 144*

▶ *Jo-Jo Arbeitsheft, S. 66*

▶ *Jo-Jo Lesebuch, S. 122/123, 126/127*

▶ *Jo-Jo Kopiervorlagen, Nr. 32*

> **Weitere Anregungen**
> - *gemäß der Bestandsaufnahme in der Klasse ein Balkendiagramm zu Medien im Kinderzimmer oder zu Wünschen erstellen*
> - *besprechen, welche Schaubilder und Diagramme wir noch aus unserem Alltag kennen und ggf. Beispiele zusammentragen (Bundesliga-Ergebnisse, Ranglisten, Wochenpläne etc.)*
> - *Ergebnisse eines Kreisdiagramms als Balkendiagramm darstellen und umgekehrt*

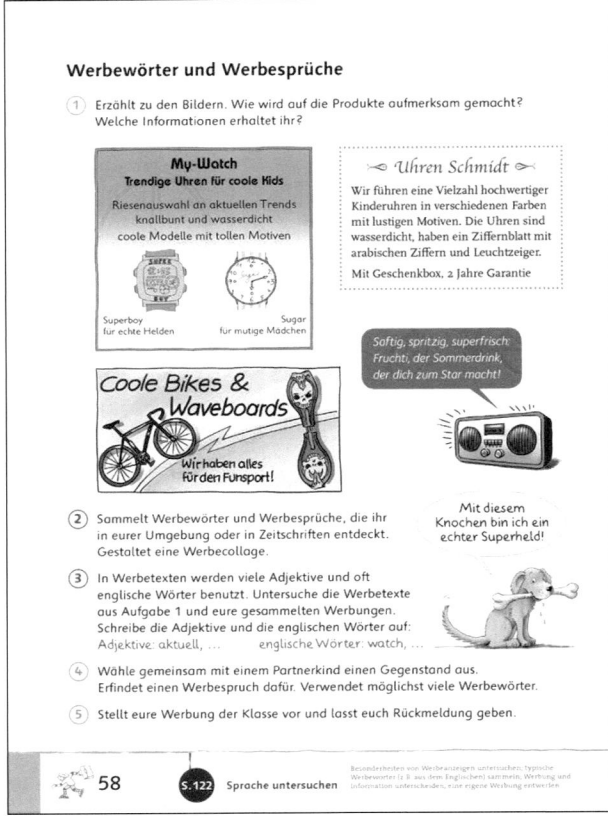

z. B. *Flyer, Radiowerbung, Litfaßsäulen, Internetwerbung, Postwurfsendung etc.*

Aufgabe 2

Aus mitgebrachten Werbesprüchen, Prospekten und Zeitungen soll nun eine Collage mit Werbesprüchen und besonderen Werbewörtern gestaltet werden. Es bietet sich an, in Gruppen auf großformatigem Tonkarton zu arbeiten. Jede Gruppe stellt nach Beendigung der Arbeiten ihre Collage vor und erläutert, welche Werbesprüche sie gefunden hat und was ihr bei der Arbeit aufgefallen ist. Auch die Schriftgestaltung kann gemeinsam reflektiert werden. Den Kindern kann beispielsweise auffallen, dass die Farben Rot und Gelb als Signalfarben in der Werbung eine wichtige Rolle spielen. Aus den Gruppenarbeiten kann schließlich eine große Wandzeitung oder eine Ausstellung in der Aula entstehen.

Aufgabe 3

Die Aufgabe fokussiert Adjektive, die in der Werbung unverzichtbar sind, sowie englische Wörter, die in der Werbung für den Absatz von Produkten sorgen sollen. Beim Erfinden neuer Produktnamen und Slogans greift man gern auf die englische Sprache zurück, wodurch Fortschritt, Innovation und Weltoffenheit suggeriert werden soll. Viele englische Wörter sind uns allerdings bereits so vertraut, dass sie kaum mehr als fremdsprachig wahrgenommen werden, wie z. B. *cool* oder *kids.*

D Mit leistungsstärkeren Kindern können viele Dinge mit englischen Bezeichnungen gesucht werden, z. B. *Boots, Jeans, Carport, Toast, Pullover...*, die ihnen auf den ersten Blick gar nicht aufgefallen wären.

Aufgabe 4

Die Kinder wählen einen beliebigen Gegenstand und schreiben einen Werbespruch. Dabei kann auf die in Aufgabe 2 und 3 gesammelten Werbewörter und Werbesprüche zurückgegriffen werden.

Aufgabe 5

Die Rückmeldungen zu den vorgestellten Werbesprüchen werden vermutlich durchaus subjektiv ausfallen: Es ist ja auch der Sinn der Werbung, die Verbraucher oder Käufer individuell anzusprechen. Für eine objektivere Betrachtung können die Werbesprüche mit denen auf der Sprachbuchseite verglichen werden.

▶ *Jo-Jo Sprachbuch: Sprache untersuchen, S. 122*

▶ *Jo-Jo Arbeitsheft, S. 44*

▶ *Jo-Jo Lesebuch, S. 139*

▶ *Jo-Jo Kopiervorlagen, Nr. 21*

Angeregt durch die Illustrationen überlegen die Kinder, wo uns in unserer Umgebung überall Werbung begegnet und wie sie davon angesprochen bzw. in ihrer Kaufentscheidung beeinflusst werden. Neben der Sprache der Werbung wird auch deren Unterstützung durch die optische Gestaltung der Anzeigen näher betrachtet.

Aufgabe 1

Vier Illustrationen mit unterschiedlicher Werbung sind Anlass, im Unterrichtsgespräch die Begegnung mit Werbung anzusprechen: Zwei Anzeigen werben für Uhren, eine für Sportgeräte und die Radiowerbung für ein Getränk. Es wird für die Kinder evtl. nicht leicht sein, den Gegenstand von der sprachlichen Darstellung zu trennen. Wenn z. B. der Wunsch nach einem Waveboard bereits besteht, ist es vielen Kindern vermutlich nicht so wichtig, mit welchen Worten dafür geworben wird. Dies kann am Beispiel der beiden Uhrenwerbungen thematisiert werden, von denen eine zwar optisch und sprachlich auffällig daherkommt, die andere, unauffällige, aber mehr Informationen zum Artikel bietet. Ein anderer wichtiger Aspekt ist die geschlechtsspezifische Ausrichtung bei der Werbung für bestimmte Artikel: die Uhr für Jungen heißt Superboy, die für Mädchen Sugar.

D Werbung findet sich überall. Die Kinder können ihnen bekannte Werbeträger an der Tafel notieren,

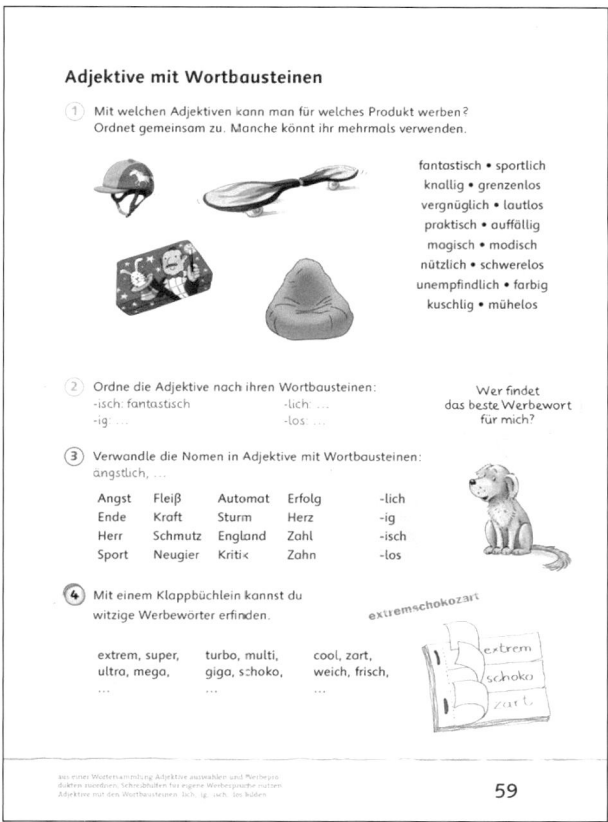

Gute Texter und herausragende Verkaufsprofis wissen: Sie erreichen ihre Leser und ihre Kunden nicht über den Verstand, sondern viel mehr über die Gefühlsebene. Ganz einfach deswegen, weil wir Menschen überwiegend von unseren Gefühlen gesteuert werden. Nur zu einem eher geringen Teil werden wir bei unseren Handlungen, Verhalten und Entscheidungen vom Verstand geleitet. All diese Punkte, die im Zusammenhang mit Werbesprache zentral sind, können bereits Grundschulkindern in Ansätzen verdeutlicht werden.

Die Sprachbuchseite rückt im Zusammenhang mit dem Thema „Werbung" die Adjektive in den Fokus. Sie vermittelt Einsichten in die Wortbildung von Adjektiven und ist insofern auch relevant für die Rechtschreibung. Die Beschäftigung mit werbewirksamen Adjektiven erweitert außerdem den Wortschatz der Kinder. Sie können sich auch selbst als „Worterfinder" betätigen.

Aufgabe 1

Die blau unterlegten Adjektive sollen den vier Produkten zugeordnet werden, wobei etliche Adjektive mehrfach verwendbar sind. In sprachschwächeren Lerngruppen sollte zuvor überprüft werden, ob die Bedeutung der Adjektive klar ist. Zu diesem Zweck können zu Beginn Adjektive gesucht werden, die in etwa Gleiches ausdrücken (*magisch = zauberhaft, bezaubernd; knallig = bunt, sehr auffällig*). Auch Umschreibungen können hilfreich sein.

Leistungsstärkere Kinder können die Adjektive in werbenden Sätzen verwenden und dabei ggf. auch Steigerungsformen benutzen, z. B.: *Dieser Sitzsack ist kuschliger als jemals zuvor.*

Aufgabe 2

Wortbausteine erleichtern den Kindern den rechtschriftlichen Zugang zu einzelnen Wörtern. Hier können sie mithilfe von Wortbausteinen die Schreibweise verschiedener Adjektive üben.

D Im Zusammenhang mit einem Nomen wird durch Verlängern der Adjektive die Schreibweise der Endung besonders deutlich. Daher bietet es sich an, jedes Adjektiv auch mit einem Nomen aufzuschreiben, z. B.: *fantastisch – der fantastische Film; sportlich – die sportliche Kappe; kuschlig – der kuschlige Pullover; grenzenlos – der grenzenlose Spaß.*

Aufgabe 3

Die vorgegebenen Nomen werden in Adjektive mit den Bausteinen *-lich, -ig, -isch* und *-los* verwandelt. Leistungsstärkere Kinder suchen in der Wörterliste oder im Wörterbuch weitere Nomen, die sie mithilfe der Adjektivbausteine zu Adjektiven machen können.

Aufgabe 4

Die Jo-Jo-Aufgabe regt dazu an, ein Klappbüchlein herzustellen und mit seiner Hilfe anschließend witzige Werbewörter zu erfinden.

KV 26 ***Werbetexte schreiben***
Die Kinder setzen in Werbetexten gezielt Adjektive ein.

> *Weitere Anregungen*
> * *ein Nomen-Adjektiv-Memory® herstellen und damit spielen (gute Differenzierungsmöglichkeit für schwächere Schülerinnen und Schüler)*
> * *Spiel im Sitzkreis: Die Lehrkraft stellt eine Frage mit einem Adjektiv, z. B.: „Was kann alles alt sein?" Die Kinder nennen der Reihe nach passende Nomen. Fällt einem Kind nichts mehr ein, scheidet es aus oder an der betreffenden Stelle wird eine neue Frage gestellt, z. B.: Was kann alles kuschelig/gemütlich sein? Insbesondere in sprachschwächeren Gruppen ist das Spiel hilfreich, um Adjektive und ihre Bedeutung zu thematisieren. Bei Kindern mit großem Bewegungsdrang kann z. B. ein Ball durch die Reihen gegeben werden.*

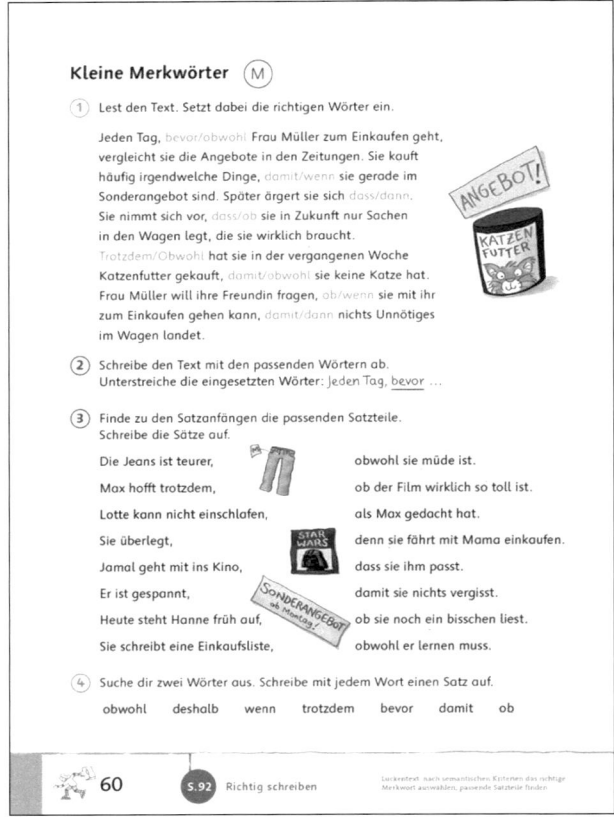

Die Sprachbuchseite 60 regt zur Arbeit mit kleinen Merkwörtern an, die auch im vierten Schuljahr häufig noch falsch geschrieben werden. Auch hinsichtlich der Semantik bestehen bei vielen Kindern noch Unsicherheiten, weshalb sich das Thema gut als Übungsschwerpunkt eignet.

Aufgabe 1

Die Kinder lesen den Text zunächst still für sich. Dann kann gemeinsam mit der gesamten Lerngruppe Satz für Satz mit dem richtigen Lückenwort – der passenden Konjunktion – vorgelesen werden.

Aufgabe 2

Nach der mündlichen Vorbereitung kann jedes Kind den Text mit den passenden Wörtern ins Heft schreiben. Dies ist auch gut als Hausaufgabe möglich.

Aufgabe 3

Nach semantischen Kriterien müssen hier die passenden Satzenden ausgewählt und die Sätze anschließend aufgeschrieben werden. Schwächere Kinder können die Aufgabe gemeinsam mit einem Partnerkind lösen.

Aufgabe 4

Die Kinder bilden mit zweien der kleinen Merkwörter jeweils einen eigenen Satz und schreiben ihn ins Heft.

D Leistungsstärkere Schüler schreiben mit jedem kleinen Merkwort einen oder mehrere Sätze.

▶ *Jo-Jo Sprachbuch: Richtig schreiben, S. 92*

▶ *Jo-Jo Arbeitsheft, S. 14*

▶ *Jo-Jo Kopiervorlagen, Nr. 6*

Aufgabe 1

Die Kinder trainieren die Übungswörter einzeln und im Textzusammenhang.

Aufgabe 2

Die Kinder wählen das passende Bindewort aus und schreiben den vervollständigten Lückentext ins Heft.

Aufgabe 3

Aus vorgegebenen Nomen sollen mithilfe der Wortbausteine Adjektive gebildet werden.

L Im Lerntagebuch kann eine Liste mit Merkwörtern angelegt werden (siehe dazu auch die Wörterliste auf S. 150–161 im Sprachbuch). Es kann aber auch an die Themen „Freizeitgestaltung" oder „Werbung" angeknüpft werden, z. B. bekannte Spiele / Gesellschaftsspiele zusammentragen und ein Diagramm über die Vorlieben in der Klasse erstellen.

▶ *Jo-Jo Sprachbuch: Lernspuren, S. 4*

KV 27 **Schleichdiktat**   KV 28 **Diktatvorbereitung**

┌─────────────────────────────────────┐
Weitere Anregung
* *Übungen mit dem Tageslichtprojektor*
  1. *Die Kinder schreiben nacheinander die Übungswörter mit wasserlöslichem Folienstift auf die Folie. Anschließend werden die Wörter gelesen.*
  2. *Dann wird die Folie umgedreht, sodass alle Wörter spiegelverkehrt erscheinen. Danach wird erneut das Lesen der Wörter versucht.*
  3. *Die Folie kann auch so gedreht werden, dass die Wörter auf dem Kopf stehen.*
  4. *Einzelne Wortbausteine werden weggewischt, sodass nur noch Wortfragmente übrig bleiben. Wie heißt das ursprüngliche Wort?*
  5. *Einzelne Wörter werden gelöscht. Welches Wort ist verschwunden?*
└─────────────────────────────────────┘

Werbetexte schreiben

❶ In diesem Werbetext sind falsche Adjektive benutzt worden. Unterstreiche sie und schreibe den Text mit passenden Adjektiven auf.

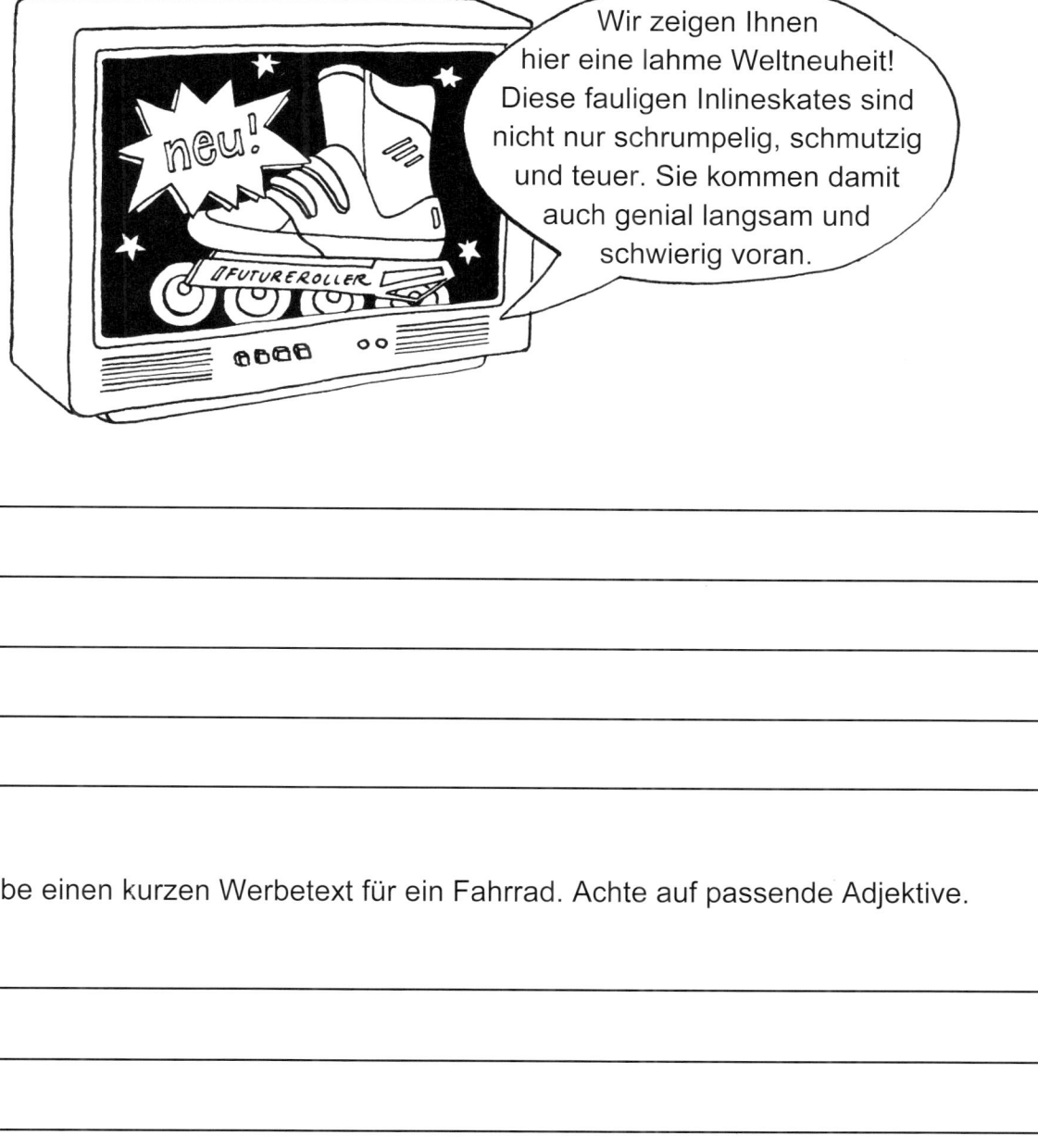

_____

_____

_____

_____

_____

_____

❷ Schreibe einen kurzen Werbetext für ein Fahrrad. Achte auf passende Adjektive.

_____

_____

_____

_____

_____

_____

_____

_____

Cornelsen Autorin: Martina Schramm, Illustration: Sabine Rothmund   Jo-Jo SB 4, Kapitel Freizeit, S. 59   **KV 26**

Schleichdiktat

Werbung und Wünsche

Die Kinder der 4 a haben viele Wünsche.

Oft möchten sie Dinge haben, die sie aus der
Werbung kennen.

In der Werbung werden neue Produkte vorgestellt.

Durch Werbemelodien und Werbesprüche werden wir
auf neue Produkte aufmerksam gemacht.

Die Werbung hat auch eine besondere Sprache.

Sie benutzt viele Adjektive und englische Wörter.

Werbung begegnet uns täglich im Radio,
im Fernsehen, in Prospekten und auf Plakaten.

Überall werden uns Dinge angepriesen.

Auch im Internet wollen uns Werbemacher
von den Vorteilen eines Produktes überzeugen.

Sie wollen erreichen, dass wir die Produkte
kennen und kaufen.

Deshalb hat die Werbung in den Medien
großen Einfluss auf uns und unsere Wünsche.

Name:　　　　　　　　　　　　　Datum:　　　　　　　　Klasse:

Diktatvorbereitung

❶ Immer drei Wörter gehören zu einer Wortfamilie. Male sie an und schreibe jede Wortfamilie mit einer anderen Farbe auf. Achtung: Ein Wort passt nicht!

der Tag	der Wunsch	werben	wunschlos
das Wort	der Einfluss	die Tagung	wünschen
die Werbung	der Fluss	wörtlich	die Antwort
täglich	die Bewerbung	das Adjektiv	beeinflussen

_____

_____

_____

_____

_____

❷ Ergänze in der Tabelle die Zeitformen der Verben.

Grundform	Gegenwart (Präsens)	1. Vergangenheit (Präteritum)
erreichen	ich	ich erreichte
	er sagt	er
	sie	sie überzeugten
anpreisen	wir	wir

❸ Bilde sechs Übungswörter und schreibe sie auf. Schreibe die Nomen mit dem Artikel.

In	Ad	Vor	Me	Fern	Pro	ter	en	se
hen	di	teil	dukt	jek	tiv	net		

_____

_____

Medien

Verbundübersicht

Jo-Jo Sprachbuch, Themenkapitel Seite 62–67	Jo-Jo Sprachbuch, Kursteil Seite 94, 108, 132	Jo-Jo Arbeitsheft Seite 16, 30, 54
Jo-Jo Arbeitsheft Fördern Seite 62–67	Jo-Jo Kopiervorlagen Nr. 7, 14, 26	Jo-Jo Lesebuch Seite 130–141

Lerninhalte

Sprechen und Zuhören	diskutieren: eigene Meinung und Ideen zum Projekt Klassenzeitung einbringen, die Beiträge anderer aufgreifen; eine gemeinsame Planung erarbeiten (62)
Lesen – mit Texten und Medien umgehen	Arbeitsanweisungen lesen und verstehen (62–67); Texte genau lesen: passende Sätze auswählen (63); Nomen mit Wortbausteinen finden (65); Wörter mit ß finden (66)
Schreiben (Texte verfassen)	einen Text auf Orts- und Zeitangaben hin untersuchen; Merkmale der Textsorte Bericht kennenlernen; eigenen Bericht schreiben (63); Texte sinnverstehend lesen, Wortbedeutungen erklären; Ideen formulieren und Ideensammlung anlegen; zum Thema „Kinderrechte" schreiben (66) **Texte verfassen** SB (132), AH (54)
Schreiben (Richtig schreiben)	einen Bericht über den Weltkindertag lesen; Wörter mit ß finden und nach Wortfamilien ordnen (66) **Richtig schreiben** SB (94), AH (16)
Sprache und Sprachgebrauch untersuchen	Bildung von Nomen mit den Wortbausteinen -heit, -keit, -ung und -nis; Anwendung der Großschreibung bei abgeleiteten Nomen (65) **Sprache untersuchen** SB (108), AH (30)

Vorüberlegungen

Das Kapitel „Medien" stellt die Klassenzeitung in den Mittelpunkt. Wohl in den meisten vierten Klassen wird zum Abschluss des Schuljahres und zum Übergang in die weiterführenden Schulen eine Klassenzeitung erstellt und verteilt. Oft wird während des ganzen Schuljahres bzw. sogar der gesamten Grundschulzeit Material dafür gesammelt, wie es auch im Jo-Jo Sprachbuch immer wieder angeregt wird.

Für die Gestaltung einer solchen Zeitung gibt es mehrere Möglichkeiten, wofür bereits vorhandene Zeitungen früherer Schülerjahrgänge als auch Kinderzeitungen und -illustrierte beispielhaft herangezogen werden können. Die Einstiegsseite gibt neben einem Inhaltsverzeichnis auch einen Überblick über die Arbeiten, die im Zusammenhang mit der Erstellung einer Zeitung anfallen. Recherche, Interviews, Textverarbeitung und Illustration sind neben anderen wichtige Elemente, die einer sorgfältigen Planung bedürfen und auch eine gewisse Zeit benötigen. All dies können die Kinder in dieser Einheit thematisieren.

An das Thema „Weltkindertag" sind die Übungen zur Rechtschreibung angebunden.

Ideen für fächerübergreifendes Arbeiten

Sachunterricht
- Zeitungsprojekt „Wir lesen Zeitung" (z. B. mit einer Tageszeitung oder einer Kinderzeitschrift)
- ein Projekt (z. B. Klassenzeitung, Abschlussfeier, Abschlussausflug) arbeitsteilig planen und durchführen

Kunst/Musik
- Layout und Illustrationen für die Klassenzeitung
- Binden, z. B. mit Spiralbindung

Religion/Ethik
- Kinderrechte; Leben in anderen Ländern

Zum Einsatz der Kapitelseiten

📖 **Seite 62**

Am Beispiel der Klassenzeitung einer fiktiven Klasse 4 b können die Kinder Zugang zum Thema finden. Ziel ist es, mit der eigenen Klasse eine Klassenzeitung zu gestalten. Diese sowie die beiden folgenden Seiten 63 und 64 begleiten die Schülerinnen und Schüler bei der Planung und den erforderlichen Vorbereitungen.

Aufgabe 1

Die Kinder betrachten die Abbildung und äußern sich zunächst allgemein zum Thema. Was wissen sie bereits über die Klassenzeitung? Haben sie eine solche vielleicht schon einmal gesehen, z.B. bei älteren Geschwistern? Anschließend können sie beschreiben, welche Tätigkeiten bei der Erstellung einer Klassenzeitung anfallen und welche Kinder diese ausüben. Dies sind (im Uhrzeigersinn): Fotos machen; am Laptop: Texte schreiben und gestalten oder recherchieren; Bilder und Texte auswählen; Interviews durchführen; Texte schreiben.

Aufgabe 2

Es ist für Kinder nicht einfach, den Zeitaufwand, der für die Erstellung einer Zeitung veranschlagt werden muss, realistisch einzuschätzen. Natürlich hängt dieser auch davon ab, wie viel Vorarbeit z.B. in Form von Geschichtensammlungen, Umfragen, Interviews usw. während des Schuljahres bereits geleistet worden ist und ob die Kinder selbstständig mit den Textverarbeitungsprogrammen des Computers umgehen können oder nicht. Dies können die Kinder in der Diskussion besprechen und ihre Meinung auch begründen. Dabei sollte sich jedes Kind einbringen können und erleben, dass seine Fähigkeiten gewürdigt werden. Evtl. kann an der Tafel eine Liste mit den zu erledigenden Aufgaben erstellt werden, in die sich die Kinder eintragen können. Im Zweifelsfall kann die Aufgabenverteilung im Plenum besprochen oder – wenn es mehrere „Bewerber(innen)" gibt – auch ausgelost werden. Dabei sollten die Kinder die bereits erarbeiteten Gesprächsregeln beachten, indem sie die Beiträge anderer Kinder berücksichtigen und sich themenbezogen und ohne Diskriminierung an der Planung beteiligen.

Aufgabe 3

Ausgehend vom Inhaltsverzeichnis der abgebildeten Klassenzeitung können die Kinder überlegen, welche Themen sie in ihre Zeitung aufnehmen wollen oder ob sie eine andere Wahl treffen wollen. Alternativ wären zum Beispiel auch möglich: Sportwettkämpfe und evtl. gewonnene Pokale oder Urkunden, Berichte aus den Arbeitsgemeinschaften, Fotostrecken von den Weihnachtsfeiern oder Sommerfesten, Berichte von der Klassenfahrt oder von Ausflügen. Die Oder-Aufgabe regt an, sich von anderen Klassenzeitungen inspirieren zu lassen. Dafür kann z.B. die Klassenlehrerin von ehemaligen Klassen angefertigte Zeitungen mitbringen.

▶ *Jo-Jo Lesebuch, S. 132/133, 140*

> **Weitere Anregungen**
> - *Alternativ zur Klassenzeitung können auch andere „Erinnerungsbücher" angefertigt werden, z.B.:*
>   - *Geschichtensammlungen von Erlebnisberichten (Ausflüge, Museumsbesuche, Sportfeste etc.)*
>   - *„Freunde-Alben": Jedes Kind gestaltet eine Seite mit Fotos, Angaben zur Person, Hobbys, Vorlieben etc. im Stile der weitverbreiteten „Freunde"-Bücher.*
> - *Klassenchronik: Blanko-Hefte, die über mehrere Wochen gestaltet werden, mit Übersichten über wichtige Ereignisse in der Grundschulzeit, Adress- und Telefonlisten der Mitschülerinnen und Mitschüler, Geschichten, Zeitungsausschnitten, Urkunden, Widmungen etc.*

> ### Von Ereignissen berichten
>
> ① Lest den Text von Frieda über die Übung mit der Polizei
> in der Klassenzeitung. Habt ihr schon etwas Ähnliches erlebt?
>
> > **Übung mit der Polizei**
> >
> > Vor drei Jahren, als ich noch in der ersten Klasse war, kamen zwei
> > Polizisten zu uns in die Klasse. Sie hatten ihre Uniformen an
> > und Pistolen und Handschellen dabei. Zuerst dachten wir, dass
> > einer von uns verhaftet werden soll. Aber die Polizisten wollten
> > mit uns üben, wie wir richtig über den Zebrastreifen gehen.
> > Ich durfte ganz vorn laufen und war etwas aufgeregt, ob ich
> > wohl alles richtig machen werde. Wir gingen zum Zebrastreifen
> > vor der Schule und sollten alle nacheinander über den Zebrastreifen
> > gehen. Ich schaute nach links und rechts und wollte losgehen.
> > Aber plötzlich kam ein Auto und fuhr einfach über den Zebrastreifen.
> > Alle bekamen einen Riesenschreck. Auch der Autofahrer erschrak
> > und hielt sofort an. Ein Polizist verwarnte ihn. Wir Kinder fanden das
> > spannend, denn jetzt hatten die Polizisten einen richtigen Einsatz.
> >
> > *Frieda Wolter*
>
> ② Schreibe zu den W-Fragen Stichwörter aus dem Text auf.
> Wer?   Was?   Wann?   Wo?   Wie?   Warum?
>
> > **Ein Bericht enthält sachliche Angaben:**
> > Wer?   Was?   Wann?   Wo?   Wie?   Warum?
> > Er ist immer im Präteritum (1. Vergangenheit) geschrieben.
>
> *Schade,
> dass ich kein
> Polizeihund
> bin.*
>
> ③ Suche in der Zeitung einen kurzen Bericht. Schneide ihn aus.
> Unterstreiche die Angaben zu den W-Fragen.
>
> ④ Schreibe einen Bericht über ein Ereignis
> aus deiner Schulzeit für eure Klassenzeitung.
>
> Texte verfassen **S. 132**   63

Eine Klassenzeitung lebt natürlich auch von den individuellen Erlebnissen der Klasse und einzelner Kinder. Deshalb nimmt das Berichten von Ereignissen einen großen Raum in einer solchen Zeitung ein. Dementsprechend wird auf dieser Sprachbuchseite die Textsorte „Bericht" vorgestellt. Ausgehend von einem Text werden die wichtigsten Kriterien für einen Bericht genannt. Sie sind im gelben Merkkasten zusammengefasst (siehe auch Grundwissen Deutsch. Cornelsen Verlag: Berlin 2007).

Aufgabe 1

Die Kinder lesen den Text von Frieda „Übung mit der Polizei", der sich auf das Inhaltsverzeichnis der Klassenzeitung (S. 62) bezieht. Sie berichten, ob sie schon etwas Ähnliches erlebt haben. Kontakte mit der Polizei ergeben sich während der Grundschulzeit in der Regel über den Radfahrunterricht oder beim Beobachten von Unfällen auf dem Schulweg, zu denen die Polizei gerufen wird. Falls die Kinder über keine sinnvollen Erfahrungen verfügen oder sich das Gespräch auf diverse „dramatische Unfälle" konzentriert, kann das Gespräch z. B. auch auf die Feuerwehr, einen Einsatz der Sanitäter oder ein anderes Geschehnis auf dem Schulgelände, bei einem Ausflug, Sportfest oder Klassenfahrt gelenkt werden.

Aufgabe 2

Wichtig für einen Bericht sind genaue Angaben. Diese lassen sich am einfachsten durch Antworten auf sogenannte W-Fragen ermitteln. Die Kinder können das ausprobieren, indem sie zunächst Fragen zum Text formulieren. Dies kann auch gemeinsam geschehen und an der Tafel notiert werden, z. B.: *Wer war beteiligt? Was geschah? Wann geschah es? Wo geschah es? Wie ist es passiert? Warum ist es passiert?* Anschließend können die Fragen gemeinsam beantwortet und in Stichworten notiert werden: *Wer war beteiligt? – die Kinder der ersten Klasse, ein Polizist, ein Auto, ein Autofahrer.* Fragen und Antworten können die Kinder dann ins Heft übertragen.

D Die Schreibhinweise können als Plakat gestaltet und im Klassenraum aufgehängt werden.

D Berichte werden im Präteritum abgefasst. Wenn die Kinder Friedas Bericht als Kopie erhalten, können sie die Verbformen im Präteritum farbig markieren.

Aufgabe 3

In einem Zeitungsbericht können die Kinder nun die Angaben zu den W-Fragen farbig unterstreichen. Am einfachsten geschieht dies zunächst anhand eines Unfall- oder Polizeiberichtes, wie er auf den Regionalseiten der Tageszeitungen veröffentlicht wird. Sprach- oder leseschwächere Schüler brauchen hierbei evtl. Hilfestellung.

Aufgabe 4

Die Kinder können nun selbst einen Bericht für die Klassenzeitung schreiben. Dabei kann das Ereignis vorgegeben werden oder die Kinder wählen selbst eines aus. Bei einem festgelegten Thema kann die Aufgabe gemeinsam vorbereitet werden, indem die W-Fragen an der Tafel notiert und in Stichworten beantwortet werden. Dann können sich die Schüler auch qualifiziertere Rückmeldungen geben.

▶ *Jo-Jo Sprachbuch: Texte verfassen, S. 132*

▶ *Jo-Jo Arbeitsheft, S. 54*

▶ *Jo-Jo Kopiervorlagen, Nr. 26*

> ***Weitere Anregung***
> * *Falls keine Klassenzeitung hergestellt wird, können die Berichte der Kinder auch in einem kleinen Erinnerungsbüchlein gesammelt und mit Bildern, Zeichnungen oder Fotos illustriert werden.*

Rechtschreibprogramm: Ein Rechtschreibprogramm über-prüft automatisch Texte auf ihre korrekte Schreibweise und ist bei gängigen Textverarbeitungsprogrammen vor-installiert, kann aber auch zusätzlich auf dem Computer installiert werden. Die *Rechtschreibprüfung* erfolgt an-hand eines Wörterbuchs, mit dem die Wörter bei der Eingabe verglichen werden. Fehler bei der Syntax, bei der Worttrennung, semantische Fehler, Zeichensetzungs-fehler etc. werden allerdings nicht zuverlässig erkannt. Deshalb reicht eine Überprüfung mit dem Rechtschreib-programm nicht aus.

Bilder einfügen: Das Einfügen von Bildern betrifft zu-nächst das Layout der Seiten. Werden jedoch Bilder aus Fremdquellen verwendet (z.B. aus dem Internet), muss das Urheberrecht berücksichtigt werden (s. u).

Suchmaschine: Mithilfe einer Suchmaschine können In-ternetseiten zu bestimmten Themen gefunden werden.

downloaden: Eine Datei aus dem Internet auf den Com-puter oder das Handy herunterladen und speichern, z.B. Filme, Bilder (s. u.: Urheberrecht)

Werbung: Durch Werbung, z.B. von ortsansässigen Fir-men, können evtl. die Kosten, die durch Vervielfältigung, Binden usw. entstehen, aufgefangen werden.

Urheberrecht: Es schützt das geistige Eigentum anderer. Bilder und Texte, die von anderen Personen stammen, dürfen nicht einfach kopiert und veröffentlicht werden.

Auf dieser Sprachbuchseite geht es um die Planung der Klassenzeitung. Wie viele Fragen hierbei zu klären sind, ist den Schülern vermutlich vorher gar nicht bewusst. Oft werden die Vorarbeiten ja auch von der Lehrkraft oder engagierten Eltern geleistet. Ziel dieses Vorhabens ist es aber, die Kinder an der Ideenfindung, der Planung und Durchführung des Projektes aktiv zu beteiligen. Die sprachlichen Herausforderungen bestehen hierbei im sach- und themenbezogenen Gespräch im Sinne einer „Redaktionssitzung" (s. der Kommentar von Jojo) und im Klären unbekannter Begriffe. Dafür kann im Internet re-cherchiert oder ein Wörterbuch herangezogen werden.

Auf *www.internet-abc.de/kinder/lexikon* werden Begriffe zum Internet erklärt und Tipps zum Umgang damit ge-geben (z.B. *downloaden, Virenschutz* etc.). Die Texte werden auch vorgelesen.

Aufgabe 1

Die Kinder sprechen zunächst über die abgebildete Si-tuation: Die Kinder der Klasse 4b befinden sich in der Planungsphase für eine Klassenzeitung. Dabei tauchen verschiedene Fragen und Probleme auf, Entscheidun-gen müssen getroffen und Informationen eingeholt wer-den. Die Schülerinnen und Schüler lesen gemeinsam die Fragen und versuchen zu erklären, was die rot gedruck-ten Wörter bedeuten.

Aufgabe 2

Vorbereitung und Durchführung eines Interviews können zunächst im Plenum besprochen werden. Wenn verab-redet ist, wer interviewt werden soll, kann die Lehrkraft bunte Papierstreifen austeilen und die Kinder bitten, ihre Ideen und Fragen für ein Interview aufzuschreiben. Grup-pen- oder Partnerarbeit ist nützlich. Die beschriebenen Streifen können dann auf ein großes Plakat in der Mitte des Sitzkreises gelegt und besprochen werden.

Aufgabe 3

Vor Durchführung des Interviews müssen diverse Vorbe-reitungen getroffen werden: Fragen notieren, Ausrüstung besorgen, Termin verabreden, Fragen von der Lehrkraft oder von Mitschülern abklären lassen. Danach: Ggf. be-arbeitete/korrigierte Abschrift des Interviews von dem/der Interviewten autorisieren lassen.

▶ *Jo-Jo Lesebuch, S. 133, 134, 138, 140*

Weitere Anregung
- *Kenntnisse über den Umgang mit dem Internet vertiefen, z.B. zum Downloaden, zum Virenschutz, zum Urheberrecht etc. auf www.internet-abc.de/ kinder/lernen-schule/lernmodule.*

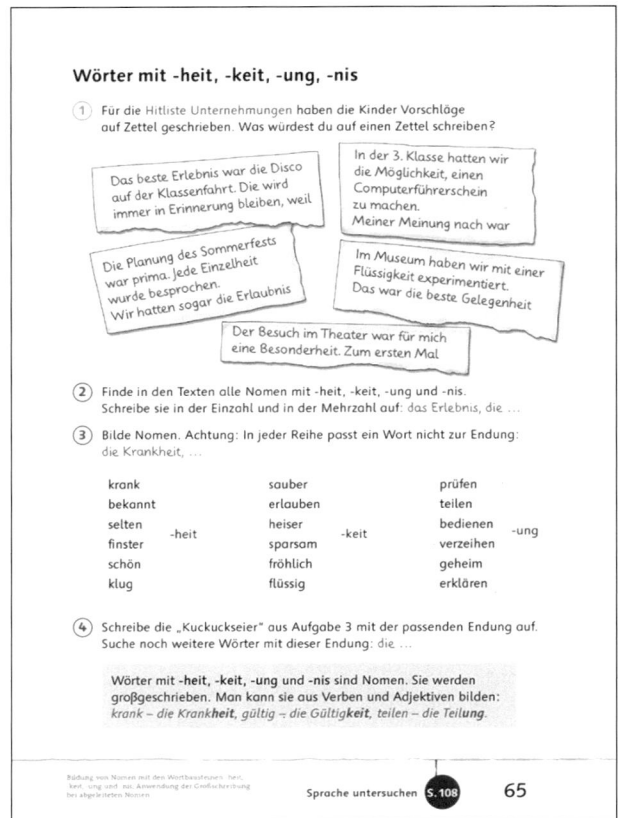

Aus Verben und Adjektiven durch Anhängen von Wortbausteinen Nomen zu bilden, steht im Mittelpunkt der grammatischen Übungen. Wichtig ist, dass die Kinder sprachliche Strukturen erkennen und ihr Wissen konsequent richtig anwenden.

Die Nachsilben -heit, -keit, -ung und -nis

Das Prinzip der Wortbildung ist bei allen Wörtern auf *-heit, -keit, -ung* und *-nis* die Derivation, hier die Ableitung eines Wortes aus einer anderen Wortart durch Hinzufügen einer Nachsilbe.

Die Nachsilben (Suffixe) *-heit* und *-keit* dienen im Deutschen der Substantivierung von Adjektiven (*-heit* selten auch von Nomen wie *Kindheit, Menschheit*), z. B. *heiter – die Heiterkeit, gesund – die Gesundheit*. Diese haben stets ein feminines Genus und bilden den Plural auf *-en*, z. B. *Flüssigkeit – die Flüssigkeiten*. Mit der vom Mittelhochdeutschen *-unge* stammenden Nachsilbe *-ung* werden vor allem von Verben, seltener von Nomen (z. B. *Stallung, Zeitung*), sehr viele – ebenfalls stets feminine – Substantive abgeleitet. Es handelt sich insofern um ein innerhalb der Wortbildung sehr produktives Suffix. Mit der Nachsilbe *-nis* dagegen lassen sich im Deutschen vergleichsweise wenige weibliche und sächliche Substantive aus Verben und Adjektiven bilden, z. B. *das Begräbnis, die Finsternis*.

Aufgabe 1

Bestandteil der Klassenzeitung könnte z. B. die „Hitliste Unternehmungen" sein (s. Jo-Jo Sprachbuch, S. 62). Die Kinder lesen die Vorschläge und überlegen, welche Unternehmungen für sie und ihre Klasse bedeutsam waren.

Aufgabe 2

Im Text werden alle Nomen mit *-heit, -keit, -ung* und *-nis* gesucht und in der Einzahl und Mehrzahl mit dem bestimmten Artikel aufgeschrieben.

Aufgabe 3

Aus Adjektiven und Verben werden hier Nomen mit verschiedenen Nachsilben gebildet. Folgende Wörter in den blau unterlegten Rahmen passen nicht: *finster, erlauben, geheim*.

Aufgabe 4

Die „Kuckuckseier" aus Aufgabe 3 lassen sich mithilfe der Nachsilbe *-nis* in Nomen verwandeln: *die Finsternis, die Erlaubnis, das Geheimnis*. Die Kinder suchen weitere Wörter mit dieser Endung und schreiben sie auf.

D Der Merkkasten kann auf ein Plakat übertragen und im Klassenraum aufgehängt werden.

▶ *Jo-Jo Sprachbuch: Sprache untersuchen, S. 108*

▶ *Jo-Jo Arbeitsheft, S. 30*

▶ *Jo-Jo Kopiervorlagen, Nr. 14*

KV 29 *Die Wortbausteine -heit, -keit, -ung, -nis*
Das Spiel für zwei bis vier Kinder unterstützt das Thema „Wortbildung".

Weitere Anregung

• *Wörter-Bingo mit Wörtern spielen, die auf -heit, -keit, -nis und -ung enden: Jedes Kind hat ein Blatt mit vier Linien nebeneinander und vier Linien untereinander. Auf die Linien schreibt jedes Kind in beliebiger Folge verschiedene Nomen mit den o. g. Nachsilben, die allen Kindern in einer Wörtersammlung zur Verfügung stehen (z. B. an der Tafel oder am Projektor). Ein Kind liest die Wörter aus der Wörtersammlung durcheinander vor. Wer zuerst vier Wörter in einer Reihe (waagerecht, senkrecht oder diagonal) hat, ruft „Bingo" und hat gewonnen. Es sollten etwa 40 bis 50 Wörter auf -heit, -keit, -nis und -ung in einem Wörterpool zur Verfügung stehen. Es könnte z. B. jedes Kind am Overheadprojektor/Whiteboard/an der Tafel zwei Wörter notieren.*

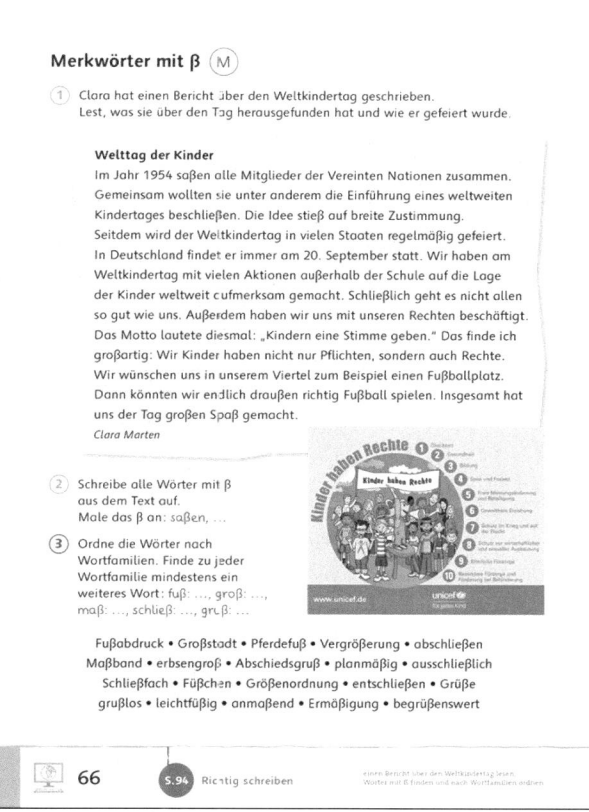

Wörter mit ß müssen immer wieder als Merkwörter geübt werden. Dies geschieht hier, angebunden an das Thema „Weltkindertag".

Weltkindertag

Der von der 9. Vollversammlung der UNO vorgeschlagene Weltkindertag wurde in der Bundesrepublik Deutschland seit 1954 jährlich am 20. September begangen. Da bereits seit 1950 in der ehemaligen DDR der Internationale Kindertag am 1. Juni gefeiert wurde, gibt es nun im wiedervereinigten Deutschland an beiden Tagen Kinderfeste und Festveranstaltungen. Als „Internationaler Tag der Kinderrechte" gilt seit 1989 der 20. November. An diesem Tag wurde die UN-Kinderrechtskonvention völkerrechtsverbindlich verabschiedet. Sie hat insgesamt 54 Artikel. Zu den wichtigsten gehören das Recht auf Gleichheit, Gesundheit, Bildung, Spiel und Freizeit, freie Meinungsäußerung, Information und Gehör, gewaltfreie Erziehung, Schutz im Krieg und auf der Flucht, Schutz vor wirtschaftlicher und sexueller Ausbeutung, elterliche Fürsorge, Betreuung bei Behinderung.

Literaturtipp: Engels, Helmut – Gerechtigkeit und Kinderrechte. Kopiervorlagen. Klasse 3/4. Cornelsen Verlag: Berlin 2018.

Aufgabe 1

Zunächst wird gemeinsam der Text von Clara über den Weltkindertag gelesen. Dazu aufkommende Fragen werden mit Unterstützung der Lehrkraft oder mithilfe eigener Recherchen geklärt.

Aufgabe 2

Die Kinder suchen aus dem Text alle Wörter mit ß heraus und schreiben sie in ihr Heft. Das ß wird jeweils farbig gekennzeichnet. Schwächeren Kindern hilft es, wenn sie eine Kopie des Textes erhalten und sie die Wörter dort zunächst mit einem Marker kennzeichnen können.

Aufgabe 3

Die vorgegebenen Wörter werden nach Wortfamilien geordnet. Leistungsstärkere Kinder können weitere verwandte Wörter notieren. Schwächere Schülerinnen und Schüler lassen diesen Teil der Aufgabe ggf. weg.

▶ *Jo-Jo Sprachbuch: Richtig schreiben, S. 94*

▶ *Jo-Jo Arbeitsheft, S. 16*

▶ *Jo-Jo Lesebuch, S. 133, 141*

▶ *Jo-Jo Kopiervorlagen, Nr. 7*

📖 **Seite 67**

Aufgabe 1

Die vertrauten Übungsformen befähigen die Kinder, selbstständig Wörter und Texte zu üben.

Aufgabe 2

Die Merkwörter mit ß werden im Text gesucht. Mit jedem Wort wird ein Satz gebildet und aufgeschrieben.

Aufgabe 3

Die Kinder vervollständigen die vorgegebenen Nomen mit den richtigen Endungen und schreiben die Sätze auf.

Aufgabe 4

Die Adjektive werden durch die Endungen *-heit* und *-keit* zu Nomen. Auf die Großschreibung ist zu achten.

🄻 Im Lerntagebuch können Wörter mit den Endungen *-heit, -keit, -ung* und *-nis* gesammelt werden.

▶ *Jo-Jo Sprachbuch: Lernspuren, S. 5, 15*

🄺🅅 30 *Schleichdiktat*   🄺🅅 31 *Diktatvorbereitung*

Die Wortbausteine -heit, -keit, -ung, -nis

erfinden   kennen   flüssig   krank   ändern   farbig   frei   gemeinsam   wild
bewegen   dunkel   hindern   wohnen   ehrlich   gefangen   sicher   erzählen
einsam   verzeihen   erlauben   dumm   traurig   begraben   rechnen   wagen
gesund   schön   locker   spannen   üben   neu   betrachten   finster

Ein Spiel für 2 bis 4 Kinder

Ihr braucht:
- Spielfiguren,
- einen Würfel,
- kleine Zettel,
- einen Bleistift.

So geht es:
Würfelt reihum und rückt um die gewürfelte
Augenzahl vor.
Steht die Figur auf einem Wortbaustein,
sucht sich das Kind ein passendes Wort
aus dem Kasten oben auf der Seite aus,
aus dem es mit dem Wortbaustein ein Nomen
bilden kann.
Jedes Wort darf nur einmal benutzt werden.
Es liest das Wort laut vor und schreibt es
auf einen kleinen Zettel. Kommt die Figur
auf ein Tier, setzt das Kind einmal aus.
Gewonnen hat dasjenige, das zum Schluss
die meisten Zettel gesammelt hat.

Schleichdiktat

Das Interview

Letzten Donnerstag wollte Paul mit der Sportlehrerin

ein Interview für die Klassenzeitung führen.

Er hatte extra eine Erlaubnis,

sein Handy in die Schule mitzubringen.

Mit der Aufnahmefunktion wollte er das Gespräch

aufzeichnen.

Leider hatte er nicht daran gedacht, den Akkustand

zu überprüfen und den Akku aufzuladen.

Paul hatte gerade drei Fragen gestellt,

da begann das Handy zu piepen.

Der Akku war leer und das Ladegerät lag zu Hause.

So ein Pech!

Das Handy konnte er nun nicht mehr benutzen.

Dabei lief gerade alles so großartig.

Paul musste einen neuen Termin vereinbaren.

Dann wird er wieder die Möglichkeit haben, sein

Handy zu benutzen, obwohl es eigentlich gegen

die Schulordnung verstößt.

Name:	Datum:	Klasse:

Diktatvorbereitung

❶ Schreibe den Text ab. Fülle die Lücken mit den Wörtern im Kasten.

Klassenzeitung	Interview	Handy	Aufnahmefunktion	Erlaubnis
Sportlehrerin	plötzlich	Akku	Ladegerät	Termin	Gespräch

Die Kinder bereiten gemeinsam eine vor. Paul will ein führen. Dafür

möchte er gerne sein benutzen, weil es eine  hat. Er bekommt extra

eine , das Handy in die Schule mitzubringen. Die beantwortet Pauls

Fragen. piept das Handy. Der  ist leer und weil Paul das  zu

Hause vergessen hat, muss er aufhören. Aber er vereinbart einen neuen

und kann schließlich das aufzeichnen.

_____

_____

_____

_____

_____

_____

_____

_____

_____

_____

_____

_____

Cornelsen Autorinnen: Martina Schramm, Henriette Naumann-Harms Illustration: Sabine Rothmund — *Jo-Jo SB 4*, Kapitel Medien, S. 67 — **KV 31**

Sommerhitze

Verbundübersicht

Jo-Jo Sprachbuch, Themenkapitel Seite 68–73	**Jo-Jo Sprachbuch, Kursteil** Seite 102, 124, 148 🎲 🎲 🎲	**Jo-Jo Arbeitsheft** Seite 24, 46, 70 🎲 🎲 🎲
Jo-Jo Arbeitsheft Fördern Seite 68–73	**Jo-Jo Kopiervorlagen** Nr. 11, 22, 34 🎲 🎲 🎲	**Jo-Jo Lesebuch** Seite 142–151

Lerninhalte

Sprechen und Zuhören	funktionsangemessen sprechen: zu Bildern erzählen; sich über Sommerbräuche und Feste informieren und austauschen (68)
Lesen – mit Texten und Medien umgehen	Arbeitsanweisungen lesen und verstehen (68–73); genau lesen: Lückenwörter ergänzen (72)
Schreiben (Texte verfassen)	einfache Korrekturzeichen zur Überarbeitung nutzen; Hinweise zur Überarbeitung entwickeln, beurteilen und umsetzen; Text nach bestimmten Kriterien im Rahmen einer Schreibkonferenz untersuchen (69) **Texte verfassen** SB (148), AH (70)
Schreiben (Richtig schreiben)	Wörter mit eu, ä und äu üben; Rechtschreibhilfen für die Schreibung mit Umlaut erproben; Wortfamilien (72) **Richtig schreiben** SB (102), AH (24)
Sprache und Sprachgebrauch untersuchen	Redewendungen vom Feuer in Text und Bild erklären; englische und deutsche Redewendungen vergleichen; Redewendungen in Mundart lesen und erklären (71) **Sprache untersuchen** SB (124), AH (46)

Vorüberlegungen

Das Kapitel „Sommerhitze" gehört in den Kanon der Jahreszeitenkapitel. Diese unterliegen der Progression im Schülerbuch, sind also nicht als isolierter Teil zu verstehen. Dennoch bilden sie, wie schon in den Bänden 2 und 3, einen eigenen Bestandteil im Schülerbuch.

Im Erleben nicht nur der Schüler ist jede Jahreszeit mit bestimmten Naturerscheinungen, Empfindungen und Ereignissen verbunden. Im Sommerkapitel dieses Schuljahres steht die Hitze des Sommers verbunden mit der Faszination und den Gefahren des Feuers, wie sie im Gedicht „Das Feuer" von James Krüss ausgedrückt werden, im Mittelpunkt. Wegen der höheren Temperaturen und des längeren Tageslichts werden viele Feste und Feiern im Freien wie z. B. Sportfeste, Grillfeste, Schulfeste, Kirmes, Stadtteilfeste usw. vorwiegend im Sommer veranstaltet. Rund um das Datum der Sommersonnenwende gibt es außerdem in vielen Ländern – vor allem im nördlichen Europa – Feiertage, an denen das traditionelle Brauchtum gepflegt wird. Der sprachliche Schwerpunkt liegt in diesem Kapitel auf Redensarten in deutscher Sprache, anderen Sprachen sowie Dialekten, aber auch der Überarbeitung von Texten mithilfe von Korrekturzeichen und dem ausdrucksvollen Lesen und Gestalten eines Gedichtes.

Ideen für fächerübergreifendes Arbeiten

Sachunterricht
- Besuch bei der Feuerwehr
- Brandgefahren und Brandverhütung
- Erforschen des Brauchtums in der Region
- Redewendungen und Sprichwörter im regionalen Dialekt zusammentragen
- meteorologischer und astronomischer Kalender
- ein Fest organisieren (Schul-, Grill-, Abschlussfest)

Fremdsprachen
- Redewendungen, Jahreszeiten, Feste in anderen Sprachen und Ländern

Kunst / Musik
- Feuerbilder mit dem Schwerpunkt Licht und Farben
- Kunstwerke zum Thema „Sommer" betrachten
- Lieder in verschiedenen Dialekten (Lollipop Liederbuch für die Grundschule. Cornelsen Verlag: Berlin 2011.)

Zum Einsatz der Kapitelseiten

📖 **Seite 68**

Die Kapitelauftaktseite zeigt vier im Sommer stattfindende Feste und Veranstaltungen: Mittsommer (Schweden), Johannisfeuer, Sport-/Schulfest, Grillfest (im Zeltlager).

Aufgabe 1

Die Kinder betrachten die Abbildungen und sprechen darüber, welche der abgebildeten Feste und Veranstaltungen sie kennen bzw. an welchen sie schon einmal teilgenommen haben. Das wird beim Sommerfest und beim Grillen im Zeltlager oder im Garten der Fall sein. Mittsommerfeste und Johannisfeuer gibt es nicht überall, sind den Kindern aber evtl. aus Filmen und Büchern oder von Reisen bekannt.

Weitere Veranstaltungen, die die Kinder kennen, können genannt werden, z.B. solche, die am Wohnort, in der Region oder in der Schule der Kinder stattfinden.

Aufgabe 2

Die Kinder informieren sich und andere anhand der Stichworte über die Zeit zwischen dem 20. und 24. Juni.

> **Sommersonnenwende (20., 21. oder 22. Juni)**
> Im Laufe eines Jahres umrundet die Erde einmal die Sonne. Dabei bleibt die Erdachse immer in einer schrägen Stellung. So kommt es, dass einmal die nördliche Hälfte der Erdkugel der Sonne mehr zugeneigt ist und einmal die südliche Hälfte. Auf der Erdhälfte, die der Sonne mehr zugeneigt ist, wird es Sommer, auf der anderen Hälfte Winter.
>
> Um den 21. Juni herum, dem Zeitpunkt der Sommersonnenwende, steht die Sonne scheinbar direkt senkrecht über dem nördlichen Wendekreis. Die Nacht der Sommersonnenwende ist daher die kürzeste im Jahr; danach werden die Nächte wieder länger und die Tage kürzer bis zur Wintersonnenwende.
>
> **Johannistag/-nacht/-feuer (24. Juni/Nacht vom 23. auf den 24. Juni)**
> Um den Beginn des Sommers zu feiern, werden in vielen Gegenden nicht nur im deutschsprachigen Raum Johannisfeuer entzündet. Sie haben ihren Ursprung im Gedenken an den Geburtstag Johannes des Täufers, sind aber auch Symbol für die Sommersonnenwende.
>
> **Mittsommer (Tag der Sommersonnenwende), Midsommardagen (zwischen dem 20. und 26. Juni)**
> Ein gesetzlicher Feiertag in Schweden ist der Midsommardagen, der am Samstag zwischen dem 20. und 26. Juni stattfindet. Midsommar ist in Schweden nach Weihnachten das zweitwichtigste Fest im Jahr und wird traditionell im Freien gefeiert. Überlieferte Volksbräuche: Tanz um die mit Laub und Blumen geschmückte Mittsommerstange; Mädchen tragen Blumenkränze im Haar; das traditionelle Essen besteht aus Matjes mit Schnittlauch und Knäckebrot.
>
> **Sommeranfang (Tag der Sommersonnnenwende)**
> Astronomisch beginnt der Sommer mit der Sommersonnenwende, meteorologisch am 1. Juni. Dies hat statistische Gründe, da sich Statistiken mit vollen Monaten leichter erstellen lassen. Als Sommermonate gelten demnach der Juni, der Juli und der August. Am 1.9. beginnt dann meteorologisch der Herbst.

Aufgabe 3

Das Wort *Sommer* wird hier in vielen verschiedenen Sprachen vorgestellt. Die Kinder sind dazu aufgefordert herauszufinden, um welche Sprachen es sich handelt (Französisch, Griechisch, Türkisch, Schwedisch, Kroatisch, Russisch, Spanisch, Italienisch, Rumänisch, Polnisch, Niederländisch).

Alternativ können sie aber auch selbst das Wort *Ferien* in mindestens sechs verschiedene Sprachen übersetzen. Wörterbücher oder das Internet können dafür hilfreich sein und Kinder mit anderen Herkunftssprachen können ihre Sprachkenntnisse beisteuern.

▶ *Jo-Jo Lesebuch, S. 142/143, 146*

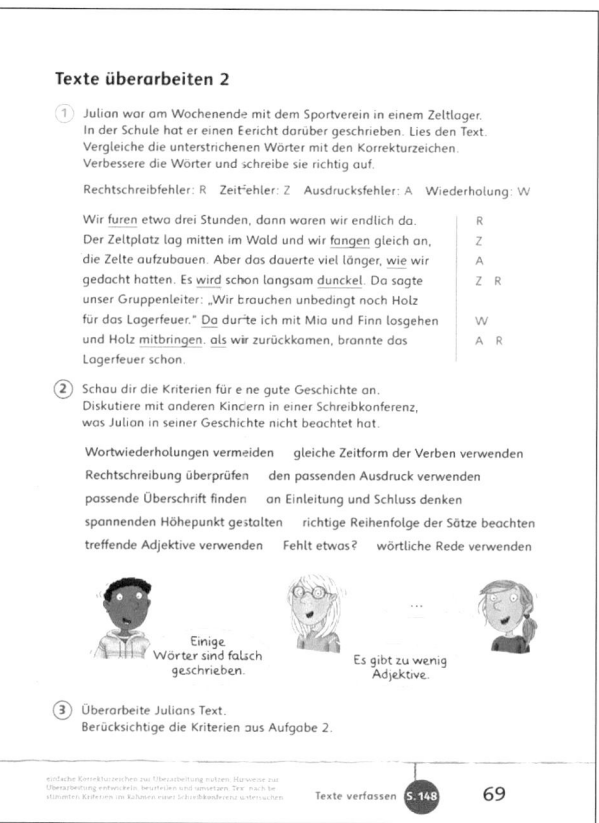

Texte überarbeiten 2

① Julian war am Wochenende mit dem Sportverein in einem Zeltlager. In der Schule hat er einen Eericht darüber geschrieben. Lies den Text. Vergleiche die unterstrichenen Wörter mit den Korrekturzeichen. Verbessere die Wörter und schreibe sie richtig auf.

Rechtschreibfehler: R Zeitfehler: Z Ausdrucksfehler: A Wiederholung: W

Wir <u>furen</u> etwa drei Stunden, dann waren wir endlich da.	R
Der Zeltplatz lag mitten im Wald und wir <u>fangen</u> gleich an,	Z
die Zelte aufzubauen. Aber das dauerte viel länger, <u>wie wir</u>	A
gedacht hatten. Es <u>wird</u> schon langsam <u>dunckel</u>. Da sagte	Z R
unser Gruppenleiter: „Wir brauchen unbedingt noch Holz	
für das Lagerfeuer." <u>Da</u> durfte ich mit Mia und Finn losgehen	W
und Holz <u>mitbringen</u>, <u>als</u> wir zurückkamen, brannte das	A R
Lagerfeuer schon.	

② Schau dir die Kriterien für e ne gute Geschichte an. Diskutiere mit anderen Kincern in einer Schreibkonferenz, was Julian in seiner Geschichte nicht beachtet hat.

Wortwiederholungen vermeiden   gleiche Zeitform der Verben verwenden

Rechtschreibung überprüfen   den passenden Ausdruck verwenden

passende Überschrift finden   an Einleitung und Schluss denken

spannenden Höhepunkt gestalten   richtige Reihenfolge der Sätze beachten

treffende Adjektive verwenden   Fehlt etwas?   wörtliche Rede verwenden

Einige Wörter sind falsch geschrieben.

Es gibt zu wenig Adjektive.

③ Überarbeite Julians Text. Berücksichtige die Kriterien aus Aufgabe 2.

einfache Korrekturzeichen zur Überarbeitung nutzen, Hinweise zur Überarbeitung entwickeln, beurteilen und umsetzen, Text nach be stimmten Kriterien im Rahmen einer Schreibkonferenz untersuchen.

Texte verfassen S.148   69

Die Sprachbuchseite wiederholt noch einmal die Kriterien, nach denen ein Text, eine „gute Geschichte", beurteilt werden kann, sowie das Vorgehen in einer Schreibkonferenz. Dabei wird von einem Text ausgegangen, der mit Korrekturzeichen versehen ist. Korrekturzeichen können von Schule zu Schule unterschiedlich sein. Hier geht es zunächst darum, dass die Kinder lernen, einfache Korrekturzeichen zu lesen und umzusetzen bzw. bei ihrer Bearbeitung zu berücksichtigen.

Aufgabe 1

Die Kinder lesen den Text und vergleichen die unterstrichenen Fehler mit den Korrekturzeichen am Rand. Um die Kinder nicht zu überfordern, wurden nur vier Korrekturzeichen ausgewählt, die den Kindern auch vorgestellt werden. Gemeinsam sollten sie zunächst besprochen und ggf. näher erläutert werden:

- R – Rechtschreibfehler: Ich habe die Rechtschreibung nicht beachtet.
- Z – Zeitfehler: Nicht alle Verben stehen in der gleichen Zeitform.
- A – Ausdrucksfehler: Der Ausdruck passt hier nicht. Kann ich einen besseren Ausdruck finden?
- W – Wiederholungsfehler: Ich habe ein Wort zu oft wiederholt, z.B. am Satzanfang.

Die Kinder verbessern die Fehler und schreiben den Text ins Heft.

D Schwächere Schülerinnen und Schüler können den Text als Kopie erhalten und die verbesserten Wörter z.B. hinter die Korrekturzeichen schreiben, ehe sie den Text abschreiben.

Aufgabe 2

Im Laufe der vier Schuljahre haben die Kinder viele Kriterien für eine „gute Geschichte" kennengelernt, anhand derer sie jetzt Julians Geschichte überprüfen und beurteilen können. Angeregt wird eine Schreibkonferenz. Ist eine solche in der Klasse nicht eingeführt, kann die Überprüfung auch in Partner- oder Gruppenarbeit bzw. mit der gesamten Klasse geschehen. Die Sprechblasen der Sprachbuchkinder geben hierfür Beispiele. Verbesserungsvorschläge sollten gesammelt und notiert werden. Je nach Leistungsstand der Klasse muss evtl. vorher geklärt werden, ob alle Kinder wissen, was mit den Kriterien gemeint ist, z.B.:

- Was sind Adjektive?
- Was ist mit Zeitform der Verben gemeint?
- Woran erkennt man die wörtliche Rede?

Gemeinsam können Beispiele gesucht und evtl. an der Tafel notiert werden.

D Zur Durchführung einer Schreibkonferenz können die blau hinterlegten Kriterien auch untereinander auf ein Blatt geschrieben und entsprechend nach und nach „abgehakt" werden.

Aufgabe 3

Abschließend können die Kinder Julians Text überarbeiten, indem sie die Ergebnisse von Aufgabe 2 berücksichtigen.

▶ *Jo-Jo Sprachbuch: Texte verfassen, S. 148*

▶ *Jo-Jo Arbeitsheft, S. 70*

▶ *Jo-Jo Kopiervorlagen, Nr. 34*

> **Weitere Anregung**
> - *Sätze oder Kurztexte aufschreiben, in denen ein oder mehrere Fehler „versteckt" sind. Die Kinder korrigieren die Sätze / Texte, indem sie die Fehler unterstreichen und das passende Korrekturzeichen an den Rand schreiben. Das Partnerkind verbessert.*

Ein Gedicht lesen und vortragen

1. Lies das Gedicht. Was fällt dir auf?
   Achte in den ersten fünf Strophen auf das erste Wort.

Das Feuer

Hörst du, wie die Flammen flüstern,
knicken, knacken, krachen, knistern,
wie das Feuer rauscht und saust,
brodelt, brutzelt, brennt und braust?

Siehst du, wie die Flammen lecken,
züngeln und die Zunge blecken,
wie das Feuer tanzt und zuckt,
trockne Hölzer schlingt und schluckt?

Riechst du, wie die Flammen rauchen,
brenzlig, brutzlig, brandig schmauchen,
wie das Feuer, rot und schwarz,
duftet, schmeckt nach Pech und Harz?

Fühlst du, wie die Flammen schwärmen,
Glut aushauchen, wohlig wärmen,
wie das Feuer, flackrig wild,
dich in warme Wellen hüllt?

Hörst du, wie es leiser knackt?
Siehst du, wie es matter flackt?
Riechst du, wie der Rauch verzieht?
Fühlst du, wie die Wärme flieht?

Kleiner wird der Feuerbraus:
ein letztes Knistern,
ein feines Flüstern,
ein dünnes Ringeln –
aus.

James Krüss

2. Was machen die Flammen?
   Was macht das Feuer?
   Schreibe die Verben auf.
   die Flammen: flüstern, knicken, …
   das Feuer: rauscht, …

3. Suche im Gedicht fünf Adjektive: brenzlig, …

4. Suche dir ein anderes Kind zum Partnerlesen. Teilt euch das Gedicht auf.
   Übt mehrmals, das Gedicht betont vorzulesen.
   Probiert dabei verschiedene Sprechweisen aus:
   laut – leise, schneller – langsamer, achtet auf Pausen …

5. Tragt das Gedicht in der Klasse vor und lasst euch Rückmeldungen geben.

 70

ein Gedicht lesen und über sprachliche Mittel sprechen
lautmalerische Wörter und Personalisierung des Feuers;
einen Text sprechend gestalten und vortragen

Der Einsatz und die Wirkung sprachlicher Mittel können am Gedicht von James Krüss „Das Feuer" untersucht und erprobt werden. Zugleich fordert das Gedicht zum sprachgestaltenden Vortragen auf.

Beschrieben wird darin das Naturphänomen „Feuer" vom Auflodern bis zum Erlöschen. Das Gedicht besteht aus 6 Strophen, in denen alle 5 Sinne angesprochen werden. 1. Strophe: Hören; 2. Strophe: Sehen; 3. Strophe: Riechen (und Schmecken); 4. Strophe: Fühlen. In der 5. Strophe werden vier Sinne in vier Fragen zusammengefasst. Mit dem Erlöschen des Feuers in der 6. Strophe endet das Gedicht.

Durch den Einsatz literarischer und sprachlicher Mittel erreicht der Autor eine Lebendigkeit und Anschaulichkeit, die den Leser unmittelbar anspricht. Das Naturphänomen Feuer wird von ihm „erlebt", z. B.

- durch Verwendung lautmalerischer (onomatopoetischer) Wörter – Wörter ahmen außersprachliche Schallereignisse sprachlich nach,
- durch Alliterationen – mehrere Wörter mit gleichem Anfangsbuchstaben werden hintereinander verwendet,
- durch Ansprache des Lesers / der Leserin mit wiederkehrenden Fragen in der ersten Zeile jeder Strophe – „Hörst du, wie …?", „Siehst du, wie …?",
- durch Personifikation des Feuers durch Zuschreibung menschlicher Eigenschaften – das Feuer „tanzt" …; die Flammen „flüstern" …

Aufgabe 1

Die Kinder lesen das Gedicht erst einmal jedes für sich. Wird es vorgelesen, sollte ein Kind, das gut und sicher lesen kann, gewählt werden. Die Kinder können zunächst frei über das Gedicht sprechen und über das, was ihnen auffällt. Dann wird ihre Aufmerksamkeit auf das jeweils erste Wort gelenkt. Zur Verdeutlichung können die Wörter auch an die Tafel geschrieben werden. Die Kinder können diese dann den 5 Sinnen zuordnen.

Aufgabe 2

Die Kinder suchen im Text die Verben und schreiben sie geordnet nach Flammen und Feuer auf.

D Verwendete Stilmittel, z. B. die Alliteration, in ihrer Form und Funktion (rhythmische Gliederung, Verleihen von inhaltlichem Nachdruck) näher erläutern, Beispiele dazu finden und aufschreiben.

Aufgabe 3

Das Finden der Adjektive wird den Kindern keine Probleme bereiten. Mit sprachschwächeren Kindern kann die Bedeutung einiger seltener gebrauchter Adjektive besprochen werden, z. B. indem sie diese mit eigenen Worten umschreiben (*wohlig* – man fühlt sich *warm, wohl, entspannt*) oder verwandte Wörter dazu suchen (*brandig: Brand, angebrannt, verbrannt*).

D Großformatige „Flammen" aus gelbem und rotem Tonkarton ausschneiden, Wörter in diese Formen schreiben und in der Klasse aufhängen.

Aufgabe 4

Beim Partnerlesen können die Strophen abwechselnd von beiden Kindern gelesen werden. Das jeweils andere Kind gibt Rückmeldung, ob die gewählte Sprechweise zur jeweiligen Strophe passt.

Aufgabe 5

Die Schülerinnen und Schüler tragen das Gedicht vor der Klasse vor und lassen sich Rückmeldung geben.

▶ *Jo-Jo Lesebuch, S. 144, 147*

Weitere Anregungen
- *sich mit James Krüss (1926–1997) und seinen Werken beschäftigen; Bücher dazu auslegen*
- *weitere Naturgedichte besprechen, z. B. „Sommer" von Ilse Kleberger*
- *Texte vom Feuer lesen, z. B. „Die Sage von Prometheus. Wie das Feuer auf die Erde kam. In: Indianermärchen aus Nordamerika. Frankfurt a. M.: Fischer (antiquarisch).*

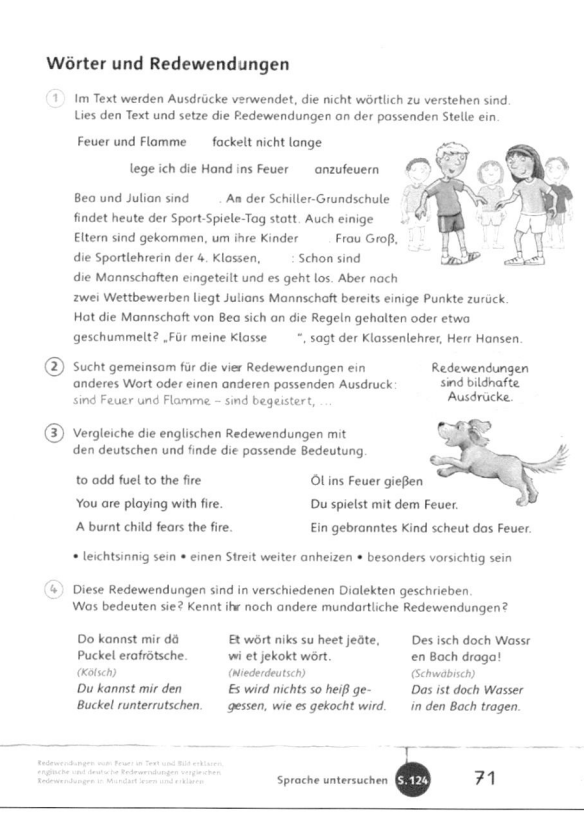

Die Seite „Wörter und Redewendungen" knüpft inhaltlich an das Thema „Feuer" an. Redewendungen und Redensarten, also bildhafte Ausdrücke rund ums Feuer, gibt es in vielen Sprachen. Da die meisten Grundschulkinder als Erstes in Kontakt mit der englischen Sprache kommen, werden hier einige englische den entsprechenden deutschen Redewendungen gegenübergestellt und ihre Bedeutung geklärt (im Kursteil auch anderssprachige). Darüber hinaus sind Redewendungen im Dialekt weit verbreitet.

Aufgabe 1

Die Kinder lesen zunächst den Text und die blau hinterlegten Redewendungen, die sich ebenfalls auf das Feuer beziehen. Dann setzen sie diese entsprechend passend ein: *Feuer und Flamme – anzufeuern – fackelt nicht lange – lege ich die Hand ins Feuer*. Evtl. kann der Text als Übung ins Heft abgeschrieben werden.

Aufgabe 2

Hier geht es um die Bedeutung der Redewendungen: Die Kinder suchen für jede Redewendung ein anderes Wort oder einen anderen passenden Ausdruck, z. B.: *sind Feuer und Flamme – sind begeistert; anfeuern – anspornen, antreiben; nicht lange fackeln – nicht lange zögern, keine Zeit verlieren; die Hand ins Feuer legen – volles Vertrauen zu jemandem haben*.

Aufgabe 3

Drei Redewendungen in englischer Sprache sind die deutschen Entsprechungen gegenübergestellt. Die Kinder können die englischen Sätze wohl noch nicht lesen, sie können sich aber beim Sprachvergleich an einzelnen Wörtern orientieren: z. B. am Wort *fire – Feuer*. Weitere Wörter sind evtl. aus anderen Zusammenhängen bekannt: *child – Kind*; *fuel – Benzin*; *playing – spielen*. Anschließend können die Kinder die jeweils passende Bedeutung zuordnen.

Aufgabe 4

Auch im Dialekt gibt es viele Redewendungen, die zum Sprachvergleich mit der Hochsprache auffordern. Die Kinder können die Redewendungen lesen, sie evtl. in den eigenen Dialekt übertragen und erklären, was sie bedeuten: *Lass mich in Ruhe! – Nichts ist so schlimm, wie es zunächst scheint. / Erst mal abwarten! – Das ist überflüssig, unsinnig.*

D | Redewendungen zum Thema „Feuer" können bildlich umgesetzt werden.

▶ *Jo-Jo Sprachbuch: Sprache untersuchen, S. 124*

▶ *Jo-Jo Arbeitsheft, S. 46*

▶ *Jo-Jo Lesebuch, S. 145, 151*

▶ *Jo-Jo Kopiervorlagen, Nr. 22*

Weitere Anregung
- *Ratespiel mit verschiedenen Redewendungen: In Einzel- oder Partnerarbeit setzen die Kinder Redewendungen als Zeichnungen auf Folie um und präsentieren diese am Projektor. Sie können Redewendungen aber auch pantomimisch vorspielen. Die anderen Kinder in der Klasse müssen herausfinden, um welche Redewendung es sich handelt. Beispiele:*
  - *mit dem Kopf gegen die Wand rennen*
  - *etwas liegt einem auf der Zunge*
  - *den Boden unter den Füßen verlieren*
  - *mit dem linken Bein aufstehen*
  - *auf dem Teppich bleiben*
  - *Löcher in die Luft / in die Wände starren*
  - *etwas an den Haaren herbeiziehen*
  - *ein Auge zudrücken*
  - *jemandem Löcher in den Bauch fragen*
  - *sich etwas hinter die Ohren schreiben*
  - *jemandem das Herz brechen*

Zur Bedeutung der Redensarten können die gängigen Kindersuchmaschinen verwendet werden.

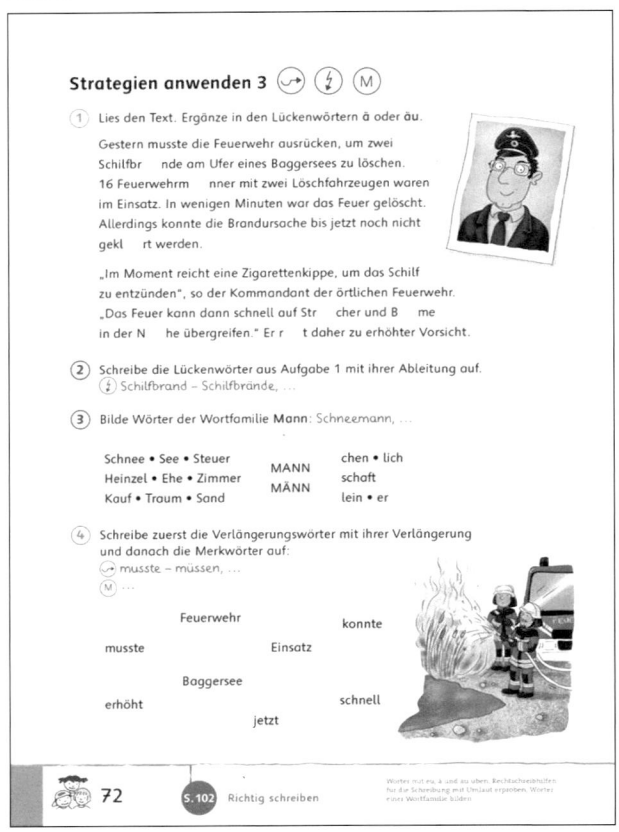

Der Übungstext thematisiert die aus der Trockenheit resultierende Gefahr von Waldbränden.

Aufgabe 1

Die Kinder lesen den Text über zwei Schilfbrände und füllen die Lücken zunächst mündlich. Dies kann gemeinsam mit der gesamten Lerngruppe Satz für Satz erledigt werden.

Aufgabe 2

Anschließend schreiben die Kinder die Lückenwörter mit ihrer Ableitung auf. Dies dürfte aufgrund der mündlichen Vorarbeit kein Problem mehr darstellen. Es ist ergänzend empfehlenswert, nochmals die Wörter mit ä zu wiederholen, die sich nicht ableiten lassen und von daher als Merkwörter gelernt werden müssen, z.B.: *Bär, Träne, Mädchen, März, Käfig, Käse, Säge, Märchen.*

Aufgabe 3

Hier werden Wörter zur Wortfamilie *Mann/Männ* gebildet. Wenn zusätzlich zu den Nomen der Artikel notiert wird, fällt es manchen Kindern leichter, die Großschreibung zu beachten. Leistungsstärkere Kinder können z.B. dem Duden noch weitere Wörter mit *Mann/Männ* entnehmen und sie werden wahrscheinlich überrascht sein, wie viele es gibt.

Aufgabe 4

Bei dieser anspruchsvollen Aufgabe müssen die Kinder zunächst überlegen, welche Wörter sich durch die Strategie „Verlängern" richtig schreiben lassen und welche als Merkwörter gelernt werden müssen.

Verlängert werden können folgende Wörter:
musste – müssen, erhöht – erhöhen, schnell – schnelle, konnte – können, Einsatz – einsetzen.

Die folgenden Wörter müssen als Merkwörter gelernt werden: *Feuerwehr, Baggersee, jetzt.*

Die Lösung der Aufgabe sollte in jedem Fall gemeinsam verglichen bzw. überprüft werden.

▶ *Jo-Jo Sprachbuch: Richtig schreiben, S. 102*

▶ *Jo-Jo Arbeitsheft, S. 24*

▶ *Jo-Jo Kopiervorlagen, Nr. 11*

Seite 73

Aufgabe 1

Die vertrauten Übungsformen befähigen die Kinder, selbstständig Wörter und Texte zu üben. Die Selbstkontrolle der Schreibergebnisse kann stets durch eine Partnerkontrolle ergänzt werden.

Aufgabe 2

Die Kinder suchen mindestens sieben Merkwörter im Übungstext und schreiben sie auf. Ihre Lösung können sie anhand der Wörterliste überprüfen.

Aufgabe 3

Zur Strategie „Ableiten" suchen die Kinder mindestens fünf Wörter im Text und schreiben sie mit der Ableitung auf.

Aufgabe 4

Hier sollen zu vorgegebenen Wörtern passende Verlängerungen gefunden werden.

Das Lerntagebuch fordert auf, weitere Redewendungen zu sammeln und deren Bedeutung zu erklären. Sprachschwächeren Kindern kann eine Auswahl an die Hand gegeben werden. Die Redewendungen können auch illustriert werden.

▶ *Jo-Jo Sprachbuch: Lernspuren, S. 6, 7, 19*

KV 32 *Schleichdiktat* KV 33 *Diktatvorbereitung*

Schleichdiktat

Es brennt

Jedes Jahr im Sommer ist die Gefahr eines
Waldbrandes sehr hoch.

Oft regnet es viele Wochen nicht.

Dann sind die Feuertürme täglich besetzt
und die Feuerwehr steht bereit.

Gestern Mittag gab es einen Feueralarm.

Am Waldrand stand die Böschung in Flammen.

Die Lage war ernst, denn das Feuer griff schon
auf Bäume und Sträucher über.

Es stieg dunkler Rauch in die Höhe.

Zwei Stunden lang klatschte Wasser
auf die brennende Fläche.

Das brennende Holz knackte und knisterte sehr laut.

Die Brandstelle wurde die ganze Nacht kontrolliert.

Erst als nichts mehr qualmte,
packten die Feuerwehrleute die letzten Geräte ein.

Der Brand war gelöscht.

Aber nur noch die Reste der Bäume
ragten traurig in den Himmel.

Diktatvorbereitung

❶ Schreibe die Nomen in der Einzahl (im Singular) auf. Denke an die Artikel.

die Brände – **der Brand** _____

die Wälder – _____

die Männer – _____

die Sträucher – _____

die Ränder – _____

die Geräte – _____

❷ Sortiere die Wörter in die Tabelle ein. Achte auf die Groß- und Kleinschreibung.

GEFAHR   HÖHE

LÖSCHEN   MITTAG   TRAURIG

KONTROLLIEREN   DUNKEL   GLÜHEN

~~HITZE~~   KNACKEN   RAUCH   KLATSCHEN

BEREIT   FLÄCHE   KNISTERN

Nomen	Verben	Adjektive
die Hitze	_____	_____
_____	_____	_____
_____	_____	_____
_____	_____	
_____	_____	
_____	_____	

❸ Bilde von den Verben die 1. Vergangenheit (Präteritum).

es qualmt – **es qualmte** _____

er kontrolliert – _____

es knistert – _____

ich lösche – _____

es knackt – _____

wir klatschen – _____

Cornelsen   Autorin: Martina Schramm   Illustration: Sabine Rothmund   **Jo-Jo SB 4**, Kapitel Sommerhitze, S. 73   **KV 33**

Ich liebe Bücher

Verbundübersicht

Jo-Jo Sprachbuch, Themenkapitel Seite 74–77	Jo-Jo Sprachbuch, Kursteil Seite 142 🎲🎲🎲	Jo-Jo Arbeitsheft Seite 64 🎲🎲🎲
Jo-Jo Arbeitsheft Fördern Seite 74–77	Jo-Jo Kopiervorlagen Nr. 31 🎲🎲🎲	Jo-Jo Lesebuch Seite 152–165, 185–187

Lerninhalte

Sprechen und Zuhören	Vermutungen zu Buchinhalten äußern; Hypothesen bilden (74)
Lesen – mit Texten und Medien umgehen	Arbeitsanweisungen lesen und verstehen (74–77); Informationen in unterschiedlichen Medien suchen, die eigene Leseerfahrung beschreiben: Lesetagebuch (75); Kriterien für einen Textabschnitt bestimmen; einen passenden Textabschnitt auswählen (76); ein Kinderbuch selbst auswählen, eine Buchvorstellung planen, vorbereiten, interessant gestalten und durchführen (77)
Schreiben (Texte verfassen)	Informationen zu einem Autor/ einer Autorin und zum Buch sammeln und zusammenfassen; ein Lesetagebuch schreiben (75) **Texte verfassen** SB (142), AH (64)

Vorüberlegungen

Das Kapitel „Ich liebe Bücher" befindet sich zwar am Schluss des Buches, ist jedoch zu jedem Zeitpunkt im Schuljahr einsetzbar.

Während in den vergangenen Schuljahren Lieblingsbücher und Lesegewohnheiten sowie die Arbeit einer Autorin und das Thema „Bücherei" im Mittelpunkt standen, liegt der Schwerpunkt im 4. Schuljahr bei der Buchpräsentation. Ziele sind dabei im weitesten Sinne die Förderung der Lesekultur in der Klasse, die Anregung zur Beschäftigung mit Büchern und das Wecken von Begeisterung und Interesse am Lesen. Aktivitäten „rund um das Buch" sollten im Schulalltag verankert und zu selbstverständlichen Bestandteilen des Schullebens werden. Deshalb wird auch davon ausgegangen, dass Buchpräsentationen in den Unterricht eingebunden sind und keine „einmaligen Aktionen" bleiben. Die Erarbeitung und Durchführung einer Buchpräsentation soll die Kinder befähigen, Informationsmedien (Internet, Lexika, Buchprospekte, Klappentexte) selbstständig und sinnvoll zu nutzen und Präsentationsmedien (Folien für den Projektor, Karteikarten, Wandzeitungen, Plakate, Ausstellungen usw.) planvoll einzusetzen und zu gestalten. Das Kapitel zeigt Möglichkeiten auf und macht auch mit Arbeitstechniken wie dem Auswählen interessanter Textpassagen vertraut. Die Kinder können entweder über das Schuljahr verteilt oder im Rahmen eines Projekts (Bücherwoche, Tage des Lesens etc.) Bücher vorstellen. Das Planen und Durchführen von Buchpräsentationen lässt sich natürlich auch auf andere Themen des Deutsch- und Sachunterrichts übertragen.

Das Kapitel stellt in Verbindung mit dem Jo-Jo Lesebuch Bücher von Sabine Ludwig in den Mittelpunkt, speziell „Klassentreffen bei Miss Braithwhistle". Sie ist eine der erfolgreichsten Kinder- und JugendbuchautorInnen weltweit. Einige ihrer Bücher sind wahrscheinlich in jeder Schule oder öffentlichen Bücherei vorhanden. In einem Lesetagebuch können die Schülerinnen und Schüler parallel ihre Leseerfahrungen reflektieren.

Ideen für fächerübergreifendes Arbeiten
Kunst
- Plakate / Wandzeitungen / Folien gestalten
- „Lesethron"; „Bücherwurm" als Lesezeichen gestalten
- Lesetische dekorieren

Zum Einsatz der Kapitelseiten

📖 **Seite 74**

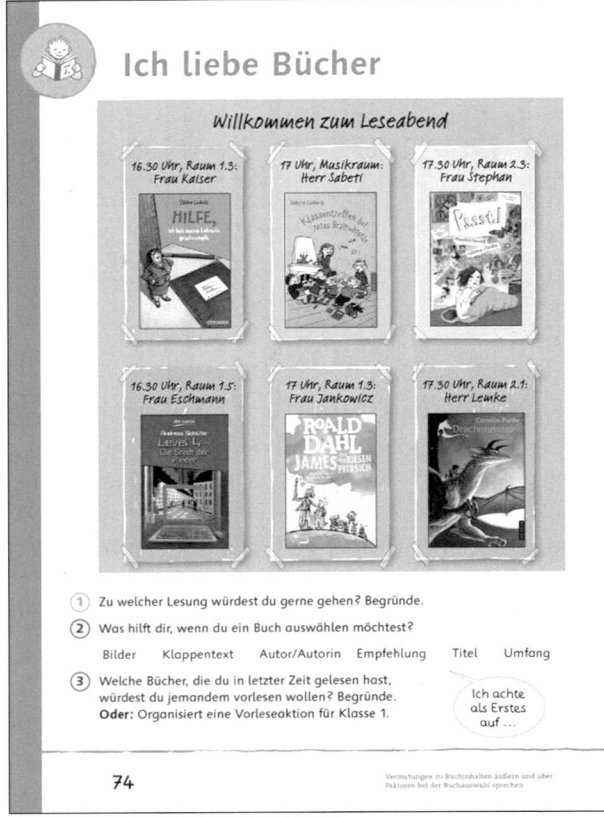

Wer sich mit Büchern beschäftigen will, sieht sich einer wahren Titelflut ausgesetzt, in der er oder sie sich zurechtfinden muss. Ohne Frage lassen wir uns bei der Auswahl eines Buches oft viel stärker von Gefühlen leiten als von rationalen Überlegungen. Den Verlagen bzw. Buchgestaltern ist dies durchaus bewusst: Sie versuchen, durch besondere Covergestaltungen auf sich aufmerksam zu machen und uns zur Lektüre bzw. zum Kauf eines Buches anzuregen. Denn letztlich ist das Buch ein Wirtschaftsprodukt wie viele andere auch. Alle diese Zusammenhänge können den Kindern im Zuge der Arbeit mit der Sprachbuchseite 74 deutlich werden.

Aufgabe 1

Aus Anlass eines Leseabends in der Schule werden verschiedene Bücher anhand ihres Buchcovers vorgestellt. Bei allen Büchern handelt es sich um Erzählungen bzw. Romane und entsprechend fantasievoll und aufwendig sind die Cover gestaltet. Die Kinder betrachten die Abbildungen und überlegen, welches Buch sie am liebsten kennenlernen würden: Welcher Titel klingt am Spannendsten, am Interessantesten? Warum ist das so? Welchen Buchinhalt vermutet man hinter dem Titel und dem Cover? Im Unterrichtsgespräch können die Kinder ihre Eindrücke austauschen und entscheiden, zu welcher Lesung sie gehen würden. Dabei sollten sie ihre

Entscheidung begründen. Falls einige Kinder den einen oder anderen Titel kennen, sollten sie sich zunächst zurückhalten und die Mitschülerinnen und Mitschüler unbeeinflusst ihre Entscheidung treffen lassen.

D Die Kinder können auch entscheiden, welches der vorgestellten Bücher sie nicht gern lesen würden. Auch hier darf natürlich die Begründung nicht fehlen.

Aufgabe 2

Anhand vorgegebener Stichworte sollen die Kinder nun überlegen, wonach sie sich richten, wenn sie ein Buch auswählen. Einige Kinder werden dazu ihre feste Meinung haben. Andere benötigen evtl. die Erklärung der Fachbegriffe. Die Sprechblase gibt ein mögliches Satzmuster vor.

D Interessant kann es sein, Bücher in einer Bücherei auszuleihen und die Klappentexte mit den Vermutungen der Kinder zu vergleichen.

Aufgabe 3

In dieser Aufgabe geht es um die Leseerfahrungen der Kinder. Welches Buch haben sie vor kurzem gelesen? Welches Buch würden sie anderen empfehlen bzw. vorlesen? Nach welchen Kriterien gehen sie bei ihrer Auswahl vor? Die Oder-Aufgabe regt die Organisation einer Vorleseaktion in Klasse 1 an. Für die Viertklässler bedeutet dies, dass sie sich in die Situation der Leseanfänger versetzen müssen, sowohl was die Auswahl der Geschichten betrifft als auch im Hinblick auf den Umfang und die Lesegeschwindigkeit.

▶ *Jo-Jo Lesebuch, S. 164/165*

> *Weitere Anregungen*
> - *sich über feste Vorlesezeiten und ein bestimmtes Buch von Sabine Ludwig verständigen; das Buch Stück für Stück vorlesen und über den Inhalt ins Gespräch kommen (siehe auch die folgenden beiden Seiten dieser Handreichung)*
> - *einen Leseabend in der Schule organisieren*
> - *sich von einem Buchcover zum Schreiben einer Geschichte anregen lassen, ohne den Inhalt des Buches zu kennen*
> - *Steckbriefe zu Lieblingsbüchern schreiben: Autor/Autorin, Titel, Verlag, Buchgattung, Informationen zum Inhalt, Umfang, was mir an diesem Buch gefällt …*
> - *eine Umfrage zu Lieblingsbüchern machen und die Ergebnisse als Balken- oder Kreisdiagramm darstellen*

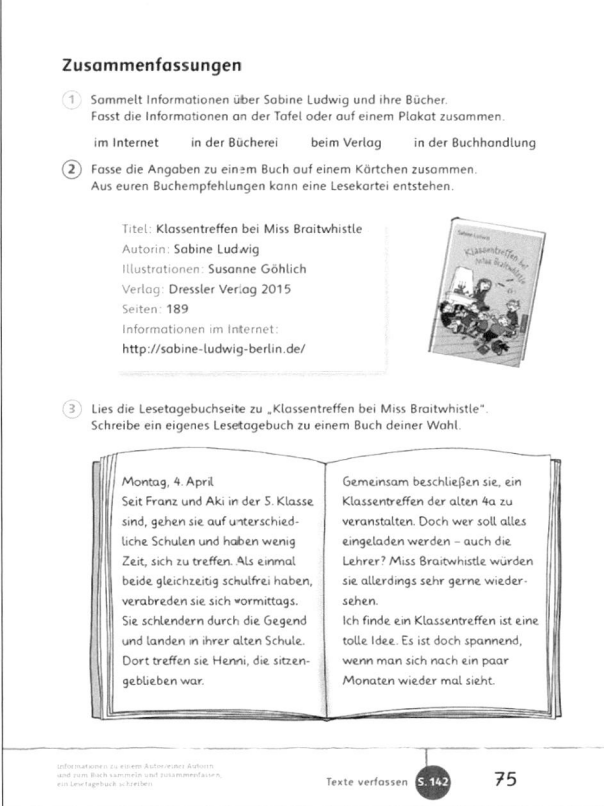

Aufgabe 1

Zunächst geht es darum, Informationen über Sabine Ludwig und ihre Bücher zu sammeln. Alternativ kann jedoch auch ein anderer Autor von Kinderromanen von Interesse sein. Möglicherweise ist den Kindern ja bereits durch eine Schulveranstaltung ein bestimmter Autor/eine bestimmte Autorin bekannt, der/die nun nochmals detailliert in den Blick genommen werden kann. Die Kinder können mit einem Partnerkind oder in Gruppen arbeiten und auf verschiedene Art und Weise recherchieren. Das Internet stellt eine Vielzahl von Informationen zur Verfügung.

> **Zur Autorin Sabine Ludwig:**
> *www.sabine-ludwig-berlin.de*
> *www.dressler-verlag.de/buecher/specials/sabine-ludwig.html*
> *www.rossipotti.de* (Literaturlexikon für Kinder)

Aber auch in Sabine Ludwigs Büchern sind Informationen zu ihr zu finden. Gemeinsam kann auch ein Unterrichtsgang in eine Buchhandlung oder Bücherei unternommen werden, um dort Informationen und Antworten auf Fragen zu erhalten.
Indem die Kinder ein Plakat mit Informationen zusammenstellen, schreiben sie bewusst für andere, um sie

gezielt zu informieren. Es bietet sich an, den Kindern nochmals zu verdeutlichen, worauf sie bei einem Plakat achten müssen.

> **So schreibe und gestalte ich ein Plakat**
> * Ich schreibe deutlich lesbar und übersichtlich.
> * Ich schreibe alles so groß, dass ich es aus einer Entfernung von einem Meter gut lesen kann.
> * Ich schreibe Stichworte auf oder kurze Sätze.
> * Ich benutze verschiedene Farben und Unterstreichungen, um Wichtiges hervorzuheben.
> * Ich klebe Bilder dazu oder male etwas, um das Plakat ansprechend zu gestalten.

Aufgabe 2

Die Lehrkraft kann den Kindern für diese Aufgabe linierte Karteikarten im Format DIN A5 zur Verfügung stellen. Auf die Karte schreibt jedes Kind bibliografische Daten gemäß der Sprachbuchseite. Die Karten können zu einer Lesekartei zusammengefasst werden.

D Differenzierend können die Kinder auf der Rückseite der Karten „Klappentexte" bzw. kurze Inhaltsangaben schreiben. Aus dem Internet kann man Buchcover ausdrucken und dazukleben.

Aufgabe 3

Die Sprachbuchseite schließt mit der Empfehlung, ein Lesetagebuch zu schreiben. Die Illustration gibt den Kindern ein Beispiel, das sich auf die Lektüre des Buches „Klassentreffen bei Miss Braithwhistle" bezieht. Die Kinder können aber natürlich auch zu anderen Kinderromanen ein Lesetagebuch führen. Der Vorteil eines solchen Tagebuchs liegt zum einen in der Reflexion des Gelesenen, zum anderen jedoch in der Verknüpfung der Bereiche Lesen und Schreiben. Wenn das Lesetagebuch stärker formal orientiert sein soll, notieren die Kinder neben dem Datum auch die Seiten, auf die sich der Kommentar bezieht. Im Tagebuch können auch Fragen notiert oder kleine Zeichnungen gemacht werden. Jedes Kind entscheidet selbst, ob es sein Lesetagebuch jemandem zeigen will oder nicht.

▶ *Jo-Jo Sprachbuch: Texte verfassen, S. 142*

▶ *Jo-Jo Arbeitsheft, S. 64*

▶ *Jo-Jo Lesebuch, S. 154, 156/157*

▶ *Jo-Jo Kopiervorlagen, Nr. 31*

> **Weitere Anregung**
> * *die Arbeit einer Illustratorin/eines Illustrators kennenlernen; s. Jo-Jo Lesebuch, S. 158, 159*

Einen Textabschnitt wählen

1. Wie muss ein Textabschnitt sein, der Zuhörer auf das Buch neugierig macht? Überlegt gemeinsam.

2. Lies die drei Textabschnitte. Wähle einen aus, der deiner Meinung nach andere Kinder neugierig macht. Begründe deine Wahl.
   Oder: Suche selbst im Buch einen geeigneten Textabschnitt.

Plötzlich gab es ein fürchterliches Sausen wie von einem starken Wind, die Weihnachtskarten auf dem Kaminsims sind umgefallen und das Feuer ist ausgegangen. Dann rumpelte es im Kamin und es erschienen zwei schwarze Stiefel. In den Stiefeln steckte jemand, denn man hörte ihn sagen: „I'm stuck! Damn it, what a bummer!" Wir haben es nicht verstanden, aber es klang wie „Himmel, Arsch und Zwirn!", nur auf Englisch. „Das ist der Weihnachtsmann!", hat Pauline gerufen und an dem einen Stiefel gezogen. „Der hat Geschenke dabei!", hat Max gerufen und am anderen Stiefel gezerrt.

„Du bist ja vielleicht ein Angsthase", sagte Pauline spöttisch. „Wusste gar nicht, dass du so schnell schwimmen kannst", meinte Max. „Als wäre der Teufel hinter dir her", sagte Annalisa. „Der Teufel nicht, aber ein Hai!", stieß ich hervor. Und dann fingen alle an zu lachen. Sogar Aki hat gelacht. Ich habe mich umgedreht. Der Hai kam geradewegs auf mich zu. Auf zwei Beinen. „Tut mir leid, ich wollte euch nicht erschrecken", hat der Hai gesagt, der natürlich gar kein Hai war, sondern ein Junge mit einer schwarzen Haiflosse auf dem Rücken.

Und dann hörte ich einen Schrei. Einen hohen Schrei, der mir das Blut in den Adern gefrieren ließ. Gleich darauf ertönten tiefes Brummen und schrilles Wiehern. Wo waren wir? Auf einem Pferdehof? In der Geisterbahn? In einer Pferdegeisterbahn? Es war stockdunkel. Und trotzdem hatte ich das Gefühl, von tausend Augen beobachtet zu werden.

Sabine Ludwig
Aus: Klassentreffen
bei Miss Braitwhistle

3. Übe, deinen Textauszug gut vorzulesen.

 76 · Kriterien für einen Textabschnitt bestimmen, einen passenden Textabschnitt auswählen

---

Es ist für die Kinder sicher nicht einfach, aus einem mehr oder weniger umfangreichen Buch sinnvolle und repräsentative Textausschnitte auszuwählen. Kriterien dafür lassen sich nur ganz allgemein aufstellen, zumal jeder Leser oder jede Hörerin anders empfindet. Die Sprachbuchseite will die Kinder jedoch dazu anregen, sich Gedanken darüber zu machen, welche Textstellen sich für eine Buchpräsentation gut eignen könnten. Dies gelingt als Einstieg gut mittels ausgewählter Textstellen, die auch von schwächeren Lesern von der Menge her bewältigt werden können. Stärkere Kinder können selbst im Buch nach geeigneten Textstellen suchen und sich darin üben, diese Passagen gut vorzulesen.

Aufgabe 1

Die Kinder können zunächst in Gruppen oder mit einem Partnerkind überlegen, wie ein Textabschnitt sein muss, um die Zuhörenden zu fesseln und auf ein Buch neugierig zu machen. Den Schülerinnen und Schülern wird zunächst sicher einfallen, dass der Text spannend sein sollte. Welche Gründe gibt es aber vielleicht noch, von einem Text bzw. einer Geschichte fasziniert zu sein? Neben inhaltlichen Gesichtspunkten, die genannt werden können, kann die Lehrkraft den Blick auch auf formale Aspekte lenken. So sollte der gewählte Textabschnitt natürlich nicht zu lang sein, sodass er die Zu-

hörer ermüdet, aber auch nicht so kurz, dass sich kein Interesse aufbauen kann. Sicherlich sollte man auch nicht den Schluss eines Buches wählen, um nicht zu viel vorwegzunehmen. Man kann natürlich auch mehrere Textstellen aus einem Buch vorstellen, um ein breiteres inhaltliches Spektrum abzudecken. Auf jeden Fall sollten die Textausschnitte als Leseproben das Interesse des potenziellen Lesers wecken und ihm einen ersten Eindruck des Buches ermöglichen.

Aufgabe 2

Die Kinder lesen die drei Textabschnitte und wählen einen aus, von dem sie glauben, dass er das Interesse anderer Kinder wecken kann. Leistungsstärkere Kinder können im Buch selbst einen geeigneten Textabschnitt auswählen. Wichtig ist, dass ein Gespräch mit der gesamten Lerngruppe stattfindet, indem die Kinder ihre Auswahl begründen. Sie könnten z. B. äußern, dass der letzte Abschnitt spannend ist, weil „man wissen möchte, warum der ‚hohe Schrei' ertönt".

Aufgabe 3

Nun geht es darum, dass jedes Kind den Vortrag eines Textauszuges vorbereitet und gründlich einübt. Gemeinsam sollten zuvor Tipps für gutes Vorlesen erarbeitet bzw. zusammengetragen werden. Wenn die Kinder mit einer Kopie ihres Textauszuges arbeiten dürfen, können sie Markierungen eintragen, die für das Vorlesen hilfreich sind.

Tipps für gutes Vorlesen
- Teile einen längeren Text zunächst mit Linien in Abschnitte ein.
- Lies jeden Abschnitt erst leise, dann mehrmals halblaut, bis du ihn sicher lesen kannst.
- Markiere Stolperwörter, die schwierig sind.
- Unterstreiche Wörter, die du betonen willst.
- Achte auf wörtliche Rede, auf Fragen oder Ausrufe.
- Lies deinen Text laut und deutlich.
- Lies nicht zu schnell.

Weitere Anregungen
- *Die Kinder reflektieren und bewerten die ausgewählten Leseproben bzw. den Vortrag.*
- *Plakat mit den o. g. Vorlesetipps erstellen*
- *Jo-Jo Lesebuch, S. 164/165: Zu den abgebildeten Buchcovern die entsprechenden Buchauszüge im Buch suchen und vorlesen.*
- *sich selbst einen Buchtitel ausdenken und ein passendes Cover dazu gestalten oder zu einem bekannten Buch ein neues Cover entwerfen*

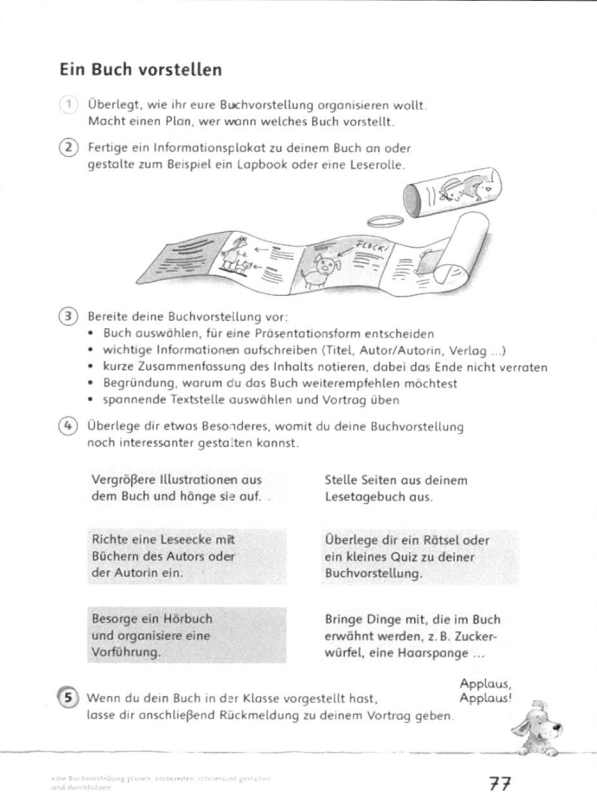

Ein Buch vorstellen

① Überlegt, wie ihr eure Buchvorstellung organisieren wollt. Macht einen Plan, wer wann welches Buch vorstellt.

② Fertige ein Informationsplakat zu deinem Buch an oder gestalte zum Beispiel ein Lapbook oder eine Leserolle.

③ Bereite deine Buchvorstellung vor:
• Buch auswählen, für eine Präsentationsform entscheiden
• wichtige Informationen aufschreiben (Titel, Autor/Autorin, Verlag ...)
• kurze Zusammenfassung des Inhalts notieren, dabei das Ende nicht verraten
• Begründung, warum du das Buch weiterempfehlen möchtest
• spannende Textstelle auswählen und Vortrag üben

④ Überlege dir etwas Besonderes, womit du deine Buchvorstellung noch interessanter gestalten kannst.

Vergrößere Illustrationen aus dem Buch und hänge sie auf.	Stelle Seiten aus deinem Lesetagebuch aus.
Richte eine Leseecke mit Büchern des Autors oder der Autorin ein.	Überlege dir ein Rätsel oder ein kleines Quiz zu deiner Buchvorstellung.
Besorge ein Hörbuch und organisiere eine Vorführung.	Bringe Dinge mit, die im Buch erwähnt werden, z.B. Zuckerwürfel, eine Haarspange ...

⑤ Wenn du dein Buch in der Klasse vorgestellt hast, lasse dir anschließend Rückmeldung zu deinem Vortrag geben.

Applaus, Applaus!

eine Buchvorstellung planen, vorbereiten, interessant gestalten und durchführen

77

Auf der letzten Seite des Kapitels „Ich liebe Bücher", liegt der Schwerpunkt auf dem Thema „Buchvorstellung". Jedes Kind sollte die Gelegenheit haben, ein Buch vorzustellen. Dies ist auch im Hinblick auf die weiterführende Schule wichtig, in der die mündliche Präsentation einen noch größeren Raum einnehmen wird als in der Grundschule. Falls sich zwei Partnerkinder auf ein gemeinsames Buch einigen können, kann auch die Vorstellung gemeinsam gestaltet werden.

Aufgabe 1

Die Kinder überlegen, welches Buch sie vorstellen möchten. Es kann vereinbart werden, die Buchvorstellung nur auf Romane für Kinder zu beziehen, um so die Präsentation von Sachbüchern auszuschließen, für die zum Teil andere Kriterien gelten als für erzählende Texte. Um Doppelungen zu vermeiden, kann jedes Kind „sein" Buch und den entsprechenden Autor auf einen Zettel schreiben. Die Zettel werden gesammelt und vorgelesen. Falls Titel doppelt genannt werden, sollten sich die Kinder auf andere Bücher einigen, damit es im Unterricht nicht langweilig wird. Die Frage, wer sein Buch wann vorstellt, kann ebenfalls per Losentscheid geklärt werden. Falls die Kinder weitere Vorschläge haben, wie die Buchvorstellungen organisiert werden können, sollte dazu eine Gesprächsrunde stattfinden. Insgesamt sollte der Zeitrahmen für die Vorstellung eines Titels nicht zu umfangreich sein. Zehn Minuten sollten für den Vortrag eher nicht überschritten werden.

Aufgaben 2 und 3

Als Teil der Buchpräsentation sollen die Kinder ein informierendes Plakat (siehe auch diese Handreichung S.121), ein Lapbook (siehe Jo-Jo Sprachbuch 2, S.74) oder eine Leserolle (siehe Jo-Jo Lesebuch, S.186) anfertigen. Außerdem sollte die Buchpräsentation bestimmte Teile enthalten, die in Aufgabe 3 zusammengefasst sind. Für die in Aufgabe 5 angeregte Rückmeldung können diese als Kriterien dienen.

Aufgabe 4

Differenzierend werden hier weitere Möglichkeiten für eine ansprechende Buchpräsentation vorgestellt. Es sollte aber kein Wettbewerb darüber entstehen, wer den aufwendigsten Vortrag hält, um zu vermeiden, dass diese Aufgabe vor allem von engagierten Eltern getragen wird und einzelne Kinder, die über diese Unterstützung nicht verfügen, benachteiligt werden.

Aufgabe 5

Nach der Buchvorstellung dürfen die aufmerksam Zuhörenden Verständnisfragen stellen, positive Punkte hervorheben und auch anmerken, was man noch besser machen könnte.

Weitere Anregungen
• *Einen Lesethron gestalten:*
  Zum Lesethron kann jeder beliebige alte Stuhl umgestaltet werden, z.B. mit Tüchern, Pappe oder Krepppapier. Für die Kinder ist es ein zusätzlicher Anreiz, auf diesem „Thron" zu sitzen und vorzulesen. Gute Dienste leistet er auch bei einem Lesewettbewerb oder einer regelmäßigen Vorlesezeit.
• *Tipps für das „Verankern" des Lesens im Unterricht:*
  – *die feste Lesezeit in der Klasse,*
  – *die Lesepatenschaft für eine erste Klasse,*
  – *der Vorlesewettbewerb innerhalb der Klasse oder Klassenstufe/Schule,*
  – *ein Buch oder einen Autor/eine Autorin der Woche vorstellen (Verbindung zur Buchpräsentation),*
  – *eine Ausleihe organisieren,*
  – *Eltern oder andere Lehrkräfte sowie Personen von außerhalb der Schule zum Vorlesen einladen (z.B. Eltern lesen aus ihren Lieblingsbüchern/Kinderbüchern),*
  – *Bücherkisten und Büchertische zu bestimmten Themen zusammenstellen,*
  – *Bücher zu aktuellen/bekannten Filmen vorstellen und lesen („Sams", „Rennschwein Rudi Rüssel", „Emil und die Detektive", „Fünf Freunde" etc.).*

Diagnosebögen

Zur Beobachtungsdokumentation

Angesichts der zunehmenden Heterogenität des Leistungsvermögens innerhalb einer Klasse/Lerngruppe konzentrieren sich die Überlegungen zur Verbesserung der Lernbedingungen und -ergebnisse vor allem auf die Notwendigkeit einer möglichst individuellen Förderung aller Kinder. Dies erweist sich in der Praxis als eine große Herausforderung. Bevor überhaupt geeignete Fördermaßnahmen starten können, gilt es zunächst, die individuellen Leistungsprofile der Kinder zu erfassen.

Die nachfolgenden Bögen zur individuellen Beobachtungsdokumentation stellen hierfür eine wertvolle Hilfe dar: Sie empfehlen – ausgehend von den Lehr- und Rahmenplänen – Kriterien für die Beobachtung der Kinder.

Der Übersichtlichkeit und Systematik wegen sind die Lernbereiche des Sprachunterrichts getrennt aufgeführt, wohl wissend, dass die fachlichen Lernbereiche sich gegenseitig durchdringen.

Mit den individuellen Diagnosebögen als Kopiervorlage steht Ihnen für jedes Kind je eine Seite zur Verfügung, um die Beobachtungen im jeweiligen Lernbereich festzuhalten. Die Einzelbögen bieten Raum für zusätzliche individuelle Anmerkungen. Die Kurzbeurteilung kann in Kurzform, z.B. durch ein Notationsschema mit Ziffern, vorgenommen werden, z.B.:

1 = trifft voll zu
2 = trifft überwiegend zu
3 = trifft nur bedingt zu
4 = trifft gar nicht zu

Es ist aber auch Raum für detaillierte Anmerkungen jenseits einer verkürzten Notation in Ziffern oder Zeichen. Solcherart vorgenommene Beobachtungen können als Gedächtnisstütze oder Informationsblatt dienen. Hilfreich sind sie als Gesprächsgrundlage für Gespräche mit Kolleginnen/Kollegen und Eltern.

Praxistipp:
Nicht alle vorgegebenen Kriterien müssen beobachtet und erfasst werden. Sie bieten aber Anregungen zu Schwerpunkten, die Sie eigenständig wählen können, und verstehen sich als Hilfestellung und Angebot.

KV 34: Individuelle Beobachtungsdokumentation: Sprechen und Zuhören

KV 35: Individuelle Beobachtungsdokumentation: Schreiben/Texte verfassen

KV 36: Individuelle Beobachtungsdokumentation: Sprache untersuchen

KV 37: Individuelle Beobachtungsdokumentation: Richtig schreiben

Individuelle Beobachtungsdokumentation: Sprechen und Zuhören

Name: _____ Klasse: _____ Datum: _____

Beobachtungskriterien	Kurzbeurteilung	Fördermaßnahmen
miteinander sprechen		
• beachtet Gesprächsregeln		
• versteht mündliche Arbeitsaufträge		
• wendet gezielt Zuhörerstrategien an		
• kann gezielt nachfragen		
• wendet sprachliche Gebrauchsformen an (z. B. Gruß, Entschuldigung, Wunsch, Bitte, Dank)		
• vertritt eigene Meinungen und Anliegen argumentativ		
• kann auf Zuhörerreaktionen eingehen		
• erzählt absichtsbezogen und strukturiert		
• kann Informationen situationsgerecht auswählen und weitergeben		
• kann Geschichten folgerichtig erzählen, nacherzählen, weitererzählen		
• kann Gespräche mit einfachen Moderationsformen und -regeln leiten		
Sprechen bewusst gestalten		
• spricht deutlich und artikuliert		
• verwendet einen treffenden Wortschatz		
• setzt Mimik und Gestik sowie Intonation zielgerichtet ein		
• kann im szenischen Spiel verschiedene Rollen einnehmen und gestalten		

Individuelle Beobachtungsdokumentation: Schreiben / Texte verfassen

Name: _____ Klasse: _____ Datum: _____

Beobachtungskriterien	Kurzbeurteilung	Fördermaßnahmen
Schreibanlässe		
• nutzt freie und gebundene Schreibanlässe		
• nutzt Schreiben als Lern- und Arbeitshilfe (z. B. Merkzettel, Stichpunkte, Notizen)		
• schreibt erlebte/erfundene Geschichten strukturiert auf		
• beschreibt Vorgänge und Sachverhalte verständlich		
Texte planen		
• nutzt Planungs- und Schreibhilfen (z. B. Wörtersammlungen, Wortfelder, Satzanfänge, Textmodelle)		
Texte schreiben		
• entwickelt einen Textaufbau		
• beachtet eine stimmige Reihenfolge		
• verwendet treffenden/anschaulichen Wortschatz		
• vermeidet Wiederholungen		
• findet treffende Überschriften		
• beachtet formale Festlegungen bei Gebrauchsformen		
Texte überarbeiten		
• schätzt Texte kriterienorientiert ein		
• setzt Überarbeitungshinweise für eigene Texte um		
• nutzt den Computer bei der Textüberarbeitung und Textgestaltung		
Texte veröffentlichen		
• gestaltet die äußere Textform zweckmäßig und übersichtlich		
• bereitet Texte für die Veröffentlichung vor		

Individuelle Beobachtungsdokumentation: Sprache untersuchen

Name: _____ Klasse: _____ Datum: _____

Beobachtungskriterien	Kurzbeurteilung	Fördermaßnahmen
grundlegende Begriffe: Wort		
• kann die Wortarten Nomen, Artikel, Verb und Adjektiv erkennen und gebrauchen		
• kennt die Funktion der Nomen, deren Formmerkmale und deren Veränderbarkeit im Satz		
• kennt die Funktion der Artikel und die Unterscheidung zwischen bestimmten und unbestimmten Artikeln		
• kennt die Funktion der Pronomen als Ersatz für Nomen		
• kennt die Funktion der Adjektive und deren Vergleichsstufen		
• kennt die Funktion der Verben und deren Formmerkmale (Grundform, Personalform, Wortstamm und Endung, Zeitformen Präsens, Präteritum, Perfekt und Futur)		
grundlegende Begriffe: Satz		
• erfasst den Satz als gegliederte Sinn- und Klangeinheit		
• kann Frage-, Aussage- und Ausrufesätze voneinander unterscheiden		
• kennt die Satzglieder Subjekt, Prädikat, Dativ- und Akkusativobjekt und ihre Funktion		
Verfahren		
• kann Wörter zusammensetzen		
• erkennt die Bedeutungsveränderung zusammengesetzter Wörter		
• kann Wortfamilien zusammenstellen		
• wendet die Umstellprobe zur Ermittlung von Satzgliedern an		
• ermittelt mit der Frageprobe die Satzglieder Subjekt und Prädikat		
• ermittelt durch die Fragen „Wem …?" und „Wen oder was …?" Dativ- bzw. Akkusativobjekte		
• kennt Formen der Ableitung		

Individuelle Beobachtungsdokumentation: Richtig schreiben

Name: _____ Klasse: _____ Datum: _____

Beobachtungskriterien	Kurzbeurteilung	Fördermaßnahmen
Schriftbild		
• verfügt über eine klar lesbare Schrift und schreibt flüssig		
Arbeitstechniken		
• kann methodisch sinnvoll abschreiben		
• nutzt das Wörterbuch als Rechtschreibhilfe		
Regeln		
• beachtet die Großschreibung von Nomen und Satzanfängen		
• beachtet die Zeichensetzung am Satzende: Punkt, Fragezeichen, Ausrufezeichen		
• wendet die Zeichensetzung bei wörtlicher Rede korrekt an		
• beachtet Regeln der Silbentrennung		
• wendet das Komma bei Aufzählungen an		
nicht lautgetreue Schreibungen		
• schreibt geübte Merkwörter richtig (z. B. Wörter mit v/V, h, ß, aa, ee, oo)		
• setzt Schreibung mit doppelten Konsonanten, ck und tz richtig ein		
Strategien		
• unterscheidet b, d, g von p, t, k durch Verlängern		
• sucht Ableitung bzw. verwandte Wörter zur Unterscheidung von ä/e, äu/eu		
• nutzt Wortstamm/Wortfamilie für die richtige Schreibung		
• nutzt silbische Gliederung und Kenntnisse über Wortbausteine		
• kann abgeleitete Wörter auf -ig oder -lich richtig schreiben		
• erkennt individuelle Fehlerschwerpunkte und verfügt über Fehlersensibilität		

Liebe Lehrerinnen und Lehrer,

die bundesweiten Vergleichsarbeiten (VERA) zur Lernstandserhebung sind in der Grundschule mittlerweile zu einem festen Bestandteil geworden. Sie werden jährlich gegen Ende der dritten Klasse durchgeführt und sollen das Erreichen der Bildungsstandards überprüfen sowie Hinweise zur Verbesserung der Lernleistungen und für die Weiterentwicklung des Unterrichts geben. Dazu gehört auch die Verbesserung der Diagnosegenauigkeit.

Sich über einen längeren Zeitraum auf Aufgaben zu konzentrieren, ist für viele Schülerinnen und Schüler ungewohnt und anstrengend. Das gilt auch für die Erfahrung, unter Zeitdruck zahlreiche, zum Teil noch unbekannte Aufgabenformate ohne Hilfsmittel bearbeiten zu müssen.

Mit den vorliegenden Lernstandserhebungen möchten wir Ihre Schülerinnen und Schüler und Sie selbst unterstützen:

- Den Schülerinnen und Schülern sollen die Lernstandserhebungen helfen, sich mit sorgfältig ausgewählten Aufgaben, wie sie auch in den Vergleichsarbeiten verwendet werden, **auf die ungewohnte Testsituation vorzubereiten**. Möglicherweise vorhandene Ängste können so abgebaut und es kann Sicherheit gegenüber der zukünftigen Testsituation gewonnen werden.
- Bei Ihrer **täglichen förderdiagnostischen Arbeit** sollen die Lernstandserhebungen Sie unterstützen und dabei helfen, aktuelle Lernstände und vorhandene Kompetenzen Ihrer Schülerinnen und Schüler in den verschiedenen inhaltlichen Bereichen einzuschätzen und den individuellen förderdiagnostischen Bedarf zu ermitteln.

Die Aufgaben sind an den KMK Bildungsstandards sowie den Lehr- und Bildungsplänen der Bundesländer orientiert und fokussieren die dort beschriebenen Lernziele und zu erreichenden Kompetenzen.

Im **Auswertungsbogen** werden neben den **Aufgabenlösungen** das jeweilige **Niveau** der Aufgabe sowie die jeweils fokussierten **Fähigkeiten, Fertigkeiten und Kenntnisse** beschrieben, die zur Aufgabenbewältigung im Wesentlichen benötigt werden.

In Anlehnung an die drei in den KMK Bildungsstandards angeführten Anforderungsbereiche „Wiedergeben", „Zusammenhänge herstellen" sowie „Reflektieren und beurteilen" (vgl. Bildungsstandards im Fach Deutsch für den Primarbereich, Beschluss vom 15. 10. 2004, S. 17) und die VERA-Fähigkeitsniveaus 1–3 (vgl. VERA, Hinweise zur Weiterarbeit, Erläuterungen zu den Deutschaufgaben 2009, S. 2) sind den Aufgaben der vorliegenden Lernstandserhebungen drei Niveaustufen zugeordnet, die entsprechend *grundlegende, erweiterte* und *fortgeschrittene* Fähigkeiten erfordern.

Niveau 1: „Wiedergeben" → erfordert grundlegende Fähigkeiten

Das Lösen der Aufgabe erfordert die Wiedergabe bekannter Informationen und die Anwendung grundlegender Verfahren und Routinen.

Niveau 2: „Zusammenhänge herstellen" → erfordert erweiterte Fähigkeiten

Das Lösen der Aufgabe erfordert das Erkennen von Zusammenhängen, das Verknüpfen von Informationen sowie das Anwenden erworbenen Wissens und bekannter Methoden.

Niveau 3: „Verallgemeinern, reflektieren und beurteilen" → erfordert fortgeschrittene Fähigkeiten

Das Lösen der Aufgabe erfordert den Umgang auch mit neuen Sachverhalten und das Entwickeln eigenständiger Beurteilungs- und Lösungsansätze.

Der Auswertungsbogen der Lernstandserhebungen bietet darüber hinaus Platz für Ihre **Beobachtungen und Notizen** zur Einschätzung des jeweiligen Lernstandes des Kindes im Rahmen Ihrer förderdiagnostischen Arbeit.

Den Schülerinnen und Schülern ermöglicht ein einfaches Smiley-System auf den Testseiten die **Selbsteinschätzung** und schafft so eine Basis zur Reflexion des eigenen Lernstandes. Gemeinsam mit dem Kind können anschließend die Ergebnisse aus der Selbsteinschätzung und Ihre Einschätzungen aus dem Auswertungsbogen in einem förderdiagnostischen Gespräch zu einem Gesamtbild zusammengefügt und Lernziele sowie nächste Lernschritte vereinbart werden. Dabei kann es im Sinne einer dialogisch orientierten Förderdiagnostik sehr aufschlussreich sein, nach Lösungswegen und Erklärungen bei falsch gelösten Aufgaben zu fragen, um Einblicke in die Denkwege Ihrer Schülerinnen und Schüler bei der Lösung einer Aufgabe zu bekommen.

Die Lernstandsseiten erheben nicht den Anspruch, eine kontinuierliche Beobachtung und Dokumentation des Lernverlaufs sowie förderdiagnostische Maßnahmen zu ersetzen. Sie können aber einen wichtigen Beitrag zu Ihrer alltäglichen förderdiagnostischen Arbeit leisten.

Ihr Cornelsen Verlag

Erarbeitet von:	Rüdiger-Philipp Rackwitz
Redaktion:	Birgit Waberski
Illustrationen:	Gabriele Heinisch
Technische Umsetzung:	Ines Kalwert, Berlin

Liebe Schülerin, lieber Schüler,

mit diesen Aufgaben kannst du herausfinden, was du schon gut kannst
und was du noch üben solltest.

Bearbeite die Aufgabenblätter so:
1. Schreibe deinen Namen und das Datum oben auf jedes Blatt.
2. Lies dir die Aufgabe in Ruhe durch.
3. Bearbeite die Aufgabe.
4. Wenn du bei einer Aufgabe nicht weiterkommst,
   mache bei der nächsten weiter und versuche es später noch einmal.
   Du kannst auch jemanden um Hilfe fragen.
5. Wenn du eine Aufgabe bearbeitet hast, kreuze an,
   wie leicht oder wie schwierig du sie findest:

   Diese Aufgabe
   ☺ kann ich gut lösen
   😐 kann ich nur zum Teil lösen
   ☹ kann ich gar nicht lösen

Es gibt verschiedene Aufgabenarten:
Bei manchen Aufgaben sollst du die richtige Antwort ankreuzen.
Beispiel: Was hängt in der Schule? Kreuze an.

☐ Waffel   ☒ Tafel   ☐ Tante

Meistens ist nur eine Antwort richtig. Wenn mehrere Antworten richtig sind,
steht in der Aufgabe „Kreuze **alle** richtigen Antworten an".

Bei manchen Aufgaben sollst du etwas in einem Text **unterstreichen**
oder ein falsches Wort **durchstreichen**.

Beispiele: <u>Wort</u>   ~~Wort~~

Bei manchen Aufgaben sollst du die Antwort **aufschreiben**.
Bei Aufgaben mit einer kurzen Schreiblinie reicht es, ein oder zwei Wörter
aufzuschreiben. Bei längeren Linien solltest du einen oder mehrere Sätze
schreiben.

Viel Spaß und viel Erfolg!

Name: Datum:

1 Ordne die Wörter nach dem Alphabet und schreibe sie in der richtigen Reihenfolge auf.

laufen	abfahren	lesen	abstellen	telefonieren
drucken	schreiben	schreien	zielen	bauen

_____

_____

_____

_____

2 Schreibe die Sätze in der Zukunftsform auf.

Jarno und Luca gehen ins Kino.

_____

_____

Luca kauft Popcorn.

_____

_____

Sie schauen sich einen Film an.

_____

_____

☺ kann ich gut lösen   ☺ kann ich nur zum Teil lösen   ☹ kann ich gar nicht lösen

Name: Datum:

☺ 😐 ☹

3 Bilde jeweils zwei Verben mit den Vorsilben.
      Ergänze die Tabelle.

Vorsilbe	Verben
ver-	verstecken,
vor-	
ent-	
be-	
an-	
aus-	
zer-	

4 Bilde zu jedem Nomen/Substantiv ein Adjektiv mit der Endung **-los**.
      Ergänze die Sätze.

☺ 😐 ☹

der Fehler   Der Text ist _____ .

das Problem   Tim löst die Aufgabe _____ .

die Mühe   Reyhan balanciert _____ .

die Kosten   Der Eintritt ist _____ .

die Wolke   Der Himmel ist _____ .

das Fenster   Der Raum ist _____ .

☺ kann ich gut lösen   😐 kann ich nur zum Teil lösen   ☹ kann ich gar nicht lösen

Wie ist mei
Ergebnis?

☺ ☺ ☹

5 In welchen Sätzen sind die Satzglieder richtig eingeteilt?
Kreuze **alle** richtigen Sätze an.

☐ Oma Gerlinde | schickt Christin | einen | Brief.

☐ Der Postbote | wirft | den Brief | in den Briefkasten.

☐ Christin | liest | den Brief von ihrer | Oma.

☐ Malte | schickt | seiner Oma | ein Paket.

6 Schreibe die Sätze aus Aufgabe 5 ab.   ☺ ☺ ☹
Ersetze dabei jedes Subjekt durch das passende Personalpronomen.

_____

_____

_____

_____

_____

_____

_____

_____

7 Unterstreiche in deinen Sätzen das Subjekt blau und das Prädikat rot.   ☺ ☺ ☹

Gut gemacht! Jetzt hast du alles geschafft!

 kann ich gut lösen   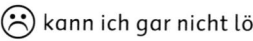 kann ich nur zum Teil lösen   ☹ kann ich gar nicht lösen

Name: _____   Datum: _____

1 **äu** oder **eu**? Schreibe in die Lücken.

die B _äu_ erin   die Fr_____nde   der B_____tel

die Z_____ne   die B_____le   die Schl_____che

die B_____me   das F_____er   die M_____se

die Sch_____ne   das Werkz_____g   der K_____fer

l_____ten   h_____fig   fr_____ndlich

tr_____men   h_____te   n_____lich

2 Schreibe zu den neun Wörtern mit **äu** verwandte Wörter auf.   ☺ ☺ ☹

die Bäuerin, der Bauer, _____

_____

_____

_____

_____

_____

_____

_____

☺ kann ich gut lösen   ☺ kann ich nur zum Teil lösen   ☹ kann ich gar nicht lösen

Name: Datum:

Wie ist mein
Ergebnis?

☺ 😐 ☹

3   Welche Wörter gehören zum Wortfeld **gehen**? Kreuze an.

☐ spazieren   ☐ kochen   ☐ laufen   ☐ suchen

☐ trotten   ☐ eilen   ☐ lesen   ☐ leben

☐ wachsen   ☐ spielen   ☐ hasten   ☐ marschieren

☐ trödeln   ☐ hetzen   ☐ rennen   ☐ schlendern

4   Bilde zu jedem Verb ein Adjektiv mit der Endung **-bar**.

☺ 😐 ☹

reizen   _____

brennen   _____

drehen   _____

tragen   _____

essen   _____

verwerten   _____

5   **b** oder **p**? **d** oder **t**? **g** oder **k**? Schreibe in die Lücken.

☺ 😐 ☹

der Honi____topf   der Ber____gipfel   das Lan____haus

der Wal____weg   die Stau____wolke   der Rau____vogel

die Lan____karte   der Flu____platz   der Die____stahl

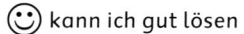 kann ich gut lösen   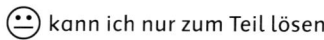 kann ich nur zum Teil lösen   ☹ kann ich gar nicht lösen

Name: Datum:

☺ ☺ ☹

6 Unterstreiche die sechs falsch geschriebenen Wörter.

Christin und Luca haben bei einem Preisausschreiben mitgemacht.

Der erste preis sind zwei Kinokarten, dazu Kostenloses Popcorn und

zwei Getränke gratis. Eines Tages liekt ein Brief für sie im Briefkasten.

aufgeregt öffnen sie ihn und lesen, dass sie gewohnen haben!

Sofort rufen sie Jarno an und erzählen ihm davon.

Diesmal soll er mit Christin ins kino gehen.

7 Schreibe die falschen Wörter aus Aufgabe 6 richtig auf.
Begründe, warum man sie so schreibt.

☺ ☺ ☹

richtige Schreibung   Begründung

_____   _____

                             _____

_____   _____

                             _____

_____   _____

                             _____

_____   _____

                             _____

_____   _____

                             _____

Gut gemacht! Jetzt hast du alles geschafft!

Name: _____ Datum: _____

Wie ist mein Ergebnis?

1 Unterstreiche das gleiche Satzglied in allen Sätzen.   ☺ ☻ ☹

Elli <u>geht</u> zu ihrer Freundin Maike.

Maike wohnt in der Parallelstraße.

Sie hat einen Hund.

Wie heißt das unterstrichene Satzglied? _____

2 Unterstreiche das gleiche Satzglied in allen Sätzen.   ☺ ☻ ☹

<u>Der Hund</u> heißt Theo.

Elli und Maike gehen mit Theo spazieren.

Auf dem Weg treffen sie Mustafa.

Wie heißt das unterstrichene Satzglied? _____

3 Unterstreiche das gleiche Satzglied in allen Sätzen.   ☺ ☻ ☹

Mustafa begrüßt <u>Elli und Maike</u>.

Dann streichelt er Theo.

Am Kiosk trinken sie eine Limonade.

Wie heißt das unterstrichene Satzglied? _____

☺ kann ich gut lösen   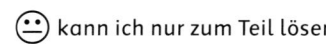 kann ich nur zum Teil lösen    kann ich gar nicht lösen

Name: Datum:

4   Ordne die Wörter nach Wortarten.
Schreibe sie mit allen Silbentrennstrichen auf.

kräftig,	Wandertag,	spazieren,	Wetter,	regnerisch,
Katze,	komisch,	hungrig,	schreiben,	kochen,
Kiste,	lesen,	Traubensaft,	trinken,	teuer

Nomen / Substantive: _____

_____

Verben: _____

_____

Adjektive: _____

_____

5   Bilde Nomen / Substantive mit dem Wortbaustein **-nis**.
Schreibe sie in der Einzahl und Mehrzahl auf.

geheim	erleben	gefangen	hindern

_____

_____

_____

_____

_____

_____

_____

😊 kann ich gut lösen   😐 kann ich nur zum Teil lösen   ☹ kann ich gar nicht lösen

Name: Datum:

6 Schreibe die Sätze mit nachgestelltem Begleitsatz auf.
Achte auf alle Satzzeichen und auf die Großschreibung
und die Kleinschreibung.

Jonas sagt überrascht: „Hallo Lina!
Schön, dich zu sehen! Wie geht es dir?"

_____

_____

Lina antwortet: „Gut! Und wie geht es dir?"

_____

_____

Luca ruft freudig: „Hurra! Wir haben gewonnen!"

_____

_____

Christin sagt ganz aufgeregt: „Ich rufe sofort Jarno an!
Das müssen wir ihm erzählen!"

_____

_____

Gut gemacht! Jetzt hast du alles geschafft!

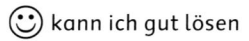 kann ich gut lösen   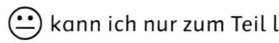 kann ich nur zum Teil lösen   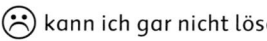 kann ich gar nicht lösen

Auswertungsbogen Lernstandserhebungen Deutsch Sprache, Klasse 4

Name: _____ Klasse: _____

durchgeführt am _____

Lernstandserhebung 1

Aufgabe	Niveau	Fähigkeiten, Fertigkeiten und Kenntnisse	Lösungen	Beobachtungen und Notizen
1	1	• Kenntnis des Alphabets • Wörter nach dem Alphabet sortieren • Sortierregeln kennen und anwenden	abfahren, abstellen, bauen, drucken, laufen, lesen, schreiben, schreien, telefonieren, zielen	
2	2	• Zeitformen kennen • Zukunftsform Futur I bilden	Jarno und Luca werden ins Kino gehen. Luca wird Popcorn kaufen. Sie werden sich einen Film anschauen.	
3	2	• Wortbildungsprozesse kennen (Vorsilbe + Verb)	*verstellen, verlieren, verlaufen …* *vorstellen, vorziehen, vorlegen, vorfahren …* *entdecken, entsorgen, entscheiden, entstehen …* *benutzen, besorgen, behalten, bestimmen …* *anhalten, anziehen, anmachen, anschließen …* *ausziehen, ausmachen, ausschalten, ausgehen …* *zerbrechen, zerstechen, zerdrücken, zerreißen …*	
4	2, 3	• Prinzip der Wortfamilie und des Wortstammes kennen • Wortbildungsprozesse kennen • aus Nomen/Substantiven Adjektive mit der Endung -los bilden • Zusammenhänge erschließen	fehlerlos problemlos mühelos kostenlos wolkenlos fensterlos	
5	2, 3	• Satzglieder erkennen	Der Postbote wirft den Brief in den Briefkasten. Malte schickt seiner Oma ein Paket.	
6	2	• Nach dem Subjekt fragen • Subjekt bestimmen • Personalpronomen kennen und dem Subjekt entsprechend einsetzen	Sie schickt Christin einen Brief. Er wirft den Brief in den Briefkasten. Sie liest den Brief von ihrer Oma. Er schickt seiner Oma ein Paket.	

Niveaustufen: **1** = „Wiedergeben" → erfordert grundlegende Fähigkeiten **2** = „Zusammenhänge herstellen" → erfordert erweiterte Fähigkeiten **3** = „Verallgemeinern, reflektieren und beurteilen" → erfordert fortgeschrittene Fähigkeiten

Auswertungsbogen Lernstandserhebungen Deutsch Sprache, Klasse 4

Name: _____   Klasse: _____

Lernstandserhebung 1   durchgeführt am _____

Aufgabe	Niveau	Fähigkeiten, Fertigkeiten und Kenntnisse	Lösungen	Beobachtungen und Notizen
7	1, 2	• Nach dem Subjekt fragen • Subjekt bestimmen • Nach dem Prädikat fragen • Prädikat bestimmen	Sie (Subjekt) schickt (Prädikat) Christin einen Brief. Er (S) wirft (P) den Brief in den Briefkasten. Sie (S) liest (P) den Brief von ihrer Oma. Er (S) schickt (P) seiner Oma ein Paket.	

Lernstandserhebung 2   durchgeführt am _____

Aufgabe	Niveau	Fähigkeiten, Fertigkeiten und Kenntnisse	Lösungen	Beobachtungen und Notizen
1	2, 3	• Prinzip der Wortfamilie und des Wortstammes kennen und anwenden • Wortbildungsprozesse kennen und anwenden • Stammmorphemkonstanz kennen und anwenden • Wortschreibungen kennen	die Freunde, der Beutel, die Zäune, die Beule, die Schläuche, die Bäume, das Feuer, die Mäuse, die Scheune, das Werkzeug, der Käufer, läuten, häufig, freundlich, träumen, heute, neulich	
2	2, 3	• Prinzip der Wortfamilie und des Wortstammes kennen und anwenden • Wortbildungsprozesse kennen und anwenden • Stammmorphemkonstanz kennen und anwenden	*bauen* *die Zäune, der Zaun, einzäunen* *die Schläuche, der Schlauch* *die Bäume, der Baum, das Baumhaus* *die Mäuse, die Maus, die Mausefalle* *die Käuferin, kaufen, das Kaufhaus* *läuten, der Laut, laut, lauter, am lautesten* *häufig, häufiger, der Haufen* *träumen, der Traum, die Träume, der Träumer*	

Niveaustufen: 1 = „Wiedergeben" → erfordert grundlegende Fähigkeiten   2 = „Zusammenhänge herstellen" → erfordert erweiterte Fähigkeiten   3 = „Verallgemeinern, reflektieren und beurteilen" → erfordert fortgeschrittene Fähigkeiten

Auswertungsbogen
Lernstandserhebungen Deutsch   Sprache, Klasse 4

Name: _____   Klasse: _____

durchgeführt am _____

Lernstandserhebung 2

Aufgabe	Niveau	Fähigkeiten, Fertigkeiten und Kenntnisse	Lösungen	Beobachtungen und Notizen
3	2, 3	• Wortfelder kennen • Wortbedeutungen kennen und deren Zusammenhänge erkennen	spazieren laufen trotten eilen hasten marschieren trödeln hetzen rennen schlendern	
4	2, 3	• Prinzip der Wortfamilie und des Wortstammes kennen • Wortbildungsprozesse kennen	reizbar, brennbar, drehbar, tragbar, essbar, verwertbar	
5	2	• Auslaut im Stammmorphem bestimmen können	der Honigtopf, der Berggipfel, das Landhaus, der Waldweg, die Staubwolke, der Raubvogel, die Landkarte, der Flugplatz, der Diebstahl	
6	3	• einen Text auf Rechtschreibfehler überprüfen • Rechtschreibregelmäßigkeiten kennen und überprüfen	preis Kostenloses liekt aufgeregt gewohnen kino	
7	3	• Wortschreibungen überprüfen • Rechtschreibungen begründen können • Rechtschreibregelmäßigkeiten kennen und anwenden • Rechtschreibstrategien anwenden	Preis: Nomen werden großgeschrieben kostenloses: Adjektive werden kleingeschrieben liegt: liegen wird mit g geschrieben Aufgeregt: Am Satzanfang wird großgeschrieben gewonnen: Einem kurzen (betonten) Vokal folgt ein doppelter Konsonant Kino: Nomen werden großgeschrieben	

Niveaustufen: **1** = „Wiedergeben" → erfordert grundlegende Fähigkeiten   **2** = „Zusammenhänge herstellen" → erfordert erweiterte Fähigkeiten   **3** = „Verallgemeinern, reflektieren und beurteilen" → erfordert fortgeschrittene Fähigkeiten

Auswertungsbogen Lernstandserhebungen Deutsch Sprache, Klasse 4

Name: _____ Klasse: _____

Lernstandserhebung 3

durchgeführt am _____

Aufgabe	Niveau	Fähigkeiten, Fertigkeiten und Kenntnisse	Lösungen	Beobachtungen und Notizen
1	1, 2	• Prädikat bestimmen • Nach dem Prädikat fragen	Maike wohnt in der Parallelstraße. Sie hat einen Hund. Prädikat	
2	1, 2	• Subjekt bestimmen • Nach dem Subjekt fragen	Elli und Maike gehen mit Theo spazieren. Auf dem Weg treffen sie Mustafa. Subjekt	
3	1, 2	• Objekt bestimmen • Nach dem Objekt fragen	Dann streichelt er Theo. Am Kiosk trinken sie eine Limonade. Objekt	
4	2, 3	• Wortarten bestimmen • Regeln der Worttrennung kennen	Nomen/Substantive: Wan-der-tag, Wet-ter, Kat-ze, Kis-te, Trau-ben-saft Verben: spa-zie-ren, schrei-ben, ko-chen, le-sen, trin-ken Adjektive: kräf-tig, reg-ne-risch, ko-misch, hung-rig, teu-er	
5	2, 3	• Prinzip der Wortfamilie und des Wortstammes kennen • Wortbildungsprozesse kennen • Mehrzahlbildung	Geheimnis, Geheimnisse Erlebnis, Erlebnisse Gefängnis, Gefängnisse Hindernis, Hindernisse	
6	2, 3	• Wörtliche Rede mit nachgestelltem Begleitsatz bilden können • Zeichensetzung bei nachgestelltem Begleitsatz kennen	„Hallo Lina! Schön, dich zu sehen! Wie geht es dir?", sagt Jonas überrascht. „Gut! Und wie geht es dir?", antwortet Lina. „Hurra! Wir haben gewonnen!", ruft Luca freudig. „Ich rufe sofort Jarno an! Das müssen wir ihm erzählen!", sagt Christin ganz aufgeregt.	

Niveaustufen: 1 = „Wiedergeben" → erfordert grundlegende Fähigkeiten 2 = „Zusammenhänge herstellen" → erfordert erweiterte Fähigkeiten 3 = „Verallgemeinern, reflektieren und beurteilen" → erfordert fortgeschrittene Fähigkeiten